中国广播电视社会组织联合总会市县委支持项目

中国电视艺术家协会市县委研究课题

浙江传媒学院融合传播研究中心在研项目

南京传媒学院新闻传播学院研究课题

中国市县融媒体中心建设研究报告

王文科 史 征◇主编

中国市县
融媒体中心建设

研究报告（2022）

·MEDIA·

ZHEJIANG UNIVERSITY PRESS
浙江大学出版社
·杭州·

图书在版编目（CIP）数据

中国市县融媒体中心建设研究报告. 2022 / 王文科，
史征主编. —杭州：浙江大学出版社，2022.12
　ISBN 978-7-308-23309-5

　Ⅰ. ①中… Ⅱ. ①王… ②史… Ⅲ. ①县－传播媒介
－研究报告－中国－2022 Ⅳ. ①G206.2

　中国版本图书馆 CIP 数据核字（2022）第 226117 号

中国市县融媒体中心建设研究报告（2022）

王文科　史　征　主编

责任编辑	李海燕
责任校对	董雯兰
责任印制	范洪法
封面设计	雷建军
出版发行	浙江大学出版社
	（杭州市天目山路 148 号　邮政编码 310007）
	（网址：http://www.zjupress.com）
排　　版	杭州好友排版工作室
印　　刷	杭州高腾印务有限公司
开　　本	710mm×1000mm　1/16
印　　张	19.5
字　　数	350 千
版 印 次	2022 年 12 月第 1 版　2022 年 12 月第 1 次印刷
书　　号	ISBN 978-7-308-23309-5
定　　价	68.00 元

目　　录

1

3

巧用"加减乘除"法 解锁深融"方程式"
——昆山融媒改革的创新探索与实践

昆山市融媒体中心(昆山传媒集团) 左宝昌

昆山市融媒体中心由原昆山日报社和昆山市广播电视台整合而成,于2019年8月12日挂牌成立,旗下拥有第一昆山App、"第一昆山"微信公众号、"第一昆山"网、《昆山日报》、广播、电视以及社区电子屏等媒体平台,形成了"报、台、网、端、微、屏"的全媒传播体系。

作为中宣部重点联系推动、江苏省首批建设试点的县级融媒体中心,昆山市融媒体中心努力探索互联网时代符合全媒体发展的体制框架与机制体系,在组织架构、岗位管理、薪酬绩效、运行机制等方面创新提出一系列改革举措,试图解决"机制怎么建、人心怎么融、钱从哪里来"等制约长远发展的现实问题,各方面工作取得了阶段性成效。成立至今,中心高标准完成省级验收,获"全国广播电视媒体融合先导单位10强"称号,是2020年度全国唯一获此荣誉的县级融媒体中心;获"全国市县媒体融合先导单位20强"称号,是江苏省唯一获此荣誉的县级融媒体中心;获列"全国融媒体建设示范单位""江苏省县级融媒体中心建设优秀案例""优秀区域融媒综合影响力TOP10",蹚出了一条媒体融合的"昆山之路"。

一、背景和动因

按照中宣部的部署要求,2020年底,县级融媒体中心已经在全国实现了全覆盖,这意味着县级融媒体中心建设已从"遍地开花"走向"提质增优"的新阶段。但如何"提质增优",从媒体融合走向深度融合,这是摆在所有县级融媒体中心面前的一道难题,特别是体制机制方面的束缚,已成为县级媒体融合发展的最大阻碍。体制机制不改,人员的积极性与主动性无法激活,新闻内容的生产力无法释放,因此深化体制机制改革迫在眉睫。

1. 坚持目标引领，是深化体制机制改革的前提

中办、国办印发的《关于加快推进媒体深度融合发展的意见》明确，要坚持正确方向，坚持一体发展，坚持移动优先，坚持科学布局，坚持改革创新，推动传统媒体和新兴媒体在体制机制、政策措施、流程管理、人才技术等方面加快融合步伐，尽快建成一批具有强大影响力和竞争力的新型主流媒体。习近平总书记为媒体融合发展指明了方向，为深化改革提供了指导。对照"主流舆论阵地、综合服务平台、社区信息枢纽"的功能定位，县级融媒体中心建设将打通媒体融合的"最后一公里"、连接群众的"最后一公里"、基层治理的"最后一公里"，成为新时代治国理政新平台。然而，根据行业调研，不少县级媒体仍在沿用传统媒体的体制机制，在推动融合发展时并未同步推进体制机制实质性改革和落实配套性政策，仍然是"穿新鞋走旧路""用新瓶装旧酒"，这样的体制机制难以适配媒体融合发展。建强用好县级融媒体中心，必须用改革的思维、创新的办法来重塑体制机制。

2. 坚持问题导向，是推动体制机制改革的关键

当前，我国县级融媒体中心建设尚处于摸索阶段，面临诸多困难和问题。具体表现为：历史包袱重，技术原创性弱、使用不熟练，经营创收模式单一、造血功能弱，吸引人才、留住人才难，改革动力不足等。

昆山市融媒体中心在融合之初，也面临着一系列迫切需要解决的问题。比如，原报社、广电两个单位人员身份复杂，光企业员工身份就有多种，导致薪酬结构多样，因身份不同造成薪酬标准差距很大；媒体平台分散，没有形成矩阵，服务性、互动性较弱，造成用户黏性不强、活跃度不高，粉丝基数仅为昆山本土自媒体大号的一半，新闻舆论的传播力、引导力、影响力、公信力都不强；传媒资源聚合不够，创收模式单一，自身造血能力不足，原报社、广电政务类经营收入逐年下滑，商务类收入断崖式下跌。比如，2019 年原报社经营收入同比下降33.45％，原广电经营收入同比下降 16.04％；专业人才匮乏，县融媒体中心作为基层媒体，面临人才引不进、留不住等诸多问题，成立前两年，原报社、广电共流失骨干 30 多名。同时，很难招到符合媒体融合发展需求的高层次人才。这些问题产生的根源，就是体制机制僵化。

3. 把握融合趋势，是破解体制机制难题的密码

全媒体不断发展，出现了全程媒体、全息媒体、全员媒体、全效媒体，信息无处不在、无所不及、无人不用，导致舆论生态、媒体格局、传播方式发生深刻变化。当前，县级媒体旧有的新闻传播体制机制与管理模式，与我国媒体融合

发展的新环境、新生态、新要求已经很难匹配,迫切需要传统主流媒体强化互联网思维,创新体制机制,积极主动转型,着力深化内部架构和"策、采、编、审、发"流程改革,建立适应移动互联网传播的组织架构和工作机制,形成集约高效的内容生产和全媒体传播体系,把更多优质内容、先进技术、专业人才、项目资金向互联网主阵地汇集,推动主力军全面挺进主战场。

我们深深地体会到:创新才有希望,改革才能发展,转型才有明天,机制一变天地宽。解决这些突出问题,必须花大力气对原有体制机制进行改革,以现代传媒集团的先进理念重构组织架构,以专业为导向建立灵活动态的岗位管理体系,以激励为导向构建市场化薪酬绩效体系,最大化激发组织和人才活力。

二、实践和探索

面对融合初期复杂困难局面,昆山市融媒体中心成立后大胆改革、创新突破,以"事业单位企业化管理、市场化激励",从顶层设计、组织、流程、岗位、薪酬与绩效等方面全方位重塑企业化管理运行体系。通过巧用"加减乘除"法,尝试解锁媒体融合化学反应"方程式",激发融合一池活水。

(一)在人员激励上做"加法"

以事业单位企业化管理为突破口,创新探索"身份进档案、保障按身份,绩效看考核"模式,实施"机会、成就、报酬"三位一体的人才激励政策。一是机制创新"增加"活力,组织管理从行政化到企业化转变。以现代传媒集团的先进理念重构组织架构,成立全媒体指挥中心等六大中心,实施差异化管理、一体化运作,形成有昆山融媒特色的全媒体融合发展组织架构。实行项目制、工作室、事业部等创新性运营模式,赋予创新团队必要的人财物及经营自主权,落实责权利配套,实现资源高效配置。比如,在2021年成立琼花影视工作室,依托融媒品牌优势、创作经验和人才资源,积极开拓市场,全年共完成宣传片50多部,实现创收1000万元,人均创收突破120万元,人均获奖励超8万元。二是人事改革"增加"动力,人员管理从身份化到岗位化转变。一方面,淡化身份管理,打破事业身份限制,对在职事编人员与企聘员工同等考核激励。另一方面,打破事业僵化模式,建立现代化企业岗位管理体系,实施"核岗定编"、以岗定薪、同工同酬,引入竞聘、双选、待岗等竞争上岗机制,建立岗位能上能下、人员能进能出、薪酬能高能低的动态管理模式。实施年轻人才"琢玉计划",储备优秀后备干部,实施优秀骨干"匠心计划",鼓励一线专业人才深耕业务,打造新型主流媒体"硬核队伍"。三是考核分配"增加"效力，薪酬绩效从事业化到市场化转变。建立市场化薪酬管理制度，构建"以岗定薪、同工同酬、量化考核、多劳多得、优劳优得"的市场化薪酬体系，推动薪酬向一线员工、重点岗位、核心骨干、创新团队、移动优先项目等倾斜，让吃苦者吃香、优秀者优先、有为者有位。建立经营单元弹性薪酬预算模式，试行项目工分制，落实全员工效挂钩的薪酬分配机制，实施同工同酬与同岗同绩效管理。创新绩效管理模式，制定全员绩效考核方案。逐级放权考核，实施"两级考核二次分配"制度，在岗位晋升方面增设"首席、资深"专业通道，核发专业津贴。通过开门搞改革，在昆山市融媒体中心第一届职工代表大会第一次会议上，以98.5%的赞成率高票通过薪酬与绩效改革方案。

（二）在历史包袱上做"减法"

在融合之初，原报社、广电存在部分产能落后、机构相对臃肿、流程较为冗繁、人员普遍老化的现实问题，成为沉重的历史包袱。必须消肿减负，破旧立新，甩掉包袱，轻装上阵。一是主动减少落后产能。昆山市融媒体中心通过关停并转一批受众少、影响弱的栏目版面，坚决淘汰落后产能。先后将报纸周七刊压缩为周六刊，每周版面数从48个缩减至36个，撤并《网罗鹿城事》等部分收视率不高的广播电视栏目，集中优势力量和精英团队挺进互联网主战场。二是果断减少管理层级。以全媒体思维优化运行模式，实行编辑委员会、技术委员会、经营管理委员会扁平化管理模式，建立常态化的沟通协商机制，打破中心和部门界限。精简部门科室，将原新闻采访一部、二部、三部整合成全媒采访部，将原报纸编辑部、新媒体编辑部、广电编辑部整合成全媒编辑部。通过压缩层级精简流程，管住重点轻装上阵，大幅提升组织效率。三是合理减少部门"冗员"。在媒体转型升级过程中，面临人才引不进、养不住，能干的流失多、混日子的不肯走的窘境，沉淀下来的冗员过多，年龄结构老化、业务技能单一、畏难情绪较重。昆山市融媒体中心在全面摸底的基础上分类施策，通过走出去、请进来、内部学等多种形式，加强业务培训，提升员工能力水平，推动人员转型，对仍不适应岗位的人员放入"待岗池"。通过竞聘上岗等形式，大力选拔年轻干部，消化年纪偏大的"冗员"，加快形成有利于人岗匹配的使用机制、有利于竞相成长的激励机制，实现人尽其才、才尽其用、用当其时。

（三）在战略驱动上做"乘法"

以"跳出媒体看媒体"的全新视角，研究加快媒体深度融合的举措，通过战略驱动、目标引领，促成融合的几何级乘数效应。一是深化移动优先战略。推动主力军全面挺进主战场,加大技术创新、人才培养与新媒体平台建设方面投入,全力打造第一昆山客户端,将客户端建设作为中心战略核心,重点打造自主可控的"媒体+政务服务商务"平台。目前,客户端设有政务服务、生活服务、社会治理三大服务专区,为用户提供掌上政务、掌上教育、交通出行、医疗健康等涵盖生活方方面面的服务,打造24小时不打烊"数字政务"平台,上线一年来 App 下载量突破 125 万,注册用户数超 40 万。比如,在新冠肺炎疫情防控期间,开发上线"昆山抗疫 24 小时实时动态播报"一站式"新闻+服务"平台,实现 24 小时滚动图文直播,及时发布最新通告、辟谣、热点问答等动态信息。上线"疫情防控金点子"活动征集入口,为市民参与防疫、贡献智慧提供平台,专区每天留言有上千条。开设"网络谣言曝光台",针对网络谣言进行官方辟谣,累计阅读量突破 100 万。二是布局"传媒+"产业集群战略。基于本地和全国市场,通过完善产业链规划设计,整合可经营资源,布局前沿平台项目,提升可持续发展能力。通过借力工程、资产重组等方式,组建文化传播、影视发展、才艺培训、资产管理、商贸服务、数字传媒六大子公司,开展多业态运营,积累产业化经验,做好"媒体+产业"文章。三是探索"1+N"媒体区域生态链战略。创新在各区镇设立融媒品牌工作室,试行县级融媒体中心与多个区镇融媒工作室联动的"1+N"架构模式,由中心派驻人员常态化对接区镇宣传与服务等方面需求,下沉基层一线,实现"24 小时一直在现场",成为"上连党心、下接民心"的聚合型融媒体平台。

(四)在壁垒打破上做"除法"

融合之初,面临着原两个单位人员交叉混岗等一系列问题,业务"单打独斗",削弱了全媒传播的效果。三年来,中心通过深化体制机制改革,破除壁垒,让"两张皮"变"一盘棋",让"两家人"变"一家人":一是破除平台壁垒。打通广播、电视、报纸、网站、移动端各平台,形成"报、台、网、端、微、屏"融合传播矩阵,推动采编力量向新媒体集中、向移动端聚合。二是破除业务壁垒。重构"策、采、编、审、发"流程,提升运行效率。使"报、台、网、端、微、屏"做到差异化传播,形成"统一策划、一次采集、多次生成、多元发布、全媒传播"的流程格局。三是破除制度壁垒。在架构整合基础上重构制度体系,完善运行机制,设计全新的运作流程,确保新闻生产的"第一滴水"落在移动端,其他平台梯度传播,持续推进新闻呈现方式从"跃然纸上"到"移动指尖",使新闻内容发布时效更强、覆盖更广、效果更好。四是破除思想壁垒。打造"员工幸福"和"文化品牌"工程,通过统一文化理念、开展关爱行动,凝聚发展共识、破除思想隔阂,提升员工幸福指数,营造"一家人一起拼"的文化氛围。

三、成效和启示

昆山市融媒体中心经过三年的探索实践，走出了一条遵循规律、独具特色的媒体融合之路。所取得的阶段性成效，有赖于较好地处理了引导群众和服务群众的关系、社会效益和经济效益的关系、体制机制改革和队伍建设的关系、内容与技术的关系等。现结合具体探索实践，尝试做一些规律性总结，供学界和业界参考。

（一）融得好不好，关键要看能否赢得"两个满意"

县级融媒体中心肩负着"上连党心、下接民心"的神圣使命，只有在党委政府和市民群众两个满意中，才能检验"融"的成效。三年来，昆山市融媒体中心坚持围绕中心、服务大局，坚持面向基层、服务群众，让党委政府满意、让人民群众满意。一方面，在聚焦主责主业上，紧紧围绕党委政府中心工作，用心做好每项宣传、编好每条微信、出好每期报纸、办好每档栏目，用更多有速度、有深度、有思想、有温度、有品质的融媒精品，更好地传播党的政策主张，更好地宣传市委、市政府的决策部署，获得党委政府和市民群众的认可：成立以来，昆山市委、市政府主要领导先后多次调研融媒体中心，作出指示、批示；市委常委会、市委深改委会议多次研究推动媒体融合发展相关措施，并出台相关扶持政策；昆山市融媒体中心建设成效连续三次被写入昆山市委全会报告；"坚持党管媒体，高标准推进融媒体中心建设，全媒体传播体系已经形成，主流媒体的传播力、引导力、影响力、公信力显著提高"被写入昆山市第十四次党代会报告；2020 年和 2021 年连续两年在全市综合考核中被评为第一等次。另一方面，在走好群众路线上，以更好引导群众、服务群众为宗旨，为市民群众提供高质量的文化产品和服务，不断增强市民群众的获得感、幸福感、满意度。第一昆山 App 生活服务功能不断优化，掌上政务、掌上教育、掌上医疗等服务内涵进一步延伸，为用户提供刚需高频的掌上服务应用场景，基本实现"一端在手，办事无忧"，在宣传引导和服务群众方面效果凸显，上线一年下载量突破 120万，注册用户数超 40 万，获评 2021 区域融媒创新发展最佳客户端 TOP10。连续多年精心承办广场舞大赛，吸引 1200 支队伍、2 万名市民参赛，成为昆山具有较高知名度和美誉度的群文品牌活动，被列入 2021 年"我为群众办实事"市级重点项目。大赛选拔组成的昆山琼花广场舞队多次代表昆山和苏州参加江苏省广场舞大赛，并获得省一等奖。活动通过网络投票、现场直播、短视频拍摄等全媒体传播形式吸引市民广泛关注，在线收看人数最高达 20 万人，广场舞大赛成为连接政府和群众的有效纽带和重要平台。

(二)融得好不好,关键要看能否实现"两个效益"

媒体具有事业和产业的"双重属性"。县级融媒体中心要实现可持续发展,不能一味靠财政扶持,必须增强自我造血功能,奔向市场创造更大价值。2021年,全国县级融媒体广告营收下滑50%~60%,一些发达地区县级融媒经营创收状况也不容乐观。如何破造血能力之难,增创产业经营新优势?昆山市融媒体中心以"跳出媒体看媒体"的视角,不断提升"媒体+政务服务商务"的能力,努力实现经济效益和社会效益"双丰收"。一方面,通过承办重大活动,打响融媒品牌。以集团整体品牌建设为核心,更大力度向垂直细分领域拓展,打造全市"第一政务服务平台""媒体活动第一品牌""第一直播平台"等,形成明显的区域头部平台效应,利用媒体人的品牌和资源优势去赚互联网时代的钱。比如,立足本土市场,精准发力,在大型活动承办上从零开始快速成长,打造了一支能打硬仗的攻坚团队,成功举办对话"昆山之路""中国—中东欧国家合作新春晚会""五五购物节""双12苏州购物节·昆山狂欢购"等系列活动。其中"中国—中东欧国家合作新春晚会"是2020年中国与中东欧国家开展的最大规模的一次外事文化交流活动,晚会在中央广播电视总台环球奇观频道、外语频道、中国国际广播电视网络台等国家级媒体进行播出,为高质量的国际文化交流和传播营造了良好氛围,打响了融媒活动品牌,赢得了社会各界的好口碑。2021年承办活动创收超2000万元。另一方面,通过探索多元经营,增强造血功能。基于媒体主业与自身优势资源,运用好"体制内市场",向融合经营要增量,持续做好"媒体+产业"文章:在公共服务上,建立多平台政务服务矩阵,全力做好区镇、部门服务工作;复制琼花影视工作室模式,推出多个个性化政务服务工作室;在产业发展上,搭上电商经济快车,开设"八八九商城"电商平台,打造昆山传媒电商直播基地;成立"昆山传媒少年新闻学院",精准对接校企培训合作;和周庄镇、互联网头部企业等开展合作,打造影视剧拍摄、制作等全产业链服务平台;与鲲众云计算科技有限公司签订合作协议,在数字传媒、智慧媒体建设、文化产业发展等方面加强合作。

(三)融得好不好,关键要看能否激发"两个活力"

机制活则人才兴,人才兴则事业旺。体制机制改革,关键在做好"人"的文章。当前,全国各地县融普遍存在人才结构性矛盾,干事缺人,后继无人,昆山也不例外。如何破解人才结构性矛盾?昆山市融媒体中心通过推进一系列综合性改革,体制机制活力充分释放,人才队伍活力竞相迸发。一是精准增量补

"短板"。昆山建立了面向全国招聘优秀媒体人才常态机制，根据岗位需求，实施精准招聘，特别是针对优秀紧缺人才，设置特殊岗位，一事一议、一人一策。二是用好存量扬"长板"。推动实施年轻人才"琢玉计划"，通过自主报名和推荐上报，严格遴选出具备后备干部潜质的"85后"年轻员工，加入人才储备库；启动骨干人才"匠心计划"，从1985年后出生的骨干员工中选出精英人才，纳入后备干部库，使专业人员结构、数量、素质更趋合理；实施"末位待岗"，精简人员、淘汰冗杂和提高效率，倒逼人员转型。三是人心融合固"底板"。实施"员工幸福"工程，通过建设企业文化、举办专业培训、开展关爱行动，不断改善员工成长和工作生活条件，提升员工幸福指数，加速人心融合，催生化学质变，让一个个想干事、能干事、干成事的人脱颖而出，使人才引得来、留得住、用得好。在系统化改革举措的驱动下，昆山市融媒体中心干部职工的精气神发生了根本性变化。想干事的人更多了，从领导班子成员到普通员工，每个人都在转型变化，比激情、比创意、比精品、比贡献，赶、学、转、帮蔚然成风。特别是新闻队伍，从之前技能单一的传统型采编人员向一专多能的全媒体采编人员全面转型，涌现出一批"提笔能写，对筒能讲，举机能拍"的全媒体记者。在琼花工作室负责人的竞聘过程中，原广电一名很"佛系"的女编导踊跃报名参选，在众多竞争对手中脱颖而出，她深有感触地说，正是受融合改革激发感染，才再次有了站到前台的冲劲。中心一位员工在融媒大讲坛上讲课，连后边过道都挤满了人。这位员工说，这种成就感、满足感只有中心这个平台才能提供。想留下的人更多了，从数据上看，中心成立前的2017年、2018年各离职13人、18人，成立时的2019年离职11人，2020年仅离职1人；想加入的人更多了，2021年引进各类人才20多人，其中不乏凤凰卫视、人民网、浙江广电集团、华为公司等大报大台名企的骨干人才。目前，"一家人一起拼"正成为昆山融媒最鲜明的特色、最亮丽的底色。

（四）融得好不好，关键要看能否实现"双轮驱动"

县级融媒体中心建设，内容与技术互为支撑、相互融合，共同构成核心竞争力。昆山市融媒体中心在深化体制机制改革的过程中，始终把内容建设和技术引领摆在重要位置，以内容和技术赢得发展优势，实现"双轮驱动"。在内容生产上，充分发挥考核指挥棒作用，设立精品工作室，打造"昆小融"IP，持续深化内容生产供给侧结构性改革，扩大优质内容产能，创作更多精品力作：在2020年各级各类好新闻评比中一共斩获省级以上奖项19个，在2021年"江苏好新闻"评选中，荣获1个一等奖、5个二等奖和2个三等奖，获奖数量和层次名列全省县级融媒前茅；2022年一季度，昆山发布微信公众号累计推送微信549条,总阅读量突破4700万,其中10万＋微信达112条,最高单条阅读量突破200万,在新华社新闻信息中心、新华社县级融媒体研究中心首次联合发布的2022年一季度县融中心优秀案例榜单中,昆山市融媒体中心荣获全国县融中心综合影响力优秀案例TOP10、全国县融中心爆款创作优秀案例TOP10、全国县融中心核心报道优秀案例TOP10三个奖项;在央视、央广、《人民日报》、新华社、中新社等国家级平台发稿500多篇次,其中《新闻联播》有14篇。在新技术应用上,组建数字传媒公司,依托荔枝云平台和媒资数据中台,探索将人工智能运用在新闻采集、生产、分发、接收、反馈中,用主流价值导向驾驭"算法",构建智能化、全媒体传播体系。加强对云技术、大数据、4K/8K、5G、人工智能等技术在全媒生产领域的深度应用,丰富传播形态、传播样式,给优质的融媒产品插上科技的翅膀。

媒体融合发展只有进行时,没有完成时。下一步,昆山市融媒体中心将认真落实中央关于加快推动媒体融合发展的要求,按照打造主流舆论阵地、综合服务平台、社区信息枢纽的功能定位,探索更能释放县级融媒体中心发展潜能的体制机制,全力做好媒体融合"后半篇文章",朝着"主流声音洪亮、传播渠道多样、融合个性鲜明、管理科学规范"的新型主流传媒集团迈进。

以体制机制创新赋能"融媒＋"发展新格局

——龙岗融媒国企化改革的探索与实践

深圳市龙岗区融媒集团　罗方史　董宝宏　刘锦珠

当前,全国县区级融媒体建设已呈"百舸争流"之势,各具地方特色,整体朝着打造主流舆论阵地、综合服务平台、社区信息枢纽的方向重新定位前行。在体制机制上,"公益类事业单位"和"公益类事业单位＋企业"两种模式是全国大多数县区级融媒体选择的建设路径,且已有很好的实践经验和成效。在龙岗区媒体改革发展史上,以上两种模式都曾有过改革实践,并在不同时期发挥了重要作用。当县区级融媒体改革上升为国家战略,改革落地需考虑历史沿革、地方差异和县区之分等因素,如何另辟蹊径打通媒体融合"最后一公里"? 如何在存量激活和增量创造上突破瓶颈? 深圳市龙岗区在全国勇开先河,组建纯国企模式区级融媒体,为县区级融媒体发展提供了创新方案和有益探索。

一、背景:赓续改革创新基因,实现体制机制破题

龙岗地处深圳东部,辖区人口约 471.11 万人,2021 年 GDP 达 4496.45 亿元,位列全国工业百强区榜首,是名副其实的人口大区和产业强区。龙岗区内媒体根植于深圳特区改革创新土壤,历经数次改革,在 2018 年已经形成新闻中心和广电中心两大媒体强强并立、平台要素全面发展的区域传播格局。

（一）媒体要素完备基础优势较为明显

一是平台要素完备且发展态势良好。龙岗区拥有《深圳侨报》(含电子报、海外《深圳版》)、龙岗电视台、龙岗 FM991 广播频率、户外媒体,以及微博、微信、App、头条号、抖音号等新媒体,是深圳市唯一集报、台、网、新媒体、户外媒体等全媒体矩阵为一体的行政区。二是全媒体采编队伍基础较好。区内原有两大媒体单位员工共 400 多人,其中不乏新闻、广电技术副高及以上职称人员,还有获得过各级新闻奖项的高端新闻、技术专业人才。近年来以项目化灵

活组建融媒团队,全面掌握了航拍、VR、音视频、直播、制图、H5等新型传播手段。

(二)提前布局融媒转型打好发展基础

多年来持续自我革新为龙岗区的媒体融合改革发展不断注入新动能,奠定了良好基础。原龙岗区新闻中心自2014年开始全面布局融媒转型发展,创新实施事业单位企业化管理改革,2015年起推行"采经分离"和多元化发展战略,2014—2018年连年实现营收逆势增长,曾获得"中国报业融合发展优秀案例奖""最具潜力县域媒体"等荣誉。原龙岗广电中心2006年改革建立了"两块牌子、一套人马"企业化运作模式,2012年实行"台网分离",2015年布局产业发展,2018年在"改革开放四十年全国百佳县级广播电视台"评比中名列第四。

(三)两个单位五种身份融合面临挑战

龙岗区的媒体融合改革进入深水区也面临着重重挑战。一是原有两家媒体各有优势,如何实现"强强联合"到"强强融合",从"各自为战"到"你就是我,我就是你",考验着自上而下改革创新的决心和智慧。二是区内原有两家媒体单位机构性质、人员身份复杂,存在公益一类、公益三类两种机构和多个下属关联企业,有财政核拨事业编、自收自支事业编、企业合同制、劳务派遣、临聘人员等五种身份人员,一体化管理存在较大难度。三是存在多头管理和事权分割等问题,原龙岗广电中心与深圳市东部传媒股份有限公司实行"两块牌子、一套人马"企业化运作,作为事业单位的广电中心为龙岗区属事业单位,但东部传媒公司是由深圳市广电集团控股。以上历史遗留问题若不能妥善解决,可能形成新的问题,对后续改革发展形成掣肘。如何在体制机制上破题,是摆在我们面前的一道难题。

二、实践:刀刃向内深化改革,搭牢运行机制"四梁八柱"

深圳在40年改革发展实践中形成了"敢闯敢试、开放包容、务实尚法、追求卓越"的深圳精神,龙岗区委区政府将媒体融合改革工作列为"一把手工程"高位谋划推进,由区委宣传部牵头,在深圳市各区中率先启动融媒改革调研工作,先后到北京延庆、顺义、丰台和上海、浙江长兴等地学习取经。区委曾两次组织召开融媒改革专题会议,为区内媒体融合改革把关定向。经过对多种建设模式的反复研究论证,龙岗区最终明确,整合原龙岗区新闻中心、广电中心,组建区直国有文化企业——深圳市龙岗区融媒文化传播发展集团有限公司

（简称"龙岗区融媒集团"），由区委宣传部业务归口管理，接受区国资局的监督管理，全员统一身份、统一管理，能上能下、能进能出，以制度管人定事，彻底释放改革效能，从顶层设计上为下一步实现信息内容、技术应用、平台终端、管理手段共融互通，催化融合质变，放大一体效能创造了有利条件。

2020年4月，龙岗区全面启动融媒集团组建工作，紧紧围绕打造治国理政新平台的职责定位，大力实施"精品强媒、技术兴媒、人才立媒"战略，坚持刀刃向内深化改革，运用"加减乘除法"搭牢运行机制"四梁八柱"，集团组建期间陆续出台110多项管理制度，快速实现改革平稳过渡，两大媒体单位真正融二为一、合出效益。

（一）在党管媒体上做"加法"，强化政治安全和意识形态安全

坚持党对一切工作的绝对领导，成立了集团党委，下设四个党支部。一是充分发挥集团党委在把方向、管大局、促落实上的领导作用，由集团党委领导董事会、监事会开展经营管理工作，实行党委领导下的行政管理委员会、编辑出版委员会、经营管理委员会、技术支撑委员会管理机制。主动实施"书记抓党建工作例会和专题会制度"，将意识形态、选题策划、安全工作等列入双周例会常规议题。二是将党建工作和意识形态安全工作纳入考核，成立意识形态工作领导小组，出台集团意识形态工作管理制度及各部（室）子制度，进一步强化对采编刊播、经营管理、印刷发行等各平台、各领域意识形态工作的分类管理。三是充分发挥党员在改革创新工作中的先锋模范作用，成立"党员突击队"，聚焦"急、难、新、重"工作进行攻坚克难，创新推出"党建＋公益"等特色项目，大力实施"双培养"工作，把骨干发展为党员，把党员培养为骨干，并将流动党员、入党积极分子、入党申请人全部纳入党支部统一管理。一年多以来，龙岗融媒实现"事改企"机构改革平稳过渡，真正做到体制机制有变、党媒属性不变、方向导向不变。在融媒发展元年，集团党委获评"龙岗区先进基层党组织"，集团团总支获评五星级团（总）支部，并荣获"龙岗区抗击新冠肺炎疫情青年突出贡献集体"称号。2022年，集团还荣获深圳市五一劳动奖状，是龙岗区唯一获奖的区属企业（单位）。

（二）在要素管理上做"减法"，放管结合提高管理效能

龙岗融媒利用企业化改革契机实施"瘦身计划"，将所有人员、平台、架构、流程全部"推倒重来"。一是精简组织架构。两度重建组织架构，整合采编力量打通所有平台、人员，形成新闻生产一体化的融合生态。二是统一身份管理。分流在编人员33人，除少部分项目化劳务派遣人员外，全员定性为合同

制员工,统一身份、统一管理、同工同酬。三是优化平台定位。将优势力量以及人、财、物资源从传统端转移到移动端,集中力量做优做强移动新媒体平台,做精报纸、电视和广播,关停并转一批关注度和点击量低的新媒体账号。四是集中向下放权。在集团党委的领导和监管下,将60％的绩效考核分配权、评优评先权和日常管理权交给各部门,确保薪酬绩效的二次分配充分向一线倾斜,达到正向激励的目的。

(三)在提质创优上做"乘法",推动供给侧结构性改革

以绩效考核为指挥棒,不断扩大优质内容产能,提升核心产品竞争力。一是理顺融合采编策划机制。坚持"抓大事、大处理",重大主题宣传由集团党委专题研究推进,重点选题由党委书记牵头抓,实行"大兵团作战"模式,全面提升重点报道宣传效果。每周召开选题策划会,打通采编工作前端、后端、移动端,做到每周有策划、每月有重点策划,提升整体策划水平和执行效果。二是全面实施"提质创优争先"工程。把贡献、质量、效益体现在绩效当中,全方位调动创新创优积极性,真正做到多劳多得、优劳优酬。制定好作品评选奖励办法,每周、每月评选好作品,每年投入300万元创优资金,大力开展"创优攻坚工程",全面鼓励生产好新闻、好作品。三是企业文化引导创优争先。建立"尊重、创新、奋斗、奉献"核心价值体系,把以贡献论英雄、以质量论英雄、以效益论英雄的理念机制融入企业文化当中,把企业文化体现在制度建设、业务开展、经营管理等方方面面,构筑集体利益至上、人人正向发展的融媒命运共同体,队伍面貌焕然一新,整体干劲十足。

(四)在发展瓶颈上做"除法",为激发内生动力奠定基础

一是破除历史遗留问题掣肘。在龙岗区委区政府的大力支持下,龙岗融媒在人员安置上对在编人员提供分流或留企的选项,彻底解决人员后顾之忧。100％回购深圳市东部传媒股份有限公司股份,一揽子解决媒体控股权和多头管理问题。二是破除"大锅饭式"薪酬制度桎梏。打造区属国企华为模式,形成"基础工资＋绩效工资＋绩效奖励"薪酬结构,其中基础工资仅占三成,绩效工资和绩效奖励占比高达七成。建立覆盖全员的KPI考核体系,同部门、同岗位员工收入差距可达近5倍。在2022年实施的优化改革中,进一步加大正向激励力度,突出增量绩效奖励,鼓励员工稳存量、做增量。三是破除人事制度限制。把"人才立媒"战略落到实处,面向全国招聘人才,在部门组建和选人用人上实行双向选择,通过竞争上岗的方式,把最优秀的人放在最合适的岗位,把业绩水平不达标的人放入"人员交流站"待岗或退出。出台《龙岗区融媒

集团干部能上能下、能进能出实施办法》《龙岗区融媒集团"传帮带"培养机制实施方案》等制度。实施业务"首席"评选制度，打通人才"双轨"提升通道。打造创新型、学习型、奋斗型组织，开展多种形式的素质提升工程，邀请国内"顶级天团大咖"到龙岗授课培训。每年举办全员读书月活动，实施业务人员轮岗交流、传帮带，组织一线采编人员基本功大赛等，不断提升队伍综合素质。四是优化改革破除发展难题。聘请全国知名专家团指导经营发展，重新布局"融媒＋政务服务商务"发展模式，对准中央要求，成立政务服务部、商务服务部，瞄准发展趋势，专门成立影视、教育、文创等事业部，着力向视频制作、文化创意、教育培训、生活服务类业务拓展。

三、成效：新闻生产和融媒经营质量双提升，社会效益和经济效益双丰收

龙岗区创新组建纯国企模式区级融媒体，没有现成可复制的建设方案和发展路径，且原来两个单位（报社、广电）的人员、制度、用工方式、薪酬、理念文化等相差大，企业化改革面临一定挑战。虽然改革至今才一年多时间，但改革创新的效果是立竿见影的，独创的体制机制全面激活干事创业热情，持续推动新闻生产和融媒经营质量双提升，实现社会效益和经济效益双丰收。"龙岗模式"多次得到上级部门、领导及同行的肯定，已有来自全国各地20多批考察团前来参观调研，中宣部调研组到广东调研时，龙岗区融媒集团作为深圳唯一代表介绍经验。

（一）原创优质内容生产活力迸发

一是融媒精品不断涌现。聚焦重大主题以及区委区政府中心工作的策划报道爆款频出，比如5200架无人机献礼建党一百周年宣传视频一经推出迅速登上微博热搜，全网阅读量近2亿；拍摄制作的"龙岭模式"报道登上央视新闻频道，该项工作得到中央领导同志的批示肯定。在疫情防控宣传中，园山街道居民欢送防疫人员的视频报道被新华社转发，全网阅读量超3亿；原创稿件《龙岗新娘穿着嫁衣测核酸》获得新华社等平台转发，全网阅读量达5000万；策划推出"我叫中国人"三部曲，登上新华社、人民日报等央媒平台头条，全网阅读量超7500万；原创创意防疫宣传作品"新编防疫四大名著"，获国家级新闻核心期刊平台推介"爆款破圈"做法。2021年以来，龙岗融媒作品荣获各类奖项50多项，一大批传播力强、影响力大的主题宣传作品产品形成创优的标杆和引领，进一步凸显区域主流舆论阵地作用。二是原创融媒产品实现质量

双升。以龙岗融媒 App 为例,实行新的考核制度后,树立了鲜明的原创导向,编辑创作积极性被充分调动,全年原创策划数量增长 2 倍,能够常态化策划运用 H5、VR、一图、海报、条漫、创意视频等形式进行互动式宣传报道。比如围绕党史学习教育推出《坐上时光机,重走龙岗革命路》《VR 打卡龙岗红色展馆》《龙岗红色文化地图》等适合互联网传播的融媒产品,电台推出《百年党史我来读》栏目,邀请区内党员干部、教师、医生、企业人员等朗读党史,受到广大市民欢迎和好评。区党代会和区"两会"报道中,龙岗融媒各平台总阅读量达 2000 万多;单个短视频《遇见·五年后的龙岗》,全网阅读总量超 200 万。三是服务本地群众质量水平明显提升。依托"龙岗融媒"App 开辟的"龙岗观察"系列综述报道、"小龙帮办"系列民生监督报道、"龙叨叨"系列创意视频等逐渐形成本地特色品牌,深受网民读者欢迎。疫情防控期间,配合区委区政府防疫工作部署要求,主动策划推出经典新编《无"疫"道》《少林足球》《疫路取经,唐僧大圣喊话:only you!》系列宣传视频,《唐伯虎不点秋香了,"点"你》被深圳卫健委微信公众号采用,阅读量达 10 万多,为防疫政策宣传"软着陆"起到积极作用,达到良好效果。

(二)"移动优先"转型成效突出

改革后大幅提高移动端考核权重,引导主力军全面挺进移动互联网主战场。其中,"龙岗融媒"App 通过优质新闻发布和线上线下活动形成一定的用户沉淀,总下载量超 200 万,影响力稳居深圳市各区首位,成为大湾区领先的县区级客户端。"深圳龙岗发布"微信公众号粉丝量 280 万多,2021 年至今共有近百篇推文阅读量 10 万多。综合传播力指数和影响力水平稳居深圳各区第一,并连续五年获评广东省政务新媒体年度影响力订阅号。"掌上龙岗"微信公众号粉丝有 100 万多,在深圳市同类微信中影响力排名前列。此外还入驻了全国党媒平台、央视移动网、人民号等国内主流新闻平台。

(三)多元经营持续逆势增长

发展战略上,龙岗融媒坚持多元化经营战略,不断优化"新闻＋政务服务商务"经营结构。一是采经协同深耕全区各部门、街道、社区、学校、行业企业等,做优存量,比如承制龙岗区大型文史项目"龙岗记忆"——《乡愁印迹》,历时 3 年共 55 期,以"文章＋视频"形式推出系列报道,引起社会热烈反响,并实现单个项目创收 900 万元。二是着重向新媒体移动端、向商业市场转移,做大增量,每年开拓 1～2 个新的经营项目,允许设立独立核算的二级事业部或工作室培育孵化新业务,寻找新的增长点。比如正在运营的影视事业部、技术开发部、文创事业部、资产运营部等,部分项目已取得较好的经济效益。三是树立"人人都是经营者"理念,倡导全力以赴、全程发力、全员奋斗、全队夺胜的经营工作"四全"精神,建立"人人皆能参与经营"的制度支撑,实施"经营创收＋净利润"双指标考核制度,明确业务交叉融合的"优先次级"原则和提成细则,实现经营管理一体化,原有单一版块经营队伍全面转型为服务报、台、网、新媒体等全平台的经营团队,主打战略合作、全案策划、全媒体经营,不断提升经营服务质量。2021年以来,龙岗融媒克服了财政紧缩、新冠肺炎疫情等影响,集团总营收1.51亿元(不含网络收入),利润总额563万元,在改革减员70多人的情况下,年度经营收入同比增长6.5％,进一步反哺融媒事业发展。

县(区)级融媒体改革,是以习近平同志为核心的党中央着眼于加强和改进基层宣传思想工作作出的重大战略部署。龙岗区融媒集团企业化改革顺利实施并取得良好开局,得益于从中央到省委、市委、区委的顶层设计,得益于"发展之基"和"融合之机"的有机结合。接下来,龙岗区融媒集团将坚持守正创新,紧紧围绕打造主流舆论阵地、综合服务平台、社区信息枢纽的职能定位,持续推动改革创新和提质创优,拓展"融媒＋政务服务商务"发展模式,不断提升自身传播力、引导力、影响力、公信力,逐步建成区域治国理政新平台,更好服务群众、引导群众,努力在"双区"建设发展进程中作出更大的融媒贡献。

融媒体建设"宜春模式"的灵魂：
"体制创新"与"平台创新"的融合

宜春广播电视台　张　敏　周　妍

"现代科学之父"伽利略曾说："生命如铁砧，愈被敲打，愈能发出火花。"与人一样，市级广电媒体也有着它的生命。近些年来，宜春台面对自媒体、网络媒体等带来的冲击，披荆斩棘、乘风破浪，激起"美丽的火花"——融媒体建设的"宜春模式"！

一、解放思想：改革迫在眉睫，融合势在必行

广电主流媒体要想真正实现融合发展转型，从根本上而言，观念的改变起着决定性的作用。无论是顶层设计，还是基层员工，人人都要具备融媒体新思维。

1. 管理不是"管理人"，而是"领导人"

在现代管理学之父彼得·德鲁克（Peter F. Drucker）看来，组织的功能就是要让平凡的人在一起做出不平凡的事情来。所以，管理不是"管理人"，而是"领导人"。

那么，"领导人"最基础的一步是什么？答案自然是——思想上的引领。正如孙武在《孙子兵法·谋略篇》中所述——"上下同欲者胜"。宜春台称之为"解放思想"。

2. "宜春模式"的萌芽：解放思想必须改革

2017年，宜春台正面临着彼时大多数市级广播电视台所面临的内忧外患——内部队伍成分杂，广告收入不理想，员工待遇难以为继，外部网络媒体、自媒体围追堵截。宜春台领导班子到任的第一件事就是把全台中层以上干部集中到井冈山学习探讨今后的发展思路……

"同志们！就目前这样的形势，你们说不改革能行吗？！"

必须改革！思想上的小种子种下了，接下来的几年，时时刻刻的头脑风

暴，台领导、中层干部、基层员工，大家随时随地各抒己见：

"视频制作已经不是传统广电媒体的专利！狼来了！但是危机就是动力！全台要统一培养全媒体意识，把传统媒体优势转化为新媒体优势！"

"复合型人才轮岗、多能力培养只是基础要求，关键是咱们台的所有人都要具备融合思维！节目、栏目多关注线上需求！"

"尽量消除媒体平台融合过程中碰到的壁垒和不解，消除私利，团结一致，一路向前！"

"在激烈的竞争中，要生存和发展，靠的是核心竞争力，核心竞争力可以是技术、可以是平台、可以是渠道、可以是人才！"

"人人都要有新媒体思维；尽量抓住流量；把握时效性；提升策划与统筹能力！多平台发声，精准定位！"

……

思路决定出路。融媒体建设的"宜春模式"就这样萌芽。

3. "随风潜入夜"中，思维方式发生了变化

值得一提的是，思维方式的转变并不是一蹴而就，需要持之以恒的努力。近年来，宜春台党组高屋建瓴，精心策划了一系列的活动，背后大有深意，比如"假如我是台长，我为兴台做贡献建言献策""井冈山宣誓""'凝心聚力 融合发展'演讲比赛""全台干部职工政治素质考试"，每年评选"宜春市广播电视台十件大事""宜春市广播电视台十大暖心事"等一系列思想动员活动，不一而足。

在宜春台党组的运筹帷幄下，润物细无声，宜春台的员工们越来越有精气神儿了。自从大家的思维和态度从根本上发生转变后，宜春台的新闻事业也蒸蒸日上。正如曾担任袁州刺史并写下"莫以宜春远，江山多胜游"的韩愈所说："业精于勤荒于嬉，行成于思毁于随。"

4. "宜春模式"的灵魂：人员融合，上下同欲

宜春台上下同欲，思维高度统一在以下几点：

一是解放思想，必须改革。

二是转变作风，"一个萝卜多个坑"。

三是融合发展，打破部门壁垒。

四是争创一流，争创全国优秀市级广播电视台。

2021年12月15日，宜春广播电视台对全台干部职工进行了政治素质笔试闭卷考试，参加考试总人数138人，其中90分以上23人，80～90分79人。

可见宜春台干部职工比学赶超的学习氛围有多浓烈。

二、转变作风:凡事以理想为因,实行为果

1. 凡事以理想为因,实行为果

思想上解放了,接下来就是执行的事儿了。正如鲁迅先生所言——"凡事以理想为因,实行为果"。紧接着笔者要讲的,就是"宜春模式"人的融合第二步:"转变作风"。

2017年3月,宜春台将原来各自运行的十余个部门,如新闻部、新媒体中心、社教部、经济中心、专题部、总编室、大型活动部、广告中心、影视制作部、产业协作部、广播电台、广播电视报、播音部、后勤部、党务部、技术部等融合为五大片区,由五个片区长分管。片区长由德才兼备的青年人才担任,向台分管领导负责。

一片区主要负责新闻业务,二片区主要负责民生法治业务,三片区主要负责广告业务,四片区主要负责广播、广电报、播音业务,五片区主要负责后勤及技术业务。

五大片区的划分奠定了宜春台组织结构扁平化的现代组织管理架构基础。几年下来,在五片区的大框架未变情况下,片区间人员流动频繁,打破了部门间壁垒,强化了人员融合,为培养全媒体人才打下了坚实基础。

2. 德才兼备者上,平者让,庸者下

孔子在《论语·子路篇》指出:其身正,不令而行;其身不正,虽令不从。因而,对干部职工而言,必须德才兼备者上,平者让,庸者下。只有这样,才能更好地实现人员引领与融合。

2018年10月31日,宜春台下发《关于宜春市广播电视台建立激励干部职工改革创新担当作为的实施办法》的通知,鼓励干部职工勇于创新、敢于担当。宜春台深化改革进入深水区和攻坚期。

2021年,宜春台以深化事业单位机构改革为契机,全台干部职工"双向选择",各片区公布岗位职责要求,先由员工自由选择部门和岗位,再由片区选择员工——展现出"以责定岗、以岗定人、双向选择、人岗相适"的用人选人机制。

2021年9月1日,宜春台下发《关于对专业技术岗位人员实行全媒体综合培养考核的通知》,全面提升宜春台媒体融合力度,提升全媒体专业技术岗位人员素质,让采编播人员提笔能绘就万家文章,扛起摄像机能记录感动瞬间,坐下来能够剪辑视频资料,举起相机能成就风景如画。

如此,宜春台"一专多能"的人才池愈发强大。

3."一个萝卜多个坑"

以主持人为例,2017年以前,宜春台主持人只跟着固定栏目走,而近年来,宜春台主持人采、写、编、播、评多栖发展。主持栏目的同时,直播助力乡村振兴、深入基层宣讲等。

2021年7月底,宜春台播音主持团队组建宣讲团深入基层,围绕习近平总书记"七一"重要讲话精神,向基层党员宣讲。值得一提的是,甚至也有记者加入宣讲团,与主持人一起下基层,宣讲并且分享新闻行业的酸甜苦辣。

2021年11月下旬,宜春台主持人李昀入围"信仰的力量——全国广播电视和网络视听行业青年演讲比赛"全国40强,成为江西省唯一入围的选手,并获全国20强荣誉。

4. 复合型人才轮岗、多能力培养

新鲜岗位意味着新的激情与动力。复合型人才轮岗、多能力培养有利于调动全台员工转变工作作风。

2021年底,宜春台各片区员工又有了一次大调整,比如原来从事财务工作的五片区青年员工调入一片区尝试新闻业务工作;有的员工原来从事新媒体工作,现在从事广播电视编导工作;还有的员工原来从事图像编辑工作,现在从事新媒体工作……

2021年,宜春台一名同志获全省"四个一批"人才,两名县级干部得到市委进一步任用,一名同志被遴选为市纪委委员,四名同志被遴选为市政协委员(其中两名为常委),干部职工素质明显提升。

要做好人才培训,保障人才储备。一方面对年轻同志要经常性地"给平台、压担子",另一方面要让老员工学习最新的短视频编辑、后期包装、网络直播、报纸版面设计等技能。人员的融合还包括畅通人才渠道,培养名记者、名主持人、名导演,培养懂经营善管理的复合型人才,培养新媒体、新技术人才等。

5. 解决职工的后顾之忧

只有替职工解决实际困难,职工才能一心扑在工作上。

2021年,宜春市委编办修订"三定"方案,确定宜春台为市政府直属事业单位。宜春台28名自收自支编制人员身份得到认定,解决了历史遗留问题,解决了职工的后顾之忧。

2021年,宜春台继续提升后勤服务,新食堂菜品不断改进,新建完善图书馆、健身房等设施,丰富干部职工业余生活。

6. 树立员工典型

宜春台有个刘建生师傅,他是台里的水电工,同时也是一名退伍老兵,更是有着33年党龄的老党员……这些年来,刘建生的手机常年开机,他甚至多年未曾外出旅游,就怕台里水电出问题不能及时赶回来。2021年11月24日,正在为台里安装空调的刘建生临时被叫到一楼大会议室。会议室里,正在召开台工会改选主席、增补副主席大会。刘建生怎么也没想到,大家伙全票选举他为宜春台工会副主席。

宜春台的腾飞,正是得益于许许多多像刘建生一样的老广电人默默无闻的付出!而宜春台党组慧眼识珠,将兢兢业业的"拓荒牛、老黄牛、孺子牛"树为典型,激励全台干部职工一路向前。

三、融合媒体:"三位一体"与"四个一"

1. "三位一体"——广电大楼、全媒体中心、广电博物馆

百尺竿头更进一步。2021年底,位于宜春市大数据产业园的宜春市全媒体中心整体划转到宜春台。与此同时,宜春台4K高清演播厅正式启用。不仅如此,宜春台位于小袁山的广电博物馆也正在紧锣密鼓建设中。宜春台媒体融合"三位一体",形成"东有全媒体中心,中有广电大楼,西有宜春广电博物馆"的格局。

2021年3月25日,国家广电总局媒体融合发展司司长杨杰一行莅临宜春台调研指导,高度评价宜春台打造"四全媒体"获得的经验难能可贵,要求宜春台再接再厉给全国地市级媒体做个好榜样。

2021年11月19日,江西省委常委、常务副省长、宣传部原部长梁桂同志莅临宜春台调研指导时,通过宜春台的"赣西媒体云"融媒体平台,现场办公,与前方正在采访的记者连线。梁桂同志对宜春台媒体融合的"宜春模式"给予了充分肯定和高度评价。

2. "四个一"——一张总网、一个平台、一套机制、一支队伍

值得一提的是,从市属层面上而言,融媒体建设的"宜春模式"可归纳为"四个一"。

一张总网:宜春广播电视台、宜春日报两家市属新闻媒体单位,宜春各县(市、区)委宣传部、各县(市、区)融媒体中心,市委各部门、市直各单位,以及各地宣传通讯员、乡镇宣传委员和基层党建宣传信息员,均为这张网上的宣传主

体,通过线上宣传"一张网",提高新闻时效性。

一个平台:宜春市全媒体中心供稿平台目前由宜春台代为运营,通过平台技术提升,将全媒体中心业务流程环节中的媒体资源统一呈现、存储和利用。其中最具亮点的是,在国内首创98110电话号码,打造新闻宣传和信息发布的110智慧指挥平台。

一套机制:发挥全媒体中心指挥、协调功能,建立宣传响应机制。宜春各县(市、区)委宣传部、各县(市、区)融媒体中心,市委各部门、市直各单位,以及各地宣传通讯员、乡镇宣传委员和基层党建宣传信息员为响应主体,按照新闻事件、新闻活动的重要性、紧急性分为四个响应等级进行运营操作实施。

一支队伍:宜春台组建了一支集网评员、阅评员、新媒体运营人员为一体的全媒体传播队伍。新媒体运营人员由一线记者、采编人员及新媒体平台运营人员组成。同时,邀请上级媒体、宜春学院等单位相关专家,组成10人左右的阅评小组,定期对各类新闻事件和媒体作品进行点评,阅评工作形成简报,呈报市委宣传部。

3.《整点播报》与虚拟手语主播

宜春台率全省之先推出的《整点播报》栏目,在每天上午8点、9点、10点,下午2点、3点、4点6个整点时间段高频次播出新闻,每期7分钟,全天滚动播出,取得了非常好的效果。

2021年9月1日起,人工智能(AI)手语电视播报系统应用于宜春台《整点播报》栏目,通过人工智能技术驱动,将电视节目内容实时翻译为国家通用手语,用科技手段为宜春全市的8万余名听障人士提供优质媒体服务,标志着宜春残疾人无障碍环境建设又跨上了一个新台阶。

4. 宜春台人员工作内容融合的典型案例

再来看宜春台融合媒体的一大缩影:2021年11月26日,为了让五个片区的人员熟悉和掌握办报技能,提高融合水平,培养复合型人才,宜春台下发《关于全台片区各出一期〈宜春广播电视报〉特刊的通知》。自2022年1月起,宜春台五个片区按片区顺序,策划组稿出版一期《宜春广播电视报》,至5月结束。五个片区积极响应。比如,一片区策划主题为"虎虎生威 一路向前"的《宜春广播电视报》特刊。其中,"虎"意味着虎年,也意味着虎虎生威,新年新气象;"一"意味着勇争第一,也意味着一路向前的精神。该特刊色调以红色色调为主,突出新年的喜庆氛围。中间通版的"采编者说"栏目,由30余位新闻工作者叙述自己对新闻工作的感受、对2022年的憧憬等,既展现了广电工作者的风采,又加强了与粉丝的互动。这是宜春台融合媒体非常有意思的尝试。

值得一提的是,2021年,《宜春广播电视报》被收录进中国邮政简明目录系统(含刊号),焕发了活力。

5. 人员融合的两个维度:内部融合与外部融合

宜春台与江西台"赣云"合作的"赣西媒体云"融媒体平台项目,曾于2020年获国家级"王选新闻科学技术奖"和"广电科技进步奖",并入选广电总局的项目库。

事实上,人的融合不仅体现在宜春台内部人员的融合,还体现在宜春台人员与外界各政府部门人员之间的巧妙融合。比如"赣西媒体云"融媒体平台创新融入多项政府服务功能,包括交警指挥系统、12345热线系统、行业信息发布与回访系统等。

2020年11月,宜春台成功举办了"中国广播电影电视报刊协会2020年年会"。全国百余家广播电视台和广播影视报刊社的140多位负责人热议媒体融合"宜春模式"。

2021年,在地市级电视台广告业务下滑,疫情影响的大趋势下,宜春台另辟蹊径,整合资源,进行跨行业泛融合:

一是开展播音主持编导艺考培训,组织广电小记者活动,广电小记者人数目前已达1200余人。

二是组建宜春广电之旅国际旅行有限责任公司,打造国内外旅游、宜春特产营销、旅游业态招商平台等。

三是通过举办各类直播活动,建立与企业的长期合作。比如多机位、长距离移动商业直播《主播带你去看房》《主播带你去看车》等,效果良好。又如,探索实施与寺库集团合作分成的全新硬广模式。

6. 传统媒体活动主阵地向移动端转移

宜春台近几年的宏观战略是"跻身全国优秀市级广播电视台之列",微观战术包括"电视、广播、新媒体外宣上稿排名提升""内宣出新出彩""产业有声有色""为民一丝不苟"。其中,"移动优先、直播优先、短视频优先"等微观战术则显得十分重要!

2021年,宜春台成功承办宜春市党史学习教育"永远跟党走"大型知识竞赛活动——561支参赛团队、1659名参赛选手、173场现场竞赛、307万宜春干部群众见证比赛过程。该活动也为宜春台带来了品牌效应,利用新兴媒体技术挖掘大型活动的举办模式,为传统媒体活动主阵地向移动端转移提供了极富价值的借鉴意义。

宜春台的直播活动开展得有声有色！从2020年的"第一书记来代言"，到2021年的"主播带您去看房"，再到2022年的"赣品网上行，电商直播年货节"等均获得各界好评。

功夫不负苦心人。2021年，在江西省主要媒体机构抖音排行和微信公众号排行中，宜春台运营的"宜春发布"抖音号和"宜春广播电视台"微信公众号双双上榜。此外，"宜春发布"抖音号7月1日当天制作发布的《陈训杨一家收听收看庆祝大会，叮嘱孙子"永远跟党走"》短视频在抖音上点赞量超过22万，播放量达到520万，成为宜春"七一"宣传的爆款视频。与此同时，2021年7月至9月，宜春台承办的"宜春正当红"抖音大赛，话题总播放量达到1.5亿人次；制作了多个点击量上10万的H5作品。

值得一提的是，2022年，宜春台新媒体队伍有了规模上的壮大。宜春台从五个片区抽调多位年轻新鲜血液充实到新媒体工作。宜春台新媒体在做好本台8个平台10个账号的运营外，还大力发展战略合作单位，助其运营新媒体账号。

四、争创一流：君志所向一往无前

1. 外宣出新出彩

统计数据显示，2021年，宜春台在央视上稿369条，其中《新闻联播》有33条，比如《江西宜春：一枚戒指几代传 跨越赣湘两省的牵挂与哀思》等稿件在央视单条播出；在江西卫视上稿1270条，其中《江西新闻联播》有466条。在江西省电台《全省新闻联播》《新闻晚高峰》《江广早班车》等栏目用稿4371分，稳居全省第一方阵。

2022年正月初三，中央广播电视总台与宜春台在明月山温泉风景名胜区共同举办《冬奥之约48小时特别节目》直播连线活动，宜春台是江西省内唯一一家与央视进行直播连线的地市台。当天下午，央视新闻客户端《踏雪庆春迎冬奥——看南方人解锁过年新方式》直播节目，通过半个小时的视频直播，带着全国各地的观众"云游"宜春明月山滑雪场，感受宜春浓浓的年味，并且为北京2022年冬奥会开幕加油。2022年春节期间，宜春台助推明月山十上央视，展现宜春丰富多彩的民俗活动和冰雪运动。

2. 内宣比学赶超

这些年来，宜春台始终坚持"新闻立台、经济活台""为百姓说话，为百姓办

事,为百姓撑腰"的办台理念。人员融合的过程中,争创一流的观念早已深入人心:

聚焦中心工作。2021年2月,宜春中心城启动第七届全国文明城市创建活动。一年来,宜春台将镜头和笔触对准创文工作,在《宜春新闻联播》中开设《创建全国文明城市在行动》专栏,播发200多条相关新闻稿件。

聚焦百姓生活。2021年底,宜春台新开辟深度调查类栏目《记者调查》。《记者调查》栏目以舆论监督、问题报道为主,每期5分钟,不定期在《宜春新闻联播》后播出。节目开播前,不少粉丝通过新媒体留言问道:"能帮百姓说话吗?""有这个勇气吗?"节目播出后,观众好评连连。不少观众向宜春台反映——"我也碰到了问题,想求助你们!"此外,2021年,宜春台《啄木鸟在行动》栏目也播发舆论监督类稿件130余条,推动问题整改解决近70个。

聚焦社会效益和经济效益。2021年,由宜春台承办的宜春首届"百日交通零违法 争当文明宜春人"挑战赛活动,参赛车辆达到12600多辆,多家企业单位赞助支持,创收金额近20万元,获得社会效益、经济效益双丰收。

3. 硬件更新迭代

争创一流,宜春台硬件更新迭代,高清转播车、卫星转播车、广播转播车、新媒体直播车、先进无人机……不一而足。

2021年,宜春台还新建1套4K播出系统,新建4K高清播控中心及4K高清播出展示中心,实现与现有的高清新闻制播系统、高清转播车等相关系统高清信号和文件的互联互通,形成完整的4K高清电视制播系统,电视画质得到全面提升。

4. 助力乡村振兴

不仅如此,宜春台这些年还不遗余力助力乡村振兴工作。万载县白水乡罗桥村委书记一行5人,专程来到台里看望之前派出驻村的第一书记刘恋同志,代表全体村民将一面写着"扶贫实干为百姓 帮扶解困显真情"的锦旗送给这位群众心中的好书记。

2021年,宜春台又派出3位干部来到万载县同心村驻村。工作队刚到村里没多久,就遇上了农民兄弟袁游斌的西瓜找不着出路即将烂在地里的情况。驻村干部二话不说,发动起全台干部职工。一个中午,两车西瓜悉数卖光。袁游斌终于舒展了眉头,露出了笑容!

凡此种种,皆为序章。伟大民主革命先驱孙中山先生曾说:君志所向一往无前,愈挫愈奋,再接再厉。德国著名思想家、科学家歌德(Johann Wolfgang von Goethe)也曾说：志向和热爱是伟大行为的双翼。因而，融媒体建设"宜春模式"的成功，是广电人新闻"志向"和"热爱"基础上的人员融合。正如宜春台台歌《一路向前》所唱："脚下有泥，笔上有光，一路向前……"

提升舆论引导力 当好百姓服务员

——河北省香河融媒体中心探索强化服务助力乡村振兴

河北省香河融媒体中心　史长城

作为县级舆论和宣传主阵地,河北省香河县融媒体中心自2018年挂牌成立以来,始终秉承习近平总书记"扎实抓好县级融媒体中心建设,更好引导群众、服务群众"的总体要求,始终坚持围绕省市县委的决策部署,坚持以引导群众、服务群众为己任,特别是在落实乡村振兴重大决策部署上,充分发挥自身"最权威的新闻发布平台、最智能的社会服务平台、最全面的文化信息传播平台"优势,把镜头聚焦"三农",让"笔杆子"走进乡村,把"四力"展现在希望的田野上。

一、抓能力建设,握紧服务振兴的"金刚钻"

有金刚钻才能干瓷器活儿。香河融媒体中心始终强化自身能力建设,深入研究当前受众特点和传播规律,积极打造覆盖广、接地气、有效应的传播模式,为助力乡村振兴"长本事"。

以受众为本,多方式"圈粉丝"。办报纸,顾老小。开办《新香河》报纸,并成功借助河北广播电视报拓展香河版,开办新闻、文化、诗书画原创作品乐园及中小学生作文等版块,成为"一老一小"受众的最爱。开直播,对口味。把电视节目从大屏"搬到"小屏,相继开通了蓝鲸直播、抖音直播和融媒体直播,打造电视节目"掌上看",目前已累计圈粉28万余人,年访问量达887万。制短片,接地气。积极借助发现香河抖音号、快手号、今日头条号、火山小视频、西瓜小视频等年轻人的关注点,制作各类新闻类和知识性、服务性短视频1800余部,11部作品播放量超千万,浏览量突破4亿。

以互融为要,抢阵地"扩覆盖"。一方面,加强与国内各级新闻媒体的联系和接入,香河融媒体指挥平台端口实现与省长城新媒体平台端口和市台融媒体端口成功对接,在全市率先加入央视新闻移动网"全国百家县级融媒体中心智慧平台"和人民日报客户端"人民号"矩阵网。另一方面,加强县域内网络、电视、电台的联系，逐步构建"互联网＋广播电视＋报纸＋网站＋客户端＋智能户外＋楼宇社区"的多平台矩阵，打造全方位、全媒体传播格局。

同时依据百姓需求，创立了中国（京津冀）广播电视媒体融合发展创新中心（香河）短视频拍摄基地。

立足打造香河乃至廊坊农产品电商的培训基地，根据本县果菜农的需求，利用直播带货宣传，帮助广大农户拓宽销售渠道，让农户学会"吆喝"。并依托香河融媒体平台百万粉丝号，为本地农产品进行推广引流，成为广大农户的"经纪人"。

目前融合拓展了香河农耕教育基地、蒋辛屯镇水岸潮白田园综合体、菊香小镇、渠口镇大爱农场、安头屯镇千年古葡萄庄园、安平镇北运河文化公园、刘宋镇万亩荷塘湿地公园等作为基地的拍摄分部，获得了国家广电总局中国（京津冀）广播电视媒体融合发展创新中心授权。

二、抓舆论引导，汇聚推动振兴的"正能量"

好的舆论氛围是加快乡村振兴的催化剂。香河融媒体中心紧紧围绕中央和省市县委工作部署，在引领乡村舆论上不断发力，凝聚起干部群众共同推进乡村振兴的正能量。

服务中心，用权威声引导人。推进城乡环境综合整治是落实乡村振兴战略的重要举措，香河融媒围绕这一中心工作，采取干部说拆违、群众赞整治的形式，直插整治现场，制作100余部短视频，把城乡环境整治的大环境讲明讲透，形成涉违群众之间的舆论震撼力，为拆违整治工作的顺利和谐开展塑造了舆论主流。

聚焦大事，用身边事感染人。坚持用群众身边事教育群众，讲述正能量、弘扬正能量、培育正能量。《大十五的吃什么方便面呀》，讲述抗疫工作者的工作不辞辛劳，在抖音平台迅速创造了5000万的点击量。结合弘扬社会主义核心价值观，以真人真事为蓝本，拍摄制作了《没事找事儿》《心锁》等影视作品，把文明城市创建工作"演进"了千家万户。为大力弘扬运河通航的奋斗精神，拍摄制作了原创微电影《上官》，讲述了参与运河通航的乡镇干部迎难而上的事迹，上线后被省委网信办列为优秀互联网作品全网推送，在广大干部中引发了强烈反响。

回应关切，用好栏目凝聚人。新闻是党的喉舌，是联系党和人民群众的桥梁和纽带。为让党的声音飞入寻常百姓家，香河融媒开办了《影子说事》《以案说法》《做客直播间》等节目，把党和政府的政策以访谈式、直播式表达出来，用百姓语言讲述党的政策。特别是通过开办《阳光问政》栏目,把乡镇和职能部门主要负责人请进演播室,与在场群众面对面,互动谈发展、谈问题,目前已围绕环境卫生、交通出行两个主题开展了面对面交流,赢得了干部群众的一致好评。

三、抓服务群众,打好助力振兴的"宣传牌"

"以人民为中心"是融媒体的创作导向,也是服务导向。近年来,香河融媒积极发挥自身优势,把群众之需搬上银屏、传上网络,切实当好百姓的服务员。

让"笔杆子"走进乡村。坚持以群众需求为创作源泉,紧扣服务乡村振兴的主题,为群众服好务,为发展发强音。香河融媒在全县疫情防控吃紧阶段,积极向主要果蔬、特色产品产地派遣记者,积极帮助群众解决实际问题。在得知渠口镇 1000 多亩成熟的油桃出现滞销后,县融媒中心迅速组织全媒体队伍进行采访报道,借助多家媒体平台发布油桃滞销信息,帮助该村群众销售油桃 15 万公斤,赢得了当地群众广泛好评。在得知因疫情封控导致部分农产品销售困难后,融媒中心组织力量,制作短视频,帮助东兴隆庄村销售 3500 多公斤草莓,帮助五百户镇 140 多家蔬菜合作社会员办理绿色保供通行证,有效解决了农户的滞销之困,把融媒人的"笔力"转化为促进振兴的"生产力"。

让"长镜头"聚焦乡村。积极联系国家级媒体平台,推介乡村振兴成果。与央视农业农村频道联合录制《丰收中国——走进香河》《乡村大舞台》等节目,展现香河乡村振兴发展成果。积极组织开展各类文艺活动,先后举办"美丽香河·我的家"文艺汇演,走进香河村镇,推介香河特色产业。举办"2020 年香河农民丰收节",让全县农民共同分享丰收喜悦。借助廊坊旅发大会的契机,组织 12 名主持人,在家具城、乡村旅游景点、非遗制作现场设立 10 个分会场,全程现场直播 10 小时,让互联网、大数据、VR、AR 齐上阵,全方位集中推介香河景泰蓝、香河肉饼、香河家具等特色产品,全网观看人数达到 688 万人次。

让"金话筒"讲述乡村。群众自己说乡村、讲振兴是最有说服力的传播。为此,香河融媒以大型文化活动为载体,让群众当"主演",通过全县群众报名节目、参加海选的方式,连续 6 年成功举办香河春晚和少儿春晚,在让群众享受视觉盛宴的同时,亲身感受乡村振兴的成果。同时,开通香河融媒直播频道,对香河文化"七进"演出及各类群众性文体活动进行直播报道,累计观看突破 20 万次,评论上万条。香河融媒让群众拿起话筒、"素颜"出镜,不仅增强了群众的参与感,也振奋了群众投身乡村振兴的精气神。

让"四勤快"跑遍乡村。服务群众不是"一阵风"，而是"四季雨"，要久久为功，持之以恒。香河融媒体中心编辑记者常年深入乡村，以"眼勤、耳勤、腿勤、心勤"四勤快服务群众。用眼睛收录人间百态，用双耳倾听百姓声音，用双脚丈量社情民意，用诚心牢记百姓疾苦，以积极主动的姿态，想群众所想，急群众所急，帮助群众解决眼前的实际问题，切实解决人民群众最急最忧最盼的紧迫问题，被百姓称为心系群众、务实担当的暖心服务员。

香河融媒体中心始终坚持围绕中心，服务大局，始终将百姓需求放在第一位，将服务群众意识转化成行动自觉和思维本能，真正发挥融媒体中心在基层宣传文化和舆论引导中的主导性、关键性作用，用百姓听得懂的语言、喜闻乐见的形式，助力乡村振兴。用"眼勤、耳勤、腿勤、心勤"践行"四力"。用心感受人民群众的喜怒哀乐，用情倾听人民群众发自肺腑的声音，将群众的安危冷暖置顶，不断改进服务态度、提升服务品质，全心全意当好百姓的服务员。

深入"疫线"抓"活鱼"

——以鄞响客户端《隔离点日记》系列报道为例

宁波市鄞州区融媒体中心　俞珠飞

2022年4月3日,本人临危受命赴集中隔离医学观察点,开展新一轮点长工作。自此,鄞响客户端每日推出由本人采写的《隔离点日记》。至4月17日,共推出15篇。系列报道首次以隔离点负责人和记者的双重角色,揭开了集中隔离点的神秘面纱,全景再现隔离点的方方面面,同时即兴短评,点睛观点,融合传播,提升了社会影响力,成为战"疫"报道的一大亮点。

一、直击"疫"线,全景呈现

基层一线是新闻工作的源头活水,蕴藏着最鲜活、最丰富的新闻资源。随着疫情的多点散发,战"疫"报道成为基层融媒体中心的重中之重。大家闻令而动,精锐尽出,"上天入地",穷尽手段,第一时间发布权威信息、跟踪事态进展、报道先进典型,为全民战"疫"贡献融媒力量。

集中隔离医学观察点是疫情防控诸多环节中一个非常重要的节点。随着本地及周边地区疫情的发展,开设的集中隔离点在增多,进入集中隔离点的隔离人员也在大幅度增加,大家对隔离点的关注度提升。医学观察些什么? 隔离人员生活怎样? 一天24小时又是如何度过的? 工作人员怎样工作? 又是如何服务隔离人员的? 这些,除了隔离人员的亲朋好友担心、想了解,很多读者也想知道。但由于隔离点实行封闭管理,记者一般无法进入,因此对它的报道多限于电话采访医务工作者,以及隔离点的暖心服务等,视角、内容均较为单一,群众依然存有诸多疑问。

鄞响客户端的《隔离点日记》是个突破,以隔离点点长的独特视角,持续推出15篇日记,全景式地再现了隔离点的方方面面。报道不仅有包括医务工作者在内的全体工作人员的"逆行"壮举,也有隔离点工作的日常,涉及一日三餐,隔离人员接收、离开流程,房间消杀清扫、垃圾清运,也有相当篇幅记录了隔离人员的心态变化、期望和反思,共同勾勒出这一疫情防控"特殊根据点"的真实图景。

报道中，一件件事，一个个人，都是具体的，而不是抽象的，都是耳闻目睹的，而不是第三人转述。因为贴近，所以成就独家报道；因为深入，所以记录真实、回应关切，这是该系列报道的最大亮点。

二、即兴短评，点睛观点

系列报道包括 15 篇日记，每篇记录一天工作，均为千字左右，不长。内容各有侧重，且不重复。第一篇着重记录的是一天的工作流程，第二篇侧重于隔离人员的接收，第三篇是消毒清扫，第四篇着重描述工作组，之后几篇分别记录了对特殊人群的关心、隔离人员饮食及其集中隔离期的经历等。每篇根据主题内容，一一勾勒，文字简练，不加渲染。

在坚持记录客观性的同时，报道夹叙夹议，即兴短评，点睛观点，提升主题。记者点赞担当、奋进、自律、共勉，如在第 4 篇《守好岗尽好责》中，在记录工作人员工作情况后，写道："疫情形势严峻复杂，我们每个人都要守好自己的岗，尽好自己的责，筑就疫情防控的铜墙铁壁。"在第 8 篇《隔离的心七上八下》中，在记录隔离人员心态变化后，接着写道："这里，有焦虑，有担心，有害怕，也有戏谑；有坦然，有冷静，有鼓励，更有温暖。从这里，我能感受到隔离人员的坚持、努力，从恐慌、紧张、无助，到接纳、积极面对现实，他们让我们看到信心和希望，看到来自抗疫战线上另一股不可或缺的力量"，指出"隔离人员也是抗疫力量"的观点，让人耳目一新。

在第 13 篇《他背了一书包的书来隔离》中点赞了背一书包书来隔离的大三男生：身处逆境，依然没有放缓追逐梦想的脚步，为奋力前行的男生点赞。在记录隔离点几件事后，指出：隔离点每天的工作也由这一件件小事组成，琐碎，但真实，并一点点绘成隔离点抗"疫"的整个画面：责任与担当，凝聚与奋进。

在第 14 篇《紧绷安全弦不放松》中，点赞将房间收拾得干干净净的女企业主：在她身上，我们看到了自律的力量。全民战"疫"，人人有责。每个人做好自己的事情，对自己的健康负责，就是对他人负责、对社会负责。在最后一篇《完成隔离点任务交接班》的文末指出：疫情在持续，隔离点工作在持续，抗疫任务也在持续中，大家一起咬紧牙关，继续努力！

在人人都有麦克风的社会化媒体时代，这些或暖心、或鼓劲、或犀利、或精辟的短评，依托在事实之上，有感而发，表达的是记者的态度，也是媒体的观点，引发读者共鸣，有利于引导大众舆论向着全民战"疫"的积极方向发展。

三、强化可视,融合传播

适应新媒体传播特点,系列报道强化图片和视频的运用。每篇一般配图2~3张,也有配发视频或音频,以强化可读性。

这些照片和视频围绕主题,有反映行政组、医疗组、安保组、后勤保障组等工作人员的工作场景,也有隔离人员晒的中餐、晚餐,写的感谢信,还有工作组为隔离人员专门制作的消毒片使用视频和中药汤剂服用视频,时长较短但涉及面广。

如第9篇《疫情当前,我们并肩作战》,配发图片工作人员照片2张,并配发了行政组成员叶红栋锻炼的视频,向读者展示了工作人员紧张工作之余活泼的一面,对于这位曾经的全国帆板锦标赛冠军也有一个更全面的认识。同时配发了医疗组长庄晋女儿来电的一段音频,音频里8岁女儿对妈妈"抱怨"道:"妈妈,你怎么还不回家?真讨厌,要期中考试了,可是你不在家。"情感自然流露,从另一侧面反映了工作人员舍小家为大家的真挚情怀。

在此基础上,4月22日,《鄞州日报·发现周刊》安排三个版面:头版+跨版,推出通讯《致敬每一位战"疫"人! ——我的隔离点日记》。报道不仅集纳了鄞响客户端推送的15篇日记,还配发10张照片,并在文末增加了"记者手记",交待了记者隔离点日记采写情况:每天的隔离点日记是断断续续记下的,完成基本都是在深夜了,还记下了记者点长经历的心得体会,"为期14天的战'疫',从一名新闻工作者转为隔离点点长,从间接参与到直接参与抗疫,身份的转换,'阵地'的前移,让我更深刻地感受到'并肩抗疫、共克时艰'这几个字的沉重分量",进一步深化了主题。

大篇幅的报道,与之前的鄞响客户端系统报道相呼应,多平台传播形成宣传强势,进一步扩大了报道的社会影响力。

由于记者首先是隔离点点长,工作的重心在于隔离点工作,报道只能抓住有限的空隙时间,因此从总体上来看,系列报道还存在诸多不足之处,如对于突发事件或人物特写镜头的抓取,照片和视频更多时候无暇顾及,因此相对来说,拍摄角度和总量也有待拓展或增加。同时,对于隔离人员隔离生活的故事和细节的挖掘还可以再深入些。今后还需要不断增强"四力",关键时刻拉得出、打得响,推出更多有品质、有温度的融媒作品。

附件：

1. 鄞州区新闻工作者协会《新闻月评》（2022年第三十四期）

"隔离点日记"是本月疫情报道的一个创新和亮点。22日，周刊发表了记者俞珠飞的《致敬每一位战"疫"人！——我的隔离点日记》。之所以说它是一个创新和亮点，首先，从形式上看，名为"日记"，其实就是一篇报道，是入驻记者的采访札记。而且聚焦一个主题的15篇12000字左右的日记体报道，至少在鄞报是很少见的。其次，这篇日记以记者亲身经历、独特视角、深切体会，给我们带来了不一样的疫情报道。尤其是"记者手记"中"为期14天的战'疫'……让我更深刻地感受到'并肩抗疫、共克时艰'这几个字的沉重分量"，与其说是记者的切身感受，不如说是记者呼吁。最后，是对读者的一个解疑释惑。隔离点被隔离的人生活怎么样，有没有保障？工作人员服务好不好，他们又是怎样在工作的？这些，除了被隔离者的亲朋好友担心、想了解，很多读者也想知道。这15篇日记真实、详尽地记录了隔离点的工作、生活日常，比如"消毒，每天必不可少""三菜一汤，半个月不重样"等，一定程度上起到了个解疑释惑的作用。纵观这15篇日记，写作朴实，没有空话、套话，读来真实可信。

2. 鄞州区融媒体中心《业务研讨》第4期

通讯——《致敬每一位战"疫"人》（见4月22日《鄞州日报》第三至五版），这是一篇纪实通讯，记者采用日记形式，真实记录了她当疫情集中隔离点点长时所见所闻及亲身感受。文章信息量大，可读性强。记者将浓浓的情感渗透于每一个环节，将人文关怀注入每一个细节，把14天的抗疫故事讲得绘声绘色，引起了社会共鸣。

集中隔离点的十四天，熟悉与陌生瞬间碰撞在一起，无论是行政组和医疗组工作人员，还是被隔离人员，他们都没有了工作与社交的距离，日日相对，彼此艰难地磨合。虽说两者都是战"疫"人，但是作为重任在身的战"疫"人——行政组和医疗组工作人员，始终重视被隔离者的内心体验，用心去倾听他们的诉求，用温柔去抚摸他们的情绪，注重从精神层面、心理层面去解开他们郁闷的心结，让他们看到生命在灾难中的真实状态，彰显灾难面前生命的尊严与价值。

融媒体背景下电视新闻采编创新路径探析

金华市广播电视台 姜 睿

0 引 言

在融媒体背景下,受众通过多种方式和渠道在更短的时间内接收外界信息,以电视为传播媒介的电视节目形式变得更加丰富多样,媒体行业在现代科学技术不断发展的情况下也在不断升级与进步,使融媒体成为目前电视新闻发展的新趋势。融媒体与传统电视媒体相比,具有明显的差异性,不仅大大改变了传统的新闻采编方式,还在一定的时间内实现了大范围多领域的应用,在该背景下,传统电视媒体受到了极大程度的冲击,因此对电视新闻采编工作提出了更高的要求,需要电视新闻采编工作克服重重困难。作为新闻编辑工作中的核心,必须在融媒体背景下改变传统的电视新闻行业定位,挖掘自身潜力,基于先进的信息技术,控制受众大幅度流失的局面,跟随社会的进步与时代的发展步伐,以创新的方式突破目前的困境,为电视新闻媒体的发展带来新的可能。如何充分发挥电视媒体的优势,结合所处环境改变传统的采编模式,提高电视新闻的采编能力,是目前电视台亟待解决的重要问题。本文对融媒体背景下电视新闻采编创新路径进行探析,为扩大电视新闻影响力提供了重要的参考依据,对传统电视媒体的转型与发展具有现实意义。

1 电视新闻采编现状

1.1 融媒体背景下电视新闻采编环境特征

融媒体背景下,新兴媒体与传统媒体相比,具有更快的传播速度,以互联网为通信的媒介,基于手机或电脑终端实现信息的播放与大范围的传播,电视新闻采编工作在该环境下能够将内容和资源等方面进行科学的整合,从而提高受众对于一个项目活动服务的认可度。融媒体背景下,互联网中所传播的信息具有来源广、数量大的特点,由于其较快的传播速度,使传统媒体和新媒体融合,促进了电视新闻领域的进步与发展,受众可以在社会新闻以及娱乐性等多个种类的信息中查看和搜索自己所感兴趣的内容,使传播工作更加灵活。目前的电视新闻采编工作不再局限于电视这一单一的媒介,而是广泛应用计算机、数码相机等高科技设备,并以移动硬盘、网络云盘等进行多种信息格式的存储,信息资源渠道不断增加,便于受众在不受限制的情况下读取新闻信息。当下的环境变化使电视媒体行业对电视新闻采编工作的要求越来越多,为了在这个人均自媒体的时代保证新闻信息的质量,就需要将那些质量不高的新闻信息进行甄别与相应的改进,在保证其新闻事件真实性的同时还要保证内容质量。

1.2 融媒体背景下电视新闻采编工作特点

电视新闻有着较为广泛的素材,主要是通过采编人员的敏锐感知力捕捉生活中的新闻事件,广泛收集最新话题的相关新闻素材与资料,从而完成整个采编工作。由于目前受众主要通过互联网接收到新闻信息,为了受众能够通过媒介第一时间准确获取新闻信息,采编人员需要保障电视新闻的实效性和真实性,电视新闻采编成果能够通过多种渠道来达到广泛传播的效果,因此在广泛传播下的电视新闻采编结果同样具备着多样性、复杂性的特点。在电视新闻采编工作中,及时的新闻采访和相应的新闻文字编辑作为采编人员的基本工作内容,需要新闻工作者坚守职业操守,认真履行采编职责。由于融媒体背景下新闻信息的信息源具有多源性和复杂性,为了吸引受众的注意力,在新闻信息的传播过程中,时常会出现因审核不到位而出现虚假新闻的情况,严重影响了新闻信息在社会中的正确舆论导向的作用,因此电视新闻采编人员要在遵守基本职责的基础上,对待播出的新闻信息的真实性进行仔细的核查,在划分新闻类型后,根据新闻信息类型以及不同的传播渠道进行信息的整合与调整,筛选与传播新闻信息,尽可能地避免虚假信息的消极社会影响,拓宽受众群体,从而提高媒体影响力。

1.3 融媒体背景下电视新闻采编创新目标

本文以金华广电为研究对象,认为在融媒体背景下,要朝着具有更大影响力和竞争力的新型主流媒体加快迈进,争取走在全省城市台前列,有一系列的重大任务需要推进。金华广电将加快融媒体中心建设,进一步优化体制机制运行架构和融媒流程,集中资源推动产业发展,提高广电抗压和抗风险能力,激发队伍活力,坚持"数字赋能、拼搏争先"工作导向,突出新闻主业、媒体融合、经营创收、产业拓展、技术创新、队伍建设,全力打好六大攻坚战,打造更多品牌名牌,确保外宣全省"第一方阵",安全生产保障有力,队伍结构不断优化,推动融合转型高质量发展取得新成效。重点任务包括:一是新闻宣传提质攻坚战,实施精品内容工程。聚焦重点新闻宣传,抓好重大主题报道,讲好金华故事,展现金华精彩。全年力争多获省级新闻奖(政府奖)二等奖以上作品。二是强化外宣提质。主动对接央媒、省媒及新媒体平台,提升外宣质量水平,打造新兴媒体传播力,保持全省"第一方阵"。三是加强节目转型升级。打好全媒融合创新攻坚战,做优做活新媒体产品,做好各类新媒体创意项目、微信公众号、创意视频号、微纪录片、短视频、H5、VR/AR、微剧等产品的内容策划、技术设计、采编发工作。四是创新流量创收模式,做大移动直播平台,探索MCN 网红经济、直播带货运营模式,推进"新闻+政务服务商务"。打好经营创收突破攻坚战,创新营销模式,培育新的增长点。打通不同媒介平台,线上线下互融、电视广播互补、图文视频互促,以全媒体营销服务推进广告经营和用户服务升级提档。

2 电视新闻采编创新的必要性

2.1 电视新闻采编创新在融媒体背景下的作用

由于当前社会生活节奏过快,经济及科学技术的飞速发展使电视新闻需要在网络信息泛滥的条件下提高新闻的质量和实效性,因此对电视新闻采编的创新能够进一步推进媒介的融合,使电视新闻在新媒体范式的应用下快速建立起新兴媒体和传统媒体的联系。采编人员通过移动设备以及对 App 的利用,将新闻信息在平台中快速传播,在电视新闻采编工作的不断创新中,利用终端和内容的优势,实现多元化的媒体传播,为受众提供更高质量的新闻信息,从而使媒体融合进一步发展。电视新闻采编工作在新闻传播中具有极为重要的作用。新闻采编是电视新闻制作的第一步,需要在媒体采访的过程中掌握第一时间的信息,确定时间的线索,再根据相关线索和采访内容进行整理与编辑。在电视新闻媒体获取到新闻事件后,派遣记者到达新闻现场以确定和丰富线索内容,并对内容进行二次加工,在整体编辑和审核完成后,在平台上进行传播,从而实现整个新闻采编工作。电视新闻采编工作的质量直接影响着电视新闻内容的质量好坏,作为新闻传播的核心流程,只有进行电视新闻采编的创新,才能使电视新闻媒体跟随时代潮流,拓宽电视新闻的传播路径,向新媒体学习新技术,在技术创新的背景下得以更好地发展,利用多个线下传播渠道,应用不同新闻采编模式丰富内容的传播空间,从而对电视新闻影响力的提升具有促进作用，并突破固定播出时间的制约，为受众在第一时间获取新闻信息提供极大程度上的便利。

2.2 突破传统电视新闻媒体发展瓶颈

电视新闻采编的创新已成为融媒体背景下传统媒体发展中亟待完成的任务，只有使电视新闻采编顺应当前的时代发展要求，才能扩大新闻的影响力。就目前的发展形势来看，电视新闻采编处于瓶颈阶段，因此只有探索电视新闻采编创新的路径，才能突破传统电视新闻媒体发展瓶颈。随着大数据时代的信息数据量不断增多，新闻的传播形式和传播平台丰富多样。电视新闻采编属于传统的新闻媒体工作领域，相较于现阶段新生的新闻媒体，电视新闻存在着受众的局限性，其实效性优势不再明显，因此传播效果不佳。因此，只有有效地实现电视新闻采编的创新，才能扩大受众范围，使电视新闻传播的影响范围得到延伸。由于传统的电视新闻需要通过电视这一媒介工具才能进行新闻的传播，目前电视新闻已经具备可随时观看的优势，在移动通信网络的技术支持下，可以通过数字杂志以及搜索功能克服传统电视新闻的不足，并基于大数据分析为用户提供个性化的新闻服务需求。由于时代和社会的发展，受众的心理需求有着明显的变化，因此只有通过电视新闻采编创新来充分发挥融媒体技术的全面性和广泛性优势，提高电视新闻的传播实效和资源共享性，加快电视新闻传播的速度，使更多受众选择电视新闻媒体。因此要使电视新闻采编人员更加深入地了解融媒体采编思维和运作方式，激发采编人员的创新意识，并基于用户需求广泛涉猎更多学科领域，深入基层和社会中，从根本上提高采编人员的编辑水平。广播电视通过对政策和资金等传统优势的利用，能够以独家报道、大型节目等方式抢占市场，从而突破传统电视媒体的瓶颈，通过突出内容质量和节目特色，能够彰显自身的权威性，增强用户的黏性，提高电视媒体的品牌影响力。

3 电视新闻采编创新路径

3.1 建立新媒体平台矩阵，创新十大品牌

在融媒体背景下，为实现电视新闻采编的创新，本文以"无限金华"客户端为引领，打造"一端一网两店三多号"的新媒体平台矩阵，其中，"一端"指的是"无限金华"客户端，"一网"指金华网，"两店"指淘宝店铺和抖音小店，"多号"指抖音号、快手号和广电系列微信公众号及入驻头部新媒体平台所注册的"人民号""央视频号""头条号""蓝媒号"等。在品牌打造方面，以新媒体栏目、活

动、直播等为入口,提升和创新"金华广电新媒体十大品牌",如表1所示。

表1　金华广电新媒体十大品牌

序号	领域	品牌
1	内容生产	"金视频"
2	全媒交互	"广电欢乐购"
3	舆情引导团队建设	"网络先锋队"
4	网红经济	"MCN主播金字塔"计划
5	视频互动	抖音号"金华老娘舅"和快手号"金华小码头"
6	直播带货	淘宝店铺"金华广电购"和抖音店铺"广电文旅"
7	融媒联合	"金华融媒体联盟"和"全国城市融媒体联盟"
8	社群建设	"无限金华day day up"计划
9	平台服务	"智慧城市"
10	对外传播	"hand in hand(中非季)"

由表1可知本文品牌打造的各个领域,同时在现有新媒体人才的基础上,建立了5类新媒体团队。在发展运营方面,以金华广电网络技术有限公司为依托,打造集信息发布、政务服务、舆情引导、视频生产、社群互动、直播带货、网红孵化、文化创意、融媒培训等为一体的创新型新媒体公司。在影响力建设方面,集全台之力,加快推进,让金华广电新媒体品牌在国内同行业中具有一定影响力,在全省位列第一方阵,在浙中地区处于引领地位,使金华广电新媒体品牌迈向国际。

3.2　坚持内容为王,打造信息集散地

在电视新闻采编创新中,本文始终坚持正确舆论导向,维护网络安全。立足主题宣传,凸显爆款意识,紧密结合市委、市政府中心工作,依托金华广电融媒平台,唱好主旋律,打好主动仗,立足中心议题、围绕主题主线、强化产品爆款,关注时政热点和社会焦点,通过开辟专栏、加强评论、注重监督、力推爆款、创新形态等形式,在新媒体宣传上实现良好的传播效果。关注民生民情,增强创优意识,将民生新闻还原于民生。充分利用短视音频的优势,提升新媒体产品讲故事的能力,以优秀产品来实现贴近基层、走进一线的目标。加大精品创优力度,采用新媒体的新手段、新技术,通过海报、H5、长图等多种形式进行产品创作和开发,提高产品的可看性。积极参加国内外各类型新媒体大赛和评比,将创优获奖作为新媒体精品创作的重要目标。加强内容拓展,博采百家之

长,着力提升融媒主题宣传的"言值"与"气质"。整合传播平台,打造内容旗舰,打好全媒体"多屏互动、取长补短"的融合发展牌。各微信公众号根据定位精心打造,形成与节目联动、和栏目互补的动态化发展模式。通过微信公众号加强和网友的互动,引领广电传统平台,形成大小屏互补、互动、互促传播的新模式。严守安全底线,强化技术保障,各新媒体平台通过加强与网信部门的联络,加强网络值班的规范化建设,对网信部门的指令和要求做到即时传达、即时落实、即时反馈。

3.3 基于 5G 技术推动网端信息传播

基于 5G 技术,在视音频生产上占先机,充分利用总台雄厚的视音频创作实力和丰富的媒体资源,加大精品视频的策划制作力度,在"无限金华"客户端和金华网上开设"金视频"专栏。通过在网络视频上加注"金视频"动态 logo和角标符号、制作形象片等方式,打响"金视频,广电造"的品牌。加大抖音号和快手号的内容创作力度,打造叫得响、拿得出、红得起的广电视频收看、互动平台。拓展音频创新、创优、创收的能力和水平。开展"请进来走出去"等培训工作,提升总台短视音频团队创作实力。建立一套促进视音频生产力提升的有效机制,制定"无限金华"客户端、抖音号、快手号、"美丽浙江"、"天目新闻"、"央视频"等外宣平台的考核指标,推动视音频对外宣传工作。开拓视音频尤其是短视音频创收新渠道,建立广告口和创作口利润考核权重模式,将视音频创收作为新媒体产品创收重要手段。在互动直播上站 C 位,内联外合,牢牢把握直播主导权。优化直播模式。全力打响"广电欢乐购"品牌,在数据沉淀、用户优化和流量变现等方面要有提升,在吸粉固粉的同时探索直播创收方式。做大直播创收。创新项目制分账考核模式,激发多元参与积极性,将直播创收能力做大做强。提升和同行业直播平台的竞争能力,在"小""快""活"上做文章,占据更广阔的市场,力推直播带货规模化、品牌化、效益化。发展网红经济。与专业 MCN 公司开展战略合作,构建由 3~6 名品牌主播、10~20 名知名主播、50~100 名带货主播、500 名民间主播组成的"主播金字塔"模式,联合社会公司开展网红主播的选拔和培训工作。

3.4 坚持用户至上,加强社群服务

为了提升新媒体平台的用户参与度,致力于努力提升粉丝黏度,打造贴近性参与平台,在强化三审的基础上,打造网友参与度强的 UGC 互动版块,提升新媒体平台的粉丝参与度。通过进社区、进学校、进机关、进企业、进乡村等,迅速提升装机量、日活率、留存率等核心指标。打造具有政务服务和商业

服务融合功能的新媒体平台,让总台新媒体平台既有信息资讯服务,又有公共文化视听服务,还有技术和数据业务功能,并与总台传统媒体版块构成双核驱动、协同发展的新局面。打造网络社群,建设创作者生态机制,推出针对意见领袖培养和社群带头人建设的"无限金华 day day up 计划"。以社区服务中心为前方部队,将城市社区作为新媒体发展的一大方向,通过建设社区互动型客户端、社区微信群、社区网络圈子等平台,将城市居民以社区为单位网罗到广电新媒体平台,发掘商业资源,引入客户合作,在提供服务同时,提升新媒体平台营收水平。将"无限金华"客户端作为 UGC 模式的平台,建立一系列孵化激励和扶持机制,发动"UP 主"提供优质制作内容。在此过程中,实现小编从普通编辑向社区运营人的转变。全力开拓融合渠道,打造陪伴式互动模式,通过以"无限金华"客户端为主体的金华广电新媒体矩阵的实时、多元、常态互动,吸引网友参与,精心打造一系列"网上文化家园"。

3.5　加速媒体内部融合,加快社会合作

基于外引内融、合纵连横的策略方针,加大各中心之间的合作力度,各中心都要根据自身的特点和优势开发新媒体产品和项目。新媒体中心要起到主力军和引导者作用,在媒体融合上先行一步。时政新闻中心在内容生产上要推进新媒体产品开发进程,尤其在主题宣传上要发挥优势和特长;总台要加强与各县(市、区)在新媒体运营开发上的合作,在存量基础上开发新媒体营收市场。社会民情中心要主动探索乡镇街道新媒体宣传代理制和网络舆情应对服务;加大大型国有企业和市场的新媒体合作开发力度;在直播带货、文旅会展、楼市开发等方面推动新媒体营销创收的突围。视听节目中心要加快实现广播节目可视化,充分发掘广播主持人的带货优势,探索车市、建材、日消品等的新媒体开发路径。大型活动中心要积极开拓新媒体活动新路,组织具有影响力和营收效果的品牌性新媒体活动。社区服务中心要加快"智慧社区"项目的建设。云数据中心要加快"智慧城市"工程的推进。广告运营中心要探索一条新媒体产品研发、营销、推广之路;强化新媒体商业广告开发,充分发挥新媒体面向市场的特长,为广电商业广告下滑起到一定的反补效用。通过引入知名新媒体公司,加强和主流信息流广告平台新浪、网易、微信、今日头条、淘宝和知乎等合作,实现从"人找信息"向"信息找人"的转换。探索在媒体 MCN 建设、大小屏融合创新等方面全方位战略合作。让广电主播入驻优秀社会平台,并在多个领域孵化新媒体项目。为主持人量身定制运营方案,促进主持人向达人的转型。合作探索电视节目台网融合的新模式,实现大小屏互动。在内容生产合作同时,强化营销上的共赢,通过与民营公司合作,各自拿出优势资源,

如合作公司为广电账号提供流量的扶持、专项运营培训以及商业化优惠政策等，一起探索新市场，"在本体之外做增量"。

4 结束语

本文通过对电视新闻采编工作现状的详细阐述，分析了电视新闻采编创新的必要性，从建立新媒体平台矩阵，创新十大品牌；坚持内容为王，打造信息集散地；基于5G技术推动网端信息传播；坚持用户至上、加强社群服务；加速媒体内部融合、加快社会合作五个方面提出了电视新闻采编创新路径，完成了研究，取得了一定的研究成果。同时，由于时间和条件的限制，本文研究还存在着诸多不足，还需要在今后不断完善。如由于篇幅有限，文中未对采编团队的建设和人才培养内容进行展示，且未涉及对于相关管理保障问题的解决路径，在未来还将不断细化内容，使研究更加深入全面。

贴地飞行 创新求变

——浅谈融媒体时代舟山方言类节目如何找准定位再出发

浙江舟山广播电台融媒体服务中心　傅金君

方言节目是立足于所在地区,以方言为主要播出语言的节目。方言是"一方之言",具有明显地域特征,更贴近受众,能满足受众对地缘接近性和区域认同感的心理需求,方言节目也因此具备得天独厚的亲近感,在所在区域具有传播优势。

方言节目的兴起最早可以追溯到 1994 年重庆电视台《雾都夜话》节目,到了 2004 年,杭州西湖明珠频道的《阿六头说新闻》更是将方言节目推向了高潮。自此以后,全国各地的电视台纷纷开设了自己的方言类节目。舟山广电总台方言节目《讲拨侬听》于 2006 年 2 月 28 日开播,节目一推出就一炮而红,"阿德"与民生新闻栏目的"汪大姐"成为舟山人最为熟知的主持人。如今《讲拨侬听》已经走过了 16 年。

在这 10 多年时间里,全国方言新闻节目也从兴起、高潮到受众不断流失,逐渐归于平淡。方言承载的独特文化和天然的传播优势依然存在,传统方言节目却走向式微。融媒体时代,方言节目如何找准定位,在融合浪潮中把握机遇再突破? 笔者试粗浅探讨一二。

一、方言类节目的优势依旧存在

舟山是一座海岛城市,老龄化较为严重。很多小岛受众使用普通话交流还具有一定困难,这使得方言类节目对这批受众而言,天生具有亲近感和信任感,节目的受众群体还有一定规模。

因为方言天然的亲近感,方言节目自带人设,这也是节目最大的优势之一。《讲拨侬听》的两位主持人"阿德""林舟",他们的命名本身有邻舍的设定,但节目中还需要进一步强化。一方面需要增加设计,比如一些方言俚语、表述习惯的"口癖",一些习惯的情绪动作,一些常用的举例对象,更具邻舍感。另一方面需要强化"真实",将真人和主持人形象叠加形成标签,如"阿德"的标签,爱运动、怕老婆等，"林舟"的标签，打小聪明、会唱越剧、心念减肥等。此外节目中的同事人设，古灵精怪爱吐槽的"小许妹妹"，没心没肺常上当的"杨胖子"等。完善设定立起的人设会让受众更有亲近感，接地气、唠家常，也让节目更具黏性。

二、方言类节目需要突破的瓶颈

《讲拨侬听》作为栏目名，准确定义了这是一个以聊天的方式向受众传递信息的节目。作为方言新闻节目，其有别于主流节目，风格化是立身之本，内容为本的宗旨也不能丢弃。

1. 内容慢一拍，编排缺新意

《讲拨侬听》是一档本土方言新闻节目，其新闻内容一直以来依赖于本台新闻节目的共享引用，这导致信息差异不足。长此以往，作为一档在《舟山新闻》《汪大姐来了》后播出的新闻节目，受众对内容的期待感大打折扣。

事实上随着新媒体的快速发展，电视新闻受制于采编流程，内容上往往要"慢一拍"。如何减少总台其他节目共享比例，着力筛选热点民生内容，着重增加公众号、视频号、朋友圈等新媒体信息来源是节目要思考的一个问题。

笔者认为，众多的新媒体渠道完全可以成为节目内容的"富矿"，但绝不能照搬照抄，而是要对新闻内容进行改造，加强取舍、拎重点、再编排、加评述。根据栏目定位，对稿件进行重构，对话题进行内容拓展。同时，对于新媒体渠道的内容加强甄别，有所引导，如突发事件、热传视频、热议政策，通过接地气的述评，打下《讲拨侬听》的风格烙印，向观众传递不一样的资讯体验。在内容编排上有新料、有新意，受众自然会"喜新厌旧"。

2. 主持缺灵魂，个性欠鲜明

《讲拨侬听》的"讲"，要求主持人从"报"新闻转为"唠"新闻。这需要节目加强口语化表达，怎么聊起来，重点是什么，怎么来呈现，能否说得吸引人听得进，都是节目组要深度思考并解决的问题。方言类节目一定要强化对象感，《讲拨侬听》的目标受众是本土市民，且以老年群体为主，在节目内容上要有倾向性、服务感，以他们的需求和兴趣点为重点，让受众看完之后有谈资、有收获。另一方面要有"道地"感，主持人虽然身在演播室，没有现场观众，但是不能局限于"嘴皮子"，需要有表情动作的交流互动，甚至要演起来。这需要在节目编排上给主持人留出发挥的空间，加大出画比例，加强情境设计，从"唠几句家常扯出新闻"到"扯完新闻讲讲道理"，让主持人的存在感贯穿整档节目，而不是报个"导语"就消失了。

三、方言类节目如何破冰

伴随着网络等新媒体的迅速崛起,电视受众受到了极大的分流。然而互联网技术的发展在瓜分方言电视新闻原有受众的同时,也为方言新闻节目提供了更大的发展空间。受众不再局限于守在电视机前的老年群体,节目呈现和传播要突破原有思维,做出新的尝试,在新形势下赢得受众,提升黏合度、美誉度和品牌影响力。

1. 抓牢短视频的风口

当前短视频是互联网传播的风口,以电视新闻中心的《望潮视频》为例,视频号推出短短 5 个月,关注人数突破 2000,总播放量超 240 万次,单条最高播放量近 30 万次,单条最高点赞超 1 万。

从热传视频分析,本土化传播是其显著特征,而方言自带本土属性。可以预见,方言节目如果能在短视频上发力,会迅速形成强势传播效果。而方言短视频在内容选择上也很丰富,可以是风趣的方言教学、俚语考校、风俗故事,也可以是自带民意的热点快报、方言评说。这片新蓝海值得开辟。

2. 开辟小剧场的市场

源于生活融于生活是方言的一大特点,对于生活情境的呈现具有极强的亲和力。2019 年 12 月《讲拨侬听》推出了以考校新舟山人方言为卖点的"抖抖更开心",同时在《讲拨侬听》公众号进行传播互动,小剧场的呈现形式深受好评。虽然最终受限于题材这一版块在推出 83 期后完结,但这小剧场的形式可以更好地融入新媒体传播,也让节目更有看点。具有超强带入感的小剧场呈现形式完全值得再度启动。

3. 打造新网红平台

新媒体时代速造了一批网红,他们活跃于抖音、快手等短视频平台,其中不少民间达人、草根网红自带流量兼具本土属性。比如以方言说唱走红的"鹏哥",行走普陀山的导游"小帅"。这些本土网红和《讲拨侬听》的栏目气质十分契合,可以尝试与他们进行互动,开设版块,如《鹏哥来啦》《小帅直播间》,从而形成更强的传播效应。

4. 延伸新阵地触角

2022 年《讲拨侬听》在 5 月底全新改版,将重新定位,挖掘潜力。利用节目的方言优势,在继续发挥新闻宣传功能的基础上,加强对传统文化的传承和发扬。

改版之后,方言节目《讲拨侬听》开设《大道讲一讲》《市面临一临》《小歪小娘讲聊天》《大兴发一发》等新专栏,更具鲜活的本地性。与此同时,每周一、三、五节目中推出《方言小课堂》,采用模拟课堂教学的方式,结合生活场景,每期教学1、2个方言词语或老话头,依托节目开展丰富多彩的线下活动,进社区、进校园,还将为舟山引进人才开设方言公益课堂等活动,拉近与受众的距离,在融媒体时代,对所有原创的节目、活动进行二度编制,在新媒体端进行裂变传播,提高到达率,提升节目影响力。

5.呈现高格调气质

方言节目如果一味地保持着原有的道路,将无法满足受众需求,必然走向式微。甚至一些地方电视台的方言节目为了盲目追求高收视率,在内容和语言上打"擦边球"来赚取收视。在这点上,笔者认为节目主创人员应该对方言节目有更加理性的思考,加强对节目品格的提升。方言节目应该以通俗化为目标,但通俗并不等于不顾格调、良莠不分地把一些落后、粗鲁、庸俗的内容搬上荧屏。

方言节目更应关注社会现实,集精彩的新闻故事、幽默辛辣的评论、形式多样的喜剧演绎、多种方式的观众参与于一体。主持人用"有言有味"的方言将新鲜有趣的"新闻故事"娓娓道来。同时在节目中巧妙串接,精彩呈现,更重要的是要为观众搭建互动和服务的平台。

方言节目的真正魅力应该在于节目内容对百姓生活的真正贴近,对百姓心理的准确把握,通过节目表达实现与观众的共鸣。因此,要提高方言节目的品格和格调,应该始终牢记"内容为王,服务为本"的原则,苦练"内功",真正做出让观众认可和喜爱的节目,弘扬当地优秀的传统文化,不断提升节目质量,才是电视方言节目的生存和发展之道。

方言所包含的民俗民风、文化传统、心理积淀、历史文化底蕴、独特的地方信息是普通话所不具备的。方言在其使用的人群中,比任何一种外来语言的生命力都要旺盛,囊括的信息也更丰富,更生动。笔者认为,方言节目中,平民化、口语化的语言表现载体把电视中的人物置身于一个与普通观众平等相处、诚恳相待的位置,使观众觉得电视里的人事不再是高高在上离自己很遥远的人事,而是使观众感觉他们就是自己的日常生活。因方言承载的独特文化和天然的传播优势,方言节目在融媒体时代同样充满机遇、大有可为。在不断改进质量的过程中,打破观念桎梏,寻求新突破新变化,这才是方言节目的创新之路、未来之路。

浅谈如何准确把握新闻报道中的情感表达

舟山广播电视台　杨　光

以人为本,是记者在新闻报道中要时刻关注的话题。但在实际采访、报道过程中却常常被忽视。很多时候,记者在采写稿件过程中,全然不顾被采访者的感受,从而引发受众的不满乃至抵触情绪,这样的新闻报道必然会产生不良影响,作为主流媒体的舆论引导力也大大降低。还有些报道,在记者个人情绪的影响下,生成主观评判,并且脱离了新闻事实本身,使新闻报道失实。

所以,新闻工作者要在事实的基础上,准确把握和控制情感表达,让一篇新闻作品以感性的内容来还原生活的本质,使新闻报道更具感染力,引发受众共鸣,使新闻宣传出新出彩,内容入脑入心。

一、新闻报道要有人文视角

同是一本《红楼梦》,不同的人看完会有不同的感受。对于同一个新闻事件来说也是如此,不同记者在采集完素材后,会根据自己对事实的理解进行新闻策划,从不同的角度,搭建不同的架构来完成一篇新闻报道,这样呈现出来的新闻价值有差别,报道体现出来的人文关怀与生动性也不尽相同。

比如 2021 年 8 月的"巴拿马籍'弘进'轮船员求助事件",一艘外籍船舶因动力故障抛锚舟山海域,船上有疑似新冠肺炎患者。收到求助信息后,舟山立即启动"弘进"轮船员紧急救助程序。舟山广电记者全程对救助过程进行跟踪采访,前后历时近 4 个月,推出连续报道、新闻专题和微信、短视频作品,通过本地媒体平台,还有浙江之声、中国之声、央广网、人民日报等省、央级媒体,新闻专题更通过浙江广电国际频道(海外中心)对外播发,面向海内外讲好中国故事,发出中国声音,引起现象级的全网关注热度。

为何会有这样的传播效果?核心就在于记者抓住了新闻事件中的人性光芒。面对求救,舟山市人民政府反应极为迅速;面对救助过程中的重重困难,舟山各部门通宵达旦,来了一场与时间比速度的接力赛;面对难度极大的救援和后续消杀,由浙江省疾控消毒专家组成的消杀队、天津各部门专家组成的专班驻点舟山……新闻报道通篇没有华丽的辞藻，也没有任何拔高的描述，只是在不断陈述事件的经过，但字里行间又包裹着浓浓的情感厚度，也正因为这种人性视角，舟山人勇敢、互助精神在瞬间被激发，深深触动人心，感动了所有人。

每一个新闻都有着自己的本来面貌，但写新闻报道的记者因为带有普通人的情感，不可避免会结合自己的人生经历以及采访经历，本能地代入一些对事物的认知和态度。2019年，在一篇报道浙岱渔运"03703"船勇救浙嵊渔"66231"船事件的广播专题《生死营救》中，在采访幸存船员及遇难船员家属亲友时，记者写到哭哑的喉咙、流干泪的双眼，同时加了一句"那位最牛的船长费信章和船员朱永和，再也回不来了"。

有人认为，报道没有必要加入这样带有主观意识的语句，因为这不是新闻报道所需要的。但更多的人认为，类似带有记者自身感触的语句被用在报道中，一来并没有让新闻失实，二来使专题变得有血有肉，更加丰满，无形中支撑起报道主题的升华，那就有存在的必要。而且这样情感表达的加入，也让该篇报道变得更加立体和通透。

二、新闻报道语言要朴实通俗

朱自清的《背影》之所以经典，在于全篇朴实无华，虽然只有纯白描手法，但还是让人泪目，就因为倾注了作者的真情实感。新闻报道写的都是人或者事，如何以小切口来凸显报道主题，就一定得有故事、有情感。

2020年，由舟山广电策划推出的融媒系列报道《创城路上的公交人》，聚焦一线劳动者——公交车司机。作为展示一座城市文明的重要窗口的代言人，公交车司机大多能兢兢业业做好本职工作，但却鲜有轰轰烈烈、惊天动地的事件，如何让报道大放异彩？采编团队在策划和实施过程中同样把握了两个关键词——人性和情感。

为了挖掘人性和情感，记者在三伏天跟着去体验、去观察，捕捉他们爱岗敬业、细致入微的职业细节，最终写出了《硬汉司机的柔情班线》《姑娘天天不着家 家人急了》《公交车美容师的勋章》等十余篇报道，报道篇篇文字朴实简单，但字里行间都是情感充实的表达。

再以一篇经典的通讯《九江城哭了》为例，该篇通讯写的是1998年9月中旬，参加抗洪的解放军部队返回原驻地，九江百姓欢送子弟兵这一事件。里面有这样的文字："一个十几岁的孩子手中举着一条标语，上面写着歪歪扭扭的大字'长大我要去当兵'。""九江师专的一群女学生，拥出校门举起了她们的标语'兵哥哥,真的舍不得您走!'"这些简单通俗的现场描写,让受众有如身临其境,体会到九江人民对于解放军战士的不舍之情,也自然达到了记者所需要的情感表达的目的。

三、新闻报道的情感把握

客观记录事实,真实讲述故事,是作为一名合格记者的必备素养。但这并不是说记者就是生硬地用声音、笔和摄像机来传递内容的搬运工,不需要夹杂任何情感,而应该是不断以清醒的大脑和冷静的思维来对事物进行辩证分析,事情是怎么发生的? 为什么会发生? 接下来会怎样? 它将带给我们什么样的影响? 新闻有自己的立场,新闻从业者有自己的品格,任何情感的表达和宣泄,在保持客观公正的前提下,可以潜移默化地隐藏于新闻报道中。

当然,合格的记者还必须保持初心,坚持真实就是新闻的生命。2022 年 5 月,网传北大教师韦东奕帮一博士团队解决难题,并被部分媒体报道。但韦东奕本人在接受采访时表示这是假新闻,并称早前有媒体报道的哈佛曾破格邀他入学的消息也是假的。

自 2021 年被各大平台热传后,韦东奕似乎成为"神"一般的存在。所以,在出现类似的言论时,人们乐于相信,个别媒体记者也在网络传播愈演愈烈的时候,选择性相信这就是"事实",主要也是个人情感在作怪。所以,既然情感有时会令人误解新闻事实本身,那么新闻工作者就应该不断提醒自己准确把握情感表达。首先,准确的情感表达必须要有置疑之态度;另外,要有亲自求证的习惯,别人说的东西,一定要自己去看、去感、去悟。不管从什么渠道得知的新闻线索,都要了解透,不要想当然;最后,千万不能着急,不要被"抢发新闻"的亢奋情绪所左右,因为越是着急想得到的东西,越可能是背离事实真相的。

2021 年第 6 号台风"烟花"侵袭舟山,新闻媒体人深入抗台一线,捕捉在抵御台风过程中的感人故事,讲述那些逆行的凡人英雄,让人们记住这些闪亮的名字。一名连续奋战几十个小时的消防员因为太过劳累,竟然站着睡着了;烟酒铺老板帮着叠拦水沙袋,生意都顾不上,周边居民笑着说以后买杂货就选老周烟酒铺;老人被困,官兵们给背出来;冲锋舟上人太多,社区工作人员就跳到水中推着冲锋舟走;还有车辆在水里趴窝,民警一起推……无数的瞬间令很多受众破防,感动不已。记者在讲述这些人和事时,只用最质朴的语言,却体现出最真挚的情感,因为挖掘了人性之美,有效引导舆论,受众的评论也充满了正能量。

对于一件事情,受众在了解全部的事实后,很简单地就会做出自己的判断和评价。失实的新闻报道首先就不能得到受众的肯定,那么其中想要表达的情感也不会被受众接受,甚至会让大家厌烦,进而质疑新闻工作者的职业操守,有损新闻媒体的公信力。所以,新闻报道必须客观,情感表达绝对不是个人评价。很多时候,记者不需要挑明观点,因为在客观报道中,受众已经有了提炼新闻核心概念的能力,对于新闻工作者来说,我们只需要尽可能准确无误地反映事实真相,为受众提供事实。因为一篇好的新闻作品,只需要读上一遍,就能轻易体会到作者所表达的情感,这样的报道一定是真实、具象的,让人过目难忘的,体现出来的舆论氛围也是积极、向上的,这也是主流媒体在参与社会现代化治理中的责任与担当。

浅探地市级新媒体运营的路径

舟山广电融媒体运营中心　蔡　萍

近几年,新媒体的快速兴起触动媒体人的神经,也改变着媒体竞争格局。面对新媒体快速发现新闻线索,快速发布新闻并传播的局面,传统媒体似乎显得"慢"了一拍。而面对人人都是自媒体,全民都是传播者的局面,新媒体人也倍感压力。新媒体形势下,新闻该怎么做,如何做得好看呢? 我觉得作为媒体人,应该思考的是,坚守新闻理想和准则,顺势而上大胆开拓创新,适应新环境。就像央视名嘴白岩松在一次公益论坛上讲的那样:"媒体永远在变,挑战随时存在,问自己一个问题,你跟得上这个变化吗?"怎么变? 结合本人在"无限舟山"新闻客户端和"舟山广电"微信公众号两个新媒体平台的运营心得,新媒体运营有哪些路径可以大胆尝试呢? 本人粗浅谈谈六点认知。

一、"抢"新闻,增强报道时效性

时效性是新闻报道的基本特性,在新媒体上更加突出。在新兴传播手段的催生下,受众对新闻时效性的要求更高,甚至每个人都可以成为信息的发布者,往往很多新闻事件第一个"报道者"不是记者,而是普通市民,进而迅速引发传播。还有异军突起的很多民间平台,也成为媒体的竞争对手。所以这就要求,媒体要以更快的速度发布新闻报道,凸显自己的媒体地位,赢得受众,争取主动,进而增强新闻的传播效果和自身的影响力,因为获得第一手信息是很多人都十分关注的。

"无限舟山"强调新闻的时效性,尤其是在重大事件和突发事件的报道中。以战"疫"报道为例:2020 年新冠肺炎疫情暴发后,"无限舟山"快速响应,及时推送和发布各类通告、防疫动态、科普防治知识、辟谣引导等消息。平台因为"快人一步",成为舟山市民获取防疫信息的重要途径,也收获了上千万的点击量。

再如 2015 年 12 月底,新城某小区一 6 岁男孩失联,无限舟山记者第一时间赶到寻人现场,开启图文直播,充分利用新媒体的传播优势,及时更新寻人的进展，直至孩子被找到。这场直播引起广泛关注，也先于本地其他媒体成为聚焦点。此后，我们经常会接到市民求助，帮忙寻找亲人，很多走失人员都因为"无限舟山"的快速推送被好心人找到而安全回家。

除了派出记者，无限舟山也会常常收到粉丝或者通讯员提供的一些新闻线索，我们要求编辑第一时间核实、第一时间编辑发布，因为时效性是新闻的"生命"，也是赢得更高收视率和点击量的关键。

值得注意的一点，抢新闻并不是捕风捉影、道听途说，而是必须恪守真实的底线。快速发布也并不是三言两语，言之无物，而是要有基本的新闻要素，至少能说得清楚讲得明白。

二、恪守真实底线，把握主流话语权

真实是新闻的生命线，再快的新闻都必须是真实的。如果事实不清信息错误，不仅会丧失媒体的权威性，还会带来不好的影响。

在"无限舟山"和"舟山广电"微信号后台，经常会接到粉丝们的爆料。我们是想追求快，但拿到线索后，我们做的第一件事是向相关的第三方进行核实，确有此事我们才会编辑发布。一次，有网友发来图片和信息，说有人要在定海东门车站放火，另一件事是有人在解放路闹事，车上有很多刀枪之类。消息在本地的某些民间 App 和论坛快速流传，随即朋友圈里谣言四起。我们立即联系警方，得到准确信息后进行发布，对这两起事件做出了权威说明，制止了谣言的进一步传播。

又如有网友爆料说："朱家尖发生恶性案件，13 人被杀。还有人说很多警察在沿路设卡，在抓人。"同样经非官方媒介的传播后，一时间人心惶惶。事情真相如何？"无限舟山"没有抢这样所谓博眼球的新闻，而是跟警方紧密联系，当晚近 11 点以最快的速度拿到警方的权威信息进行发布和弹送。编辑连夜加班，在第二天零点过 5 分，"舟山广电"微信发布了《舟山发生一起故意伤人案，全城布防！警方 4 小时内抓获 5 名犯罪嫌疑人》的文章，阅读量很快突破5 万。谣言满天飞的这一晚，在我们的权威报道下渐渐平静。很多网友纷纷点赞："当晚发生当晚发，太及时！""突发就是突发，处理速度确实够快的，警察和小编都辛苦了！"

新闻，要做到真实性与时效性的高度统一，既能恪守新闻的基本原则，又符合新媒体的传播特点；既能引得关注，又能牢牢掌握主流话语权，这才是媒体应该树立的正确价值观和责任感。

三、敏锐捕捉热点，寻找受众关注

套用一句广告词：你所关心的就是我们所关注的。做新闻也一样，要善于捕捉热点，寻找到受众关心的新闻点。除了大事件，有时候需要媒体主动出击，去挖掘和强占先机。

以寻找失联男童事件为例。在朋友圈里，很多人都知道了孩子失踪的事，不过一会儿有人说孩子找到了，一会儿说孩子没找到。孩子到底找到没有，这就是当时大家的关注点。哪家媒体能在第一时间解答大家的疑惑，自然就会备受关注。"无限舟山"抓住了这个点，也根据受众想持续关注的心理，满足了大家的求知欲。

再如关注中考。按照往年惯例，中考结束后学生们都会拿到试题、答案。中考期间，我们就在谋划，如果能第一时间发布试题和答案，相信很多家长和考生都会十分关注。我们派记者蹲守在考试中心，考试结束后迅速用手机拍下试题和答案，"无限舟山"和"舟山广电"微信同步发出。因为下发试题和答案有时间差，我们的平台一时间成为大家关注的焦点。

受众关心的还有"第一""首次""零的突破"等新事物、新发现。在日常报道中，这也成为我们关注的题材。2018年，中国首艘2万吨级江海直达船在舟山面世，迎来首航。很多人都想知道"首艘"船长什么样？怎样破解由海入江难题，又有着怎样的厉害之处呢？我们的记者随船报道，一一揭秘，带领网友直击第一现场。

在众多事件中，我们要有捕捉热点的敏锐度，和提前谋划、创造话题的能力，做出让受众爱看的新闻报道。

四、寻找本地元素，接地气地表达

贴近性，是好看新闻的又一特质，也是地方媒体迅速取得关注的法宝，新媒体也是一样，跟我相关，我才会阅读、会转发。作为地方媒体，不得不承认有时由于受到方方面面的制约和限制，我们无法得到某些信息。近年来，舟山发展迅速，舟山新区、自贸区等更是成为众多大媒体争相报道的高频词，其实这也给本地媒体提供了很多素材。这就需要我们多去关注，在海量的新闻里去寻找舟山元素，以不同的站位和视觉进行再加工、再创作。

我们的团队很多时候在做的一件事，就是在网上搜索一切有关舟山的内容。有一次，全国空气质量排名出炉，舟山排名第一，我们就抓住了这个热点，编辑了一条微信《全中国都被舟山刷屏了！这个最重要的全国第一，舟山拿到了！》，被舟山刷屏是因为全国各大媒体都在报道空气质量的事，最重要的第一是因为人人都离不开空气。微信里，排名第一是由头，之后我们对舟山好空气的其他信息进行了整合，如之前舟山空气排名、韩国电视台帮舟山吆喝好空气、美丽的舟山蓝等，一下子激发了大家的自豪感，粉丝争相转发和点赞。这条微信也创出了点击量 10 万＋的好成绩。

如今舟山上央视已经不是什么稀罕事了，其实每一次都有不同的内容呈现。根据央视播出的视频，我们进行二次加工和宣传，也能引起大家的共鸣。"舟山广电"微信发布的《不得了！舟山将要鲜透全国，央视主持人说好吃到想哭！》《震撼！央视航拍舟山跨海大桥，这个视角让我惊呆了！》等，都是结合央视的报道，提炼出舟山的元素，取得了非常不错的效果。

五、多形式表现，做强直播化和可视化

和传统媒体相比，新媒体有着更为宽泛的展示舞台。在新媒体的平台上，可以发布图文信息，可以发布短视频，可以呈现 H5，可以 VR 体验，可以看直播。一部手机，只要有网络，不受时间、地点的限制，也不受版面、时间段的控制。因此，新媒体具有了更为灵活的"手脚"。

从 2005 年起，"无限舟山"就不断探索直播的模式，尤其在突发事件面前，网络移动直播的优势尤为凸显。首先传播速度快，其次可以持续发布，满足受众对于事态发展的持续关注，再者可以进行多种方式的呈现，比如图文、小视频、视频直播等。"无限舟山"推出的《暖动全城爱心接力——舟山一村民被蜱虫咬伤急需 A 型血小板救命！》，在网络上掀起了一场爱心接力，被咬村民最终获救；《暴雨袭击岛城！舟山众志成城共抗风雨》，及时为上班的市民提供出行服务，直击暴雨灾情，展现灾难面前的团结互助；《直击东海音乐节》，让全国的网民都能看直播；《舟山紧急救助"弘进"轮》，记录了海上一场特殊的战"疫"救援……"无限舟山"曾完成了一年百场直播的目标，从最开始单一的图文消息，到后来图文加小视频，再到单机位视频直播、多机位视频切换、慢直播、直播互动，形式愈加丰富，表现手段不断更新，做好视觉、听觉和现场的融合，做足与用户互动的文章。

近两年，我们还借助联盟平台力量，加入全网大融合，与全国各大媒体密切互动。如我们牵头联动全国 14 家省市级媒体开展的《丰收中国》大直播，展示了天南海北农民丰收的喜悦和他们美好生活的新变化，全网访问量超过百万。新冠肺炎疫情刚暴发时，我们与武汉台的新闻记者连线，详细介绍前方疫

情,还同步引入《人民战"疫"》多场网络视频直播,扩大报道范围和视角。

六、增强活跃度,社群、活动不能少

考量新媒体运营得好不好,还有一个重要指标,就是粉丝数和黏度。要想生存下来必须有足够的粉丝量才能产生良好的传播力,在一定程度上,这和传统媒体的发行量、收视率是一样的。因此如何增粉和保持粉丝活跃度,成为新媒体运营需要解决的问题。

丰富的活动成为增粉的拉动点。活动是扩大媒体影响力的重要法宝,也是新媒体增粉的利器。围绕不同的节日,不同的群体,不同的主题,"无限舟山"开展了丰富多彩的线上线下活动,如亲子活动、母亲节活动、团购活动、朗诵活动等。2019年,在新中国成立70周年之际,无限舟山推出"寻红色印记扬爱国情怀"码上打卡活动,精选22个爱国基地,以线下实地体验、线上答题、晒游记美文、助力等方式,吸引了20多万人次参与,这超过了舟山总人口的20%。配套线下活动开展153场,收到游记美文2596篇,微视频1825个,单场移动直播观看人次超过了20万,互动评论2200余条。实现了粉丝大批量增长和口碑的双丰收。

开发服务功能,不断提升粉丝黏性。服务是"无限舟山"的定位之一,我们推出气象查询、船班信息、违章查询、图书查询、代驾、最多跑一次等服务版块,网友一键触达。重点打造"舟山帮"平台,实现和网友的实时互动,回应网友关切,拓宽帮忙渠道。在疫情刚暴发时,"无限舟山"及时推出了口罩申购系统,市民实现"手机上网预约,药店付款取货",缓解了市民的恐慌情绪,也大大方便了市民的需求。

社群运营进一步提升活跃度。几年前,我们就建立了粉丝群,吸收了一大批铁杆粉丝。我们和粉丝们产生良好的互动,经常在群内搞活动、发福利、解答疑问等,粉丝间也形成了良好的互帮互助氛围。这些粉丝,不仅成为我们平台的传播者,还成为我们的爆料人,他们把看到或者亲身经历的事情发布到平台,很多信息成为我们采访的线索。

如今,推进媒体深度融合,做强新型主流媒体已成为很多媒体正在努力的新方向。传统媒体与新媒体如何深度融合扩大宣传优势,在内容打造上如何互相补位、错位发展,需要我们思考和在实践中不断寻求答案。

广播新闻节目互动方式研究

广东省开平市融媒体中心　黄铭敏

一、广播新闻节目互动的必要性

(一)引导正确舆论导向的需要

随着新媒体的兴起,信息海量,碎片化、同质化的信息快速传播令舆论变得多样化。而人人都能成为传播者这一现象,又令传播的主体既可实名又可匿名,呈现出难控性。舆论的引导迎来了新的挑战。

2016年2月19日,中共中央总书记、国家主席、中央军委主席习近平先后调研人民日报、新华社、中央电视台等中央新闻单位,并在人民大会堂主持召开党的新闻舆论工作座谈会。他在讲话中强调,要适应国内外形势发展,从党的工作全局出发把握定位,坚持党的领导,坚持正确政治方向,坚持以人民为中心的工作导向,尊重新闻传播规律,创新方法手段,切实提高党的新闻舆论传播力、引导力、影响力、公信力。

主流媒体不会追赶流量,因此不需要做出追流量的炒作行为。受众虽然可以从别的渠道获得传播信息,但在重大的事件上,还是会通过主流媒体来了解真相,然而,主流媒体传统的单一生硬的传受方式又易让受众有距离感。因此,作为主流媒体的支柱节目广播新闻节目,在这个全新的时代,只有勇于改革,通过创新吸引受众,才能在舆论大潮中把握正确的舆论风向。

而这个改革和创新的重点,就包括了新媒体时代最明显的一个特征:互动。通过在权威专业的新闻节目中加入互动元素,拉近新闻节目与受众的关系,了解受众的需求。对于与群众生活密切相关的事情,通过互动,扩大正面影响,传播正能量;对于重大事件,除及时更新如实报道外,还通过互动平台,及时反馈实情、总结、筛选,进行有效迅速地正面引导宣传。在这个传与受的过程中,群众有了更多的时间了解事件的真相和全貌,做出公正的评价和判断。

（二）改变单一传播途径的需要

一直以来，广播新闻节目有固定的播出时间，有固定的播出时长。新闻简讯一般一个整点一次，一次长 5 分钟左右；新闻专辑一般早、午、晚一次，一次 15 到 20 分钟左右。这就意味着，受众获取新闻信息需要有一段相对固定的完整的时间。随着社会发展的变化，人们的生活节奏越来越快，越来越多的受众没能抽出整块的时间收听完整的广播新闻节目。在这种情况下，广播新闻版块做出的破解方案是打造节目的无限空间。

广播新闻节目除了日常播出，还开设了微信、微博、微视频等客户端，这些新闻节目传播的新平台迅速将单一传播变成多次传播。在这个无限空间的打造过程中，广播新闻节目需要通过增添互动的形式来实现。受众可以在新媒体平台参与新闻评论等互动，这样，原来的单向传播变成了双向传播，受众也因此从被动的信息接受者变成了新闻节目内容的参与者和生产者。一些重大或与群众生活密切相关的题材，广播新闻节目将其播出后，还可以对部分内容进行剪辑加工，再利用新媒体平台，进行再次传播，形成叠加传播效果。

（三）增加节目活力的需要

广播新闻节目一向被打上高冷的标签，这个高冷，往往让群众产生疏远感，会大大减弱节目的活力。新闻节目只有亲民和接地气，才能增加受众的认同度，才能健康有活力。在打造亲民广播新闻节目的过程中，互动是法宝。

一方面，受众因参与了新闻节目的互动，对新闻事实有更直观的认识，有更强烈的认同感，以往严肃的话题也因此变得鲜活和有趣了。另一方面，通过新闻节目的互动功能可以更加真实了解到受众对于新闻信息的态度，有效掌握舆论的方向，也让新闻变得人性化。另外，广播新闻通过互动，掌握不同群体的收听习惯，并以此为依据，在新媒体平台上将新闻内容进行重新设计、包装，以独立或组合等方式，营造碎片收听情景。这种适合不同群体的传播方式，收获了大量受众，从而让传统的广播新闻节目增添勃勃生机。

二、新形势下广播新闻节目的互动方式

我所工作的广东省开平市融媒体中心（开平广播电视台）是全国第一个县级调频立体声广播电台。2016 年成立融媒体中心，积极探索县级融媒体发展道路。被广东省广播电视局评为"2020 年广东省广播电视媒体融合先导单位"，被中国电视艺术家协会评为"全国市县媒体融合先导单位 20 强"。现在，我就以开平市融媒体中心广播新闻节目为例，对新闻节目互动方式进行探讨。

（一）可视互动

1. 在声音基础上叠加影像

为了打造看得见的广播,开平市融媒体中心开通了网上电台,开通了微信、微博、蜻蜓 FM 等平台,广播新闻节目根据不同受众不同收听时间的特点和要求,对内容进行了分类、分段改造。

改造后的广播新闻从传统的电台转到了网上,通过技术手段,在网络上实现实时同步收听,把新闻实况同步传送至不同角落。听众能够随时随地下载,还能用手机等移动的终端代替传统的收音机,不限时间空间进行收听。除了收听,网上的广播新闻还在音频基础上叠加实时画面,不但有声音,还有文字、图片、视频,以图文并茂的方式,弥补了传统广播新闻仅仅只有声音的短板,实现了"听得见"又"看得见"。

2. 在热点新闻中引导热议

广播新闻节目拥有的最有吸引力的个性化特点是:受众可以直接参与。所以,在实现广播新闻"看得见"之后,开平广播电视台又向"感觉得到"进行探索。充分利用移动终端,在热点新闻中开通热线电话、网络实时互动、网络聊天室等,受众可以在新闻节目播出时实时参与话题讨论,满足对重大新闻事件的关注和参与的欲望,进一步拉近了媒体和受众的关系。在配合开平市创建全国文明城市的宣传中,开平市融媒体中心广播新闻节目推出了《身边点滴》专栏,受众可以通过移动终端将留言、图片和自拍视频上传到新闻中心,记者就事件进行跟进报道,有关部门在节目中作出回应,在节目播出期间,受众还可以就这些发生在自己身边的事进行互动交流,实现传播者与接受者的双向交流。这种实时近距离的互动,提高了受众参与文明创建的热情。

新闻节目中,受众参与的互动、上传的图片和视频,都是宝贵的资源,除了可以回放,还可以经过重新编排、制作,进行多次传播。而这个多次传播的过程,也是编辑强化主题宣传、引导舆论导向的重要环节。

3. 在大型活动中走出直播间

对一些大型的活动,开平市融媒体中心在广播新闻报道中,采用了播音员走进现场直接与受众互动的方式,来增加新闻节目的亲民度,受众从"感觉得到"进而达到了"摸得着"。比如,在开平市举办的健步马拉松大赛中,广播新闻主播走出直播间,与记者一起参与直播,直面受众,近距离互动,新闻更是通过网络融合了声音、图片和视频,表达的元素非常丰富。又如,在播报富有地方特色的行政区品牌马冈优品的启动仪式上,新闻播音员走出直播间,走进田间地头、走入物流公司,同步传递真切的现场实况,并现场与受众开展互动交流,让受众有身临其境的感觉。这种积极的人际传播给广播新闻增添了渗透力和亲和力,受众"零时差"地了解新闻事件,这个时候,时间消灭了空间,广播新闻通过声情并茂的现场互动扩张了传播效应。

(二)多元互动

1. 多形式体验

即使是新闻节目,不同的受众也会有不同的喜好,广播新闻节目可以通过大数据得出不同受众的不同需求,对受众群体进行分化。将已播出的新闻节目分拆成不同类型的音频,生产不同型号的新闻产品,多次传播。除了纯音频,在移动终端上的广播新闻,还有加上了图文和视频的版本。新闻节目同时对这些新闻产品增加个性定制、远程服务、多功能、精准体验等选择,受众可以按照自己的喜好和可支配的时间段自由地选择自己感兴趣或需要的信息进行收听收看。在这个过程中,受众还可以通过节目,去线上参与互动,丰富感官体验。广播新闻节目也因为适应受众的不同需求加入创新,赋予了传统节目新的灵魂。

2. 多平台感受

广播新闻要充分运用新媒体技术,主动出击,进行全媒体报道,让受众多平台接收新闻信息,最大程度地发挥广播新闻的优势。一方面,整合新媒体平台,统一策划,分别包装,协调发布,形成强大的宣传矩阵,涵盖与群众生活相关度较高的新闻信息。由于新闻细分再生产,新闻报道的精髓得到了继承和进一步优化,打造了广播新闻收听的新体验。同时,在新闻网页和客户端上,推出热点专栏页面,不仅有新闻回放,还有二次制作的热点小视频,方便转发和翻阅。让受众从"看得见""摸得着"到"找得到"。另一方面,注重和受众的有效互动,对受众的留言迅速跟进回复。对受众的报料和好点子,给予一定的奖励。通过这样的互动,充分调动受众参与新闻节目的积极性。

3. 随时随地参与

经过多元化生产和传播,广播新闻节目可以同步在多个新媒体平台播出,不再局限于终端,受众能在 FM 收听广播新闻,能随时随地在广播网站、微信、微博等新媒体平台收听收看广播新闻,并能回应新闻事件。广播新闻传播能力实现了飞跃式提升。

(三)新技术应用互动

1. AI 主播参与播报互动

目前,开平市融媒体中心已开始使用 AI 主播参与广播新闻播报,尤其是

59

新闻简讯，基本是 AI 主播的舞台。AI 主播凭借效率高、零出错、全天候在线的优势，在广播新闻领域的应用率逐渐提高，除了播报新闻，还能与受众互动。

2. 大数据提供体验需求

大数据技术能够及时了解用户特征，广播新闻可以在其数据库中检索大量信息，从而了解到受众的喜好和反应，这些信息对广播新闻的内容编排有指导作用，编辑根据大数据的分析，有针对性地将新闻素材进行二次包装分发，精准地将它传送给感兴趣的受众，引起受众参与互动，增强传播效果。大数据所能提供另一方面的互动是与新闻记者的互动，大数据信息同时也是很好的材料来源，有助于记者从中找到有价值的新闻线索，从而跟进报道。

3. 移动终端重构使用场景

移动终端让广播新闻伴随性优势加强，受众变得更广泛。视力不济的老年人可以一边参加户外锻炼一边听广播新闻，驾车一族可以一边驾驶一边收听广播新闻，上班一族可以一边坐公交一边用移动端观看广播新闻，学生甚至可以通过智能手表收听广播新闻……移动的、伴随性的广播新闻更深层次地嵌入受众的生活，时空局限越来越小，使用场景越来越多。这也促使广播新闻节目要在内容、传播、互动等方面下功夫，配齐微博、微信等多种新媒体平台，并利用多种形式展现新闻内容，以增强新闻可读性，满足受众多终端获取信息的需要。

三、广播新闻节目互动应遵循的原则

（一）移动互联原则

随着汽车的增加和手机的普遍使用，移动的汽车广播和手机广播是目前最普遍的广播新闻收听途径。这些新的收听方式，改变了信息的传播模式，也用一种新的信息平台改变着大家的生活，带动广播向移动化和场景多样化的方向发展。在这种趋势下，广播自身要快速反应，落实移动优先原则，重视移动新闻的打造，通过做强新闻节目，促进广播的新发展。

1. 通过移动互联进行自我武装

建立"中央厨房"，整合资源，实现一次采集、多种生产、多平台共享、多元传播，改进传统广播新闻的生产流程，进一步提高新闻的生产效率。通过移动互联，让广播新闻在推送过程中增加分享功能，增强受众新鲜体验，扩大广播新闻的影响力。

2．通过移动互联自我革新

各种创新性应用推动了广播新闻模式的重塑,广播新闻借助移动互联,逐步建立起适应移动互联的运行机制,延续生命周期。尤其在突发事件和重大新闻发生时,能快速集中力量,发挥广播的互动特长,解决新闻的生产和传输等问题,达到快、新、全、深的传播效果。

(二)提速创新原则

1．新闻立台不变

在人人都是"新闻记者"的今天,主流媒体的新闻报道以权威性凸显价值。广播新闻更应把新闻立台放在首位,为受众提供权威、有深度的新闻报道。当新闻事件发生时,广播新闻遵循的是"真实"两字,通过迅速客观的播报,满足公众的知情权。并通过即时发布政府声音,凸显政府资讯平台的功能,提高广播媒体的权威性和公信力。

2．新闻时效增强

广播新闻的优势在于短、平、快。在新媒体产生之前,它的时效性不容置疑,在新媒体产生之后,通过媒体融合,广播新闻在传播速度上更得到增强。一方面,在突发和重大新闻事件报道中,广播新闻通过连线、直播、插播等手段,大幅提高传播速度和时效性,营造即时、同步的新闻环境。另一方面,广播通过建立音频库,可以在任何时间、任何地方进行音频链接。这个链接既可编辑生成新闻回顾和新闻背景,让实时新闻丰富立体,又可变成供受众不限时空分享的新闻,将伴随性收听优势发挥到极致。

3．新闻编排巧妙

广播新闻节目要围绕受众的关注点、收听收看习惯进行策划编排,增加民生话题篇幅。对社会热点、群众关注问题要提前开展报道策划,从群众的角度,用群众喜闻乐见的形式进行报道,编排中突出细节展现,回应受众,层层递进,并引导舆论,确保导向正确;对突发事件和重大报道的编排采取长短消息相结合的方式,多条排列,组合报道,还可以配上点评,增强传播效果。

4．新闻碎片传播

移动终端在延伸人们感官的同时,也在消费着人们的零碎时间。这个时候,人们接收新闻信息的习惯也在改变,广播新闻专题和长消息的吸引力减弱了,"碎片化"信息成了广播新闻的主流。为了适应这种变化,广播将新闻打造成碎片化进行微传播,方便受众随时随地接受信息又随时随地传播信息。广播新闻作品经过再次加工和包装,以完整叙事又简短的面貌进行再次传播,这种碎片化传播短小精悍,既独立成篇又系列成章,要素齐全,可满足不同年龄不同层次受众获取信息的需要。

（三）音频精做原则

广播的核心是声音,无论时代怎么变,广播"声音"的特质不会改变,所以,就算在新媒体时代,广播新闻的音频生产也不会失去价值。广播新闻要牢牢抓住这个特质,做精音频,把牢导向,提升广播新闻的深度和广度。

1. 用音频营造真实新闻场景

在新闻事件发生时,受众需要接近事实本质的新闻场景,广播新闻如何用音频来达到这个场景再现? 一方面,现场记者的把握要到位,通过敏锐观察、现场应变,把握好音响效果,运用现场音响"说话",用现场音效语言代替直播间播音员语言,为受众再造一个现场。另一方面,新闻播音员口头表达要流利生动,通俗易懂,让受众有亲近感,从而更容易代入场景。

2. 用音频做小做精广播新闻

广播媒体是党和政府的喉舌,广播新闻要始终保持正确的舆论导向,要增加民生新闻的分量,重视细节捕捉,适当添加趣味性,用短小精悍的碎片化形式报道新闻,来满足受众多样化的新闻获取需求。

结　语

2019 年,国家广电总局发布《总局关于创建广播电视媒体融合发展创新中心有关事宜的通知》,《通知》指出,"积极推动广播电视和新兴媒体在信息内容、技术应用、平台终端、管理手段上共融共通,顺应发展需要,研究新技术在广播电视媒体融合发展中的成果转化和落地应用,丰富广播电视融合媒体内容生产和产品形态,提升广播电视融合媒体传输分发和用户服务能力"。为广播新闻的发展指明了方向,广播新闻只有紧跟时代发展的潮流,守正创新,才能把党和政府的声音传得更好、更远、更深入,把党和群众沟通的桥梁搭建得更牢、更固、更紧密。

新媒体"战疫求助平台"的兰溪实践

兰溪市融媒体中心　余　展

新冠肺炎疫情下,广大干部群众关于隔离、赋码、出行、看病等方面的急切需求如何能够第一时间反映到相关部门? 群众反映的问题如何能够快速回复解决? 自3月26日兰溪启动Ⅱ级应急响应以来,兰溪融媒体中心及时用好"战疫求助平台",在疫情发生后第一时间提至首页首屏,协同相关部门,构建了收集民意诉求、汇总梳理分类、线下交办或线上应对、解决反馈的闭环流程,"三区"群众的物资保障及看病、吃药、孕产、心理等特殊需求等留言都高频次出现在兰溪融媒体中心"兰精灵"客户端,通过"新闻＋服务"的形式,为广大市民提供在线咨询求助服务。为群众反映问题、党委政府解决问题搭建桥梁。截至4月24日,一个多月的时间里,该平台累计收集交办有效求助信息6000余件,着力解决了一批群众的"急难愁盼"问题,为特殊时期下的抗疫工作架起了民情沟通桥梁。

一、联动机制抱团服务,形成闭环流程

自疫情发生以来,兰溪市融媒体中心第一时间组建"战疫求助平台"5人工作专班,迅速和兰溪市疫情防控指挥部、8890热线、团市委"青兰帮帮团"等志愿者团队协同作战,形成多跨协同的联动工作机制。融媒体中心从战疫求助平台上收集到求助信息后,立刻联动兰溪防疫指挥部、8890热线、青兰帮帮团、兰溪各志愿者团队等,对求助内容进行联动服务。"赶在周一前,兰溪1000多名居家学生,及时拿到了上课教材;管控的第一天,三区内40多名孕妇在家得到了孕检服务;集中隔离点的人员第一时间拿到了所需的高血压药物。"这些疫情封控下的群众"急难愁盼"能得到及时解决,得益于兰溪融媒体中心搭建的"战疫求助平台"。在收到近100条学生家长要求帮忙到学校去取学习资料的求助信息后,求助平台工作人员迅速联系团市委,60多名志愿者组成的"青兰帮帮团"闻令而动,统计全市未上学的"三区"范围内的学生信息:24所中小学校共计1100多名学生需要送书,分布在兰溪市16个乡镇(街

道），最远的学校在距离市区 26 公里的马涧镇，志愿者按照学生地址将课本一一送上门。而后，面对群众服务的各项需求，"我们都是兰溪人"等志愿者团队协助"战疫求助平台"，帮助解决群众取药送药、食品供应等特殊需求，切实满足群众的民生基本诉求。

"三区"内一家企业在平台留言，厂里急需的 30 吨生产原料已经运抵兰溪，由于疫情管控，无法送达，企业马上就要停产。平台工作人员上报之后，相关部门及时响应，为其开通绿色通道，通过吊机顺利将货物运进企业，确保了生产线的正常运转。3 月 28 日，"三区"内的一家小超市经营者给平台留言，有价值 12 万元的蔬菜、肉类、水果等生鲜商品没有销售出去。平台工作人员上报之后，兰溪市商务局相关负责人奔走促成多家国企食堂、饭店等采购这家超市的生鲜蔬果。之后，商务局联合公安等部门，严格按照疫情防控的要求进行运输。随即，商务部门马上联系对接相关商家，建立起相关机制，对再出现类似情况做好相关预案。这些紧急的求助问题发在平台上后，工作人员第一时间与求助人联系确认并跟进处理。涉及部门的诉求，做到线下社情交办、事件处置、催办督办，每一个环节都定人定岗定责，将问题分层分类快速交办相关部门，事后安排专人电话回访，确保件件有落实、事事有回音。形成闭环流程，为群众反映问题、政府部门解决问题搭建桥梁。

通过 20 多天的实践，越来越多的部门加入"战疫求助平台"的联动运行。兰溪市也专门成立了由市委副书记、政法委书记挂帅的重大涉疫诉求办理工作小组，成员单位达到十余家，并以文件形式下发了《关于进一步加强涉疫诉求办理工作的通知》，对进一步运行好"战疫求助平台"，铸就兰溪抗疫温暖底色给予了组织保障。

二、创新交办方式，提升问题解决成效

自新冠肺炎疫情发生以来，兰溪在"战疫求助平台"上发布较多的求助信息，就是群众关于就医就诊方面的最大民生需要。为了全力保障"三区"群众就医需求，兰溪"战疫求助平台"发挥媒体优势，直接与兰溪市医疗机构进行点对点联系，将群众呼声第一时间有针对性传递给医疗机构。在方舱隔离点的孕早期的葛女士，生理反应大，在平台求助后，工作人员迅速将情况上报，相关部门第一时间排摸、协调，当天下午就将葛女士转运至隔离酒店。一位隔离人员的 96 岁母亲发烧，由于母亲属于次密接患者被居家隔离，导致无法就医，无奈之下，该隔离人员求助平台。针对这一情况，平台工作人员迅速联系了市中医院，第一时间上门诊疗，解除了该隔离人员的后顾之忧。随即，兰溪市人民

医院、中医院也关注到"三区"人民的就医需求,开始在管控区设立临时医疗点,组织内、外、骨伤、中医、儿科、呼吸科等专科骨干,为管控区居民提供24小时诊疗服务,兰溪市妇保院开设了"流动产检车",满足孕产妇的就医需求。兰溪的这一做法得到了央视《晚间新闻》、浙江卫视《新闻联播》的点赞。

疫情防控期间,平台接到了不少关于需要心理疏导、纾解心理压力方面的求助,经过工作人员的主动对接,心理援助专线迅速开通。"您好,这里是防疫心理援助专线,请问有什么可以帮您?"88885602防疫心理援助专线,为因疫情产生焦虑、恐惧等负面情绪的求助者提供专业的心理支持服务,给大家筑起心理"防疫墙"。

三、发挥媒体"观察哨"作用,回应民生关切

作为疫情防控期间全市人民群众"急难愁盼"问题的集聚地,"战疫求助平台"充分发挥媒体"观察哨"的作用,针对群众每日提出的共性问题及时梳理、总结。在梳理总结过程中发现,兰溪启动Ⅱ级应急响应之后,涉及市民生活起居的公共场所防疫政策、各个临时核酸检测点的设置和检测时间、前往医院就医是否需要核酸检测等成为市民咨询的热点。求助平台收到这类民生反映较为集中的问题,迅速和新闻一线联动,将此类共性问题通过宣传平台等进行集中发布。自疫情发生以来,融媒体中心每天通过《兰溪发布》《兰溪新闻》、"兰精灵"App等宣传平台,发布《战疫求助·民情收集》短视频,对民生关切进行第一时间的权威回应。如"战疫求助平台"收到了300多件关于清明扫墓的咨询,汇总这一信息,报送给指挥部之后,3月31日,指挥部发出了《关于清明期间不返兰祭扫》倡议书,告知了广大市民清明节现场祭扫活动暂停的相关规定,在清明节期间,向阳公墓由工作人员提供免费鲜花代祭服务,并在"兰溪发布"上开通网上祭祀活动,进一步提升了群众难题处理的满意度和高效性。

四、做好民生暖心服务,彰显媒体责任担当

自"战疫求助平台"开设以来,兰溪先后经历了"3.26"兰溪疫情、"4.15"金华疫情以及"4.19"兰溪疫情,对于当地的群众来说,除了"三区"内群众的生产生活有难题,还由于金华与兰溪交通运输不畅,以及疫情管控需要设立了多个协防区,导致了很多居民生产生活困难。很多菜农、果农出现了蔬菜水果成熟后运输不出去只能眼睁睁看着烂在田间地头的情况。接到相关求助后,融媒体中心第一时间组建了"兰溪融媒帮帮团",通过广播、电视、报纸、新媒体等多

个平台，为这些滞销农产品找部门、找商家、找销路。

香溪的一位农户隔离在金华，家里的三亩桑葚成熟却无人采摘，损失不小，融媒体中心马上联系了兰溪团市委，通过志愿者上门采摘的形式帮他解决了难题。上华街道会桥村有蔬菜种植农户 20 余户，蔬菜种植面积达 200 余亩。由于上华街道全域被划为协防区，处在三区县交界的会桥村受疫情及道路封控影响，一时间蔬菜遇到销售遇阻情况。接到求助后，"融媒帮帮团"速速带货到田头为菜农代言，为了方便大家尽快"认购"，"融媒帮帮团"团队采用"蔬菜大礼包"组合各类蔬菜的形式售卖，菜农提前把菜称重搭配好，这种形式方便购买，也让消费者有新鲜感。一时间，会桥村原本销售不畅的蔬菜成了"香饽饽"。与此同时，兰溪融媒体中心还主动对接乡镇、部门，开辟各种绿色通道，通过多种形式助农，彰显媒体责任担当。

五、收集重大舆情风险，为疫情舆情做好预警

"330 国道兰溪建德交界处，查绿码行程卡的关卡只有一名工作人员，车辆已经堵了好几公里。""同一家企业员工同为黄码，但因为分两个区域居家隔离，现在一区域员工健康码已经转为绿码，另一区域员工仍为黄码，反映多次，无人理睬。"面对这一类群众急迫、怨气较大的问题，"战疫求助平台"收集之后，第一时间上报给疫情防控指挥部，由指挥部分发给涉事部门统筹解决。3月 26 日起，兰溪市融媒体中心共提交了 9 期融媒体直报，上报社情 60 余件，并由指挥部针对搜集到的重要问题、普遍性需求等进行集中交办。遇到一些群众特别着急又一时较难解决，甚至政府部门的解决方式有待商榷的问题，融媒体中心及时做好《内部参考》的舆情报送，把一些可能会引发舆情的信息及时传递给党委政府部门，供其进行决策参考。目前，《内部参考》相关舆情提示已经报送 5 期，涉及相关舆情提示 27 条，政府部门均一一进行回复或者有效解决，及时帮助了困难群众，化解了群众的怨气，有力引导了舆论。

架起民情通达桥梁，倾力回应涉疫地区群众的"急难愁盼"。兰溪"战疫求助平台"从最开始的日收件 10 余件增长到最高峰的日收件 1000 多件，目前每天的收件量还是非常多，该平台已成为疫情之下兰溪人民群众解决诉求最有力度的渠道之一。"战疫求助平台"已不仅仅是留言平台，更成为群众的互动平台、监督平台、取暖平台。

用好广播可视化直播 打造本土个性化主持人

——金华交通音乐广播 FM942 的破圈路

金华广播电视台 郑 涓

2020 年 9 月,中共中央办公厅、国务院办公厅印发了《关于加快推进媒体深度融合发展的意见》,要求推动传统媒体和新兴媒体在体制机制、政策措施、流程管理、人才技术等方面加快融合步伐,尽快建成一批具有强大影响力和竞争力的新型主流媒体,逐步构建网上网下一体、内宣外宣联动的主流舆论格局,建立以内容建设为根本、先进技术为支撑、创新管理为保障的全媒体传播体系。

《意见》还指出,要推动主力军全面挺进主战场,以互联网思维优化资源配置,把更多优质内容、先进技术、专业人才、项目资金向互联网主阵地汇集、向移动端倾斜,让分散在网下的力量尽快进军网上、深入网上,做大做强网络平台,占领新兴传播阵地。

随着融媒体软硬件设施的配套和广播直播用法的不断更新,如何依托广播可视化直播,构建网上网下一体、做大做强网络平台,占领新兴传播阵地,探索金华广播频率在融媒体软硬件设施的新配套和新用法,是摆在我们面前的新课题。根据《意见》的指导思想,金华交通音乐广播 FM942 努力遵循,积极作为,在融媒进程中用实践探索未来,率先在广播可视化道路上迈出了坚实的步伐。

广播可视化指的不是单纯的广播主持人在电台直播间主持节目的实况慢直播,不是一镜到底的直白视频展示,而是利用可视化的平台加入更多的镜头切换、节目视频展示、嘉宾访谈、外加字幕说明等各种元素以丰富节目形态、扩大节目影响,打造具有个性的本土节目主持人。

2021 年 4 月,交通音乐广播 FM942 正式启用全新可视化直播间,可视化的进程正在有条不紊推进。交通音乐广播全天 24 小时直播,一共有十余档各种不同类型的节目,究竟应该选择哪几档节目率先试水?哪几位主持人率先尝试视频直播?综合节目特点、节目内容把控、主持人临场应变、粉丝群体分析等各种因素考虑，交通音乐广播FM942选择了三位高颜值、高流量、视频直播和上镜经验相对丰富的主持人范波、方敏、邵露率先尝试可视化直播，共同打造"好听好看本土化的全媒体主播"优势招牌。

一、具有大型活动主持经验，外表阳光的"范波"

主持人范波本身就是一个阳光朝气的大男生，要身高有身高，要颜值有颜值，是许多大型活动的主持人，与很多在话筒前滔滔不绝，但面对镜头却难掩羞涩的广播主持人相比，范波在镜头前自信满满，形象颇为养眼，还被金华市红十字会聘为形象大使。这样良好的外在条件让可视化直播的重任直接落在了他的头上，大家期待实现可视化直播之后对节目本身形成推动以扩大知名度进而形成收视收听飘红。

范波主持的是一档以自己名字命名的产业类节目《范波说汽车》。《范波说汽车》节目自2017年3月15日开播以来，已经形成了以汽车综合市场为依托的节目产业集群，节目本身有影响力、有收听率。在这样的基础上，依托全新的可视化直播间，《范波说汽车》开始尝试创新节目业态的更多可能。

根据直播间的功能分区，《诚信经营企业访谈》尝试了"主场＋分场模式"，主场主持人对访谈和嘉宾进行全面介绍，由导播切画面到分场嘉宾访谈区，由另一位分场主持人与嘉宾访谈。这一创新模式打破了传统广播访谈的格局，同时也非常有效地解决了观众在观看访谈的时候会莫名其妙地插入报时、广告、路况、天气等线性内容。

随后的《范波说汽车——交警在线》节目也采用了这个模式，五一小长假来临之际，节目组邀请到高速交警做客全新直播间，为广大司乘人员提供五一高速出行的温馨提醒，权威解读五一期间金华地域部分高速公路实施临时交通限行措施，还派出了FM942的记者小分队随警在G60杭金衢高速金华收费站、兰溪收费站等地进行音视频直播，现场感强，节目紧凑，宣传效果也好。最可贵的是，这些直播过程中运用的短视频和交警的权威发布随即被拆解成多条独立短视频推送给"无限金华"客户端，形成二次发布，而且关注的人群还特别多，点击量也非常高，这就初步达到了网上网下一体、内宣外宣联动的格局。

《范波说汽车》栏目之所以有着良好的社会口碑，还与栏目所做车友维权有直接关系。节目开播至今近5年的时间，线上线下接收各类汽车问题案例累计已经超过55000件，过去单纯的广播收听会一晃而过，如今，节目实现了可视化，有些当场维权不利的案例就可以通过二次剪辑，推送给"无限金华"客

◆《范波说汽车——交警在线》可视化直播

户端继续发布,继续维权,视频发布形成的再次发酵对保护消费者利益起到更加有效的作用。

像范波这一类以外形见长加上节目需要的主持人在可视化领域大有可为,随着视频的二次传播,吸引到更多受众的关注,主持人品牌和节目品牌都在进一步重塑中。

二、临场应变能力强,活力四射的"方敏"

方敏是一位入职 17 年,有着丰富主持经验的老主持人,既主持过新闻资讯类的节目,也做过音乐节目,更是互动类节目的常客,本身有着一批忠实的粉丝。因此,在可视化直播节目中也是我们的第一批次候选人,但是因为她现在正在主持的是全频率的王牌节目《942 早高峰》,因此没有成为真正意义上的全天候直播主持人。因为《942 早高峰》节目时间跨度长、广告插播多、安插了一些新闻杂志类的版块,本身并不十分适合视频播出。但是,但凡有直播带货,抑或是现场把控力较强的特别节目,方敏就会被我们推到台前。

2022 年 4 月 15 日,金华市突发新冠肺炎疫情,婺城区、开发区、金东区出现疫情感染者,婺城区白龙桥等多个乡镇全面封控,农户因此出现了卖难的情况。我们想农民之所想,急农民之所急,立刻推出爱心助农行动。4 月 25 日 8 点,金华交通音乐广播 FM942 推出《战"疫"求助 我来帮你——助农 我们在行动》可视化特别直播节目。通过在此之前征集到的农户求助信息:"金华罗店镇盘前村属于管控区,番茄秧苗无法运送""金华市婺城区香取农场1300多亩水稻因没有插秧机无法播种""金华金婺农业发展有限公司无抗生素鸭蛋滞销"等统一进行集中发布并联络相关职能部门沟通协商解决。

◆《战"疫"求助 我来帮你——助农 我们在行动》可视化直播

整个直播由方敏独立完成。直播过程中,节目组先后联系了金华市农业农村局、金华市农科院、婺城区农业农村局、金华经济技术开发区农业农村和旅游发展局等相关部门,及时沟通对接并跟踪落实相关问题。其中,金华市农科院蔬菜研究所负责人表示,立即由金华市农业农村局专门组建工作专班,协同负责市区急用农业物资的运输调度工作,开通秧苗配送"绿色通道",为罗店镇盘前村村民解决番茄秧苗无法运送的问题。同时,金华市农业农村局也为种粮大户们启动春耕备耕应急措施,并在相关负责人的工作指导下,及时抽调插秧机,为农户们以先后接力的形式及时播种开工。

节目直播40分钟内,就收到小区团购群"团长"及爱心企业等部门的无抗生素鸭蛋200余盒订单,共1200余斤,缓解了金华金婺农业发展有限公司的燃眉之急。另外,节目还连线民生新闻中心《广电真情姐妹帮》栏目记者高鹏飞,在说到金东区傅村镇溪口村有土豆滞销情况时,立刻就有热心听众打进直播热线当场订购土豆1000斤,解决了农户们的困难。方敏在节目中的灵活把控和机智应变都起到了良好的推动作用。所有农户需求信息和助农信息在直播行动结束之后都再度被加工制作成单条短视频到"无限金华"客户端进行二次推送,达到了全媒体推送的目的。

方敏不仅在直播节目中把控能力强,还能说一口标准的金华方言,疫情防控期间,她个人独立制作完成的"方言系列疫情温馨提示"传播效果好,实用性强,已经成为金华广电的一张"金名片"。

三、产业类节目发展需要,"贴地飞行"的"邵露"

可视化直播的中坚力量还有一位就是《美食江湖》的主持人邵露。邵露进入交通音乐广播 FM942 也已经 12 个年头,无论是之前在路况一线担任"马路探长"还是做现在的美食主播,之所以被很多粉丝喜欢就因为始终做到"贴地飞行"。

热爱生活的人大多热爱美食,各地也都有自己的特色美食,因此,靠美食去吸引受众是很多媒体的选择,事实上美食节目在很多地方的电台都可以做到收听率排行榜的靠前位置。之前电台做美食节目只能单纯地依靠声音去描绘,以达到吸引听众的目的,而实现可视化之后,听友只要愿意,随时可以打开手机客户端浏览视频。我们主持人的工作也不再是单纯地坐在话筒前发出声音那么简单,她们要做大量的案头准备以及事先的踩点、探店拍摄,以期在直播节目的过程中给到观众更多的视觉冲击,更加直观地勾起观众的食欲以及参与度。节目当中不再是单一的主持人描述、点评美食,而是有了食客的参与,食客自己在现场的体验和感受。

现在每家餐厅都是邵露最好的外场直播间,美味的食物具象地呈现在观众面前,这是之前单纯的广播节目做不到的。邵露不光是自己一个人吃吃吃,同时也成为一个带着观众吃吃吃的本土快乐主播。节目中的小版块《邵露探店》《美食大赏》《吃货推荐》,还有《教你做菜》等都充满了烟火气,与邵露甜美的外形、悦耳的声线融为一体,真正做到了"贴地飞行"。

《美食江湖》可视化开播的第一天正值母亲节,节目组做了精心策划,特别邀请荣获"婺城工匠"称号的行政主厨张伟华等嘉宾来到直播间,共同见证了 FM942 铁杆粉丝——一名消防队员给妈妈准备的惊喜。这名消防队员在消防救援站的厨房亲自给妈妈烧了一道她最爱吃的红烧肉,然后坐上采访车送到家里。主持人和嘉宾在直播间全程见证制造惊喜的过程,直到拍摄下妈妈吃了儿子做的红烧肉眼含热泪的模样,所有人都为之动容,这样的节目效果是在广播实现可视化之后才达到的。

2022 年春节，为了丰富节目内容，扩大"金华城市会客厅"的知名度，节目组特意策划了《金华城市会客厅——春节饼街 7 天乐》这个项目。过年期间大年三十到初六，每天连线一位外场主播，每天推荐一样饼街的特色美食。主播邵露坐镇直播间，7 天里分别外派 7 组吃货小分队在古子城饼街做现场连线报道，大年三十《带你吃武义方饼》，大年初一《带你吃兰溪豆腐汤圆》，大年初二《带你吃浦江麦饼》，大年初三《带你吃义乌手工麻糍》，大年初四《带你吃酒糟核桃羹》，大年初五《带你吃磐安炖罐》，大年初六《带你吃小老黄酥饼》，让听友和观众在电波和可视化直播中感受到了浓浓的金华年味儿。新鲜出炉的武义方饼肉质饱满、兰溪豆腐汤圆软糯鲜香、浦江麦饼皮薄馅鲜、义乌手工麻糍Q 弹有嚼劲、酒糟核桃羹美容养颜、磐安炖罐美味滋补、小老黄酥饼更是酥脆可口，一方面丰富了春节期间的节目内容，另一方面也成系列展示了金华各县市的美食，然后节目组再把这些精彩的视频进行二次剪辑，分别推送到"无限金华"客户端，942 抖音号、942 视频号进行二次传播，点击量达到了 15 万＋。

◆《美食江湖》可视化直播

目前主持人邵露已经全面入驻"无限金华"、抖音、快手、小红书等各个新媒体平台，进行广播节目和新媒体的流量双向输出，形成全媒体传播的效果。短短几个月，主持人抖音粉丝已近两万。经过进一步探索，我们发现，《美食江湖》实现广播可视化后，还可以带动广告创收，可以有插片广告、探店广告，甚至可以是柴米油盐、酒水饮料、厨房用具，从带你吃到教你做，都可以把这些产品元素植入节目的直播和视频里。

实现广播节目可视化直播后，传统的听广播向既可听又可以看的方向转变。听众在收听广播的同时,通过手机等无线收看终端看到看得见的广播节目,实现传统媒体的跨界转型,让多屏立体传播成为可能,进一步拉近了主持人与听众的距离。作为被邀请到直播间的嘉宾,他们也有着良好的直播体验,走进高大上的可视化直播间,可以看到自己出现在显示屏上,加上直播过程中会插入一些事先准备的视频资料,整个直播效果是非常直观的。直播过后还可以通过视频素材进行二次剪辑,在"无限金华"客户端及抖音、视频号等平台上进行二次发布,可以说实现了建立以内容建设为根本、先进技术为支撑、创新管理为保障的全媒体传播体系。

金华交通音乐广播 FM942 可视化直播间使用一年来,我们共进行了 600 多场视频直播,为广播节目注入了新的元素。现在,交通音乐广播 FM942 的主持人,无论是范波、方敏还是邵露,在可视化直播的推动下,社会知名度在不断攀升,个人魅力指数也在不断上扬,方敏更是因为在话筒以及镜头前的上佳表现成为"无限金华"客户端做直播带货的首选主持人。

未来,交通音乐广播 FM942 可视化直播团队将不断发展壮大,他们潜心创作,拍摄更多优质短视频,创意制作爆款电台节目,融入全媒体时代,吸引听友及观众,靠主持人的带动赢得受众的进一步关注。唯变不变,快速融入时代洪流,把握好每一次转型节点,利用最新的技术手段包装好本土个性主持人,不断打响社会知名度和美誉度,培养更多的年轻主播,迅速适应融媒传播时代,我们的媒体才能始终牢牢锁定受众需求,从而立于不败之地。

融合传播形态 疫情背景下的空中博物馆

——以《中国蓝·书画园地》专题

《宋韵·300件文物背后的士大夫精神》为例

浙江广播电视集团　　胡　丹

疫情影响下博物馆展览的"云"化

2020年初新冠肺炎疫情突然暴发,全国各地相继关闭了各类大型公共场所,并且取消许多大型集会活动,企业停工,学校停课,全国人民开始居家抗疫,于是"云学习""云办公""云买菜""云过节"等"云"生活相继诞生,真可谓"万物皆可云"。与此同时,国家文物局召开紧急会议部署文物系统疫情的防控工作,鼓励全国各地博物馆机构根据当地情况开展线上展览。由此博物馆的"云展览"一路繁花,开启了与公众互动交流的新窗口,空中博物馆的春天悄然而至。

对博物馆行业而言,空中博物馆的兴起既是机遇也是挑战。发展"云展览"成为中小型博物馆弯道超车、跻身一线博物馆的良机,我国现有的博物馆格局可能因此发生改变;对博物馆内部而言,"云展览"会改变以往既有的工作格局和工作方法,为博物馆运营带来全新的改变;而对"云展览"自身而言,未来,由于各博物馆之间差异巨大,不同博物馆对"云展览"的定位和需求不同,"云展览"必将以更加多元的形式出现在观众面前。

《中国蓝·书画园地》栏目组基于"宋韵——士大夫的精神世界"跨年大展的倾心打造

2021年12月18日,由浙江省博物馆与南京博物院携手打造的跨年大展"宋韵——士大夫的精神世界"在南京博物院特展厅开展。该展览展示了来自38家考古文博机构收藏的约三百件宋代文物精品,主要突出浙江宋代考古新发现,包括大量浙江宋代文人士大夫墓葬出土文物,上篇以"文治天下"讲述宋代士大夫的治世行道,下篇以"士林风雅"展现宋代士大夫的生活意趣,走进士大夫的精神世界,感受深厚的宋韵文化。

为传播宋韵文化,《中国蓝·书画园地》栏目组在相关社交媒体平台上将展出的强大阵容组团展示并且联系了策展人,在获取对方支持的条件下进行了该专题的系列拍摄,并约定 2022 年 1 月 24 日,与浙博工作人员押运展品一起赶赴南京博物院拍摄,后因疫情取消。后虽经多次协商,但都因疫情而搁置。不能来去自如,对记者来说就失去了亲身采访的机会。所幸的是当时的南京没有封控,并不影响栏目组素材的采集。在此情况下,栏目组并未放弃努力,在联系当地摄像和采访对象后,创造性地采取遥控指挥拍摄,系列专题最终得以顺利完成并适时播出。

在疫情常态化防控形势下,栏目组尝试在中国蓝 TV、B 站、人民日报、微信、抖音等社交媒体平台上连续推送三期《宋韵·300 件文物背后的士大夫精神》,分上、中、下三篇,真正实现了电视大屏和移动小屏等跨屏联动的完美结合,让出行不便的观众随时随地不受限制地探访欣赏,同样也可以达到观众在博物馆参观的长尾效应,这是让宋代士人文化走进寻常百姓家的一次全新实践。另外栏目组对浙江博物馆历史部主任黎毓馨先生、策展人王宣艳女士、南京博物馆陈列部主任万新华等专家进行了采访,经过专家对展览中武义出土的官员腰带銙,慈溪出土的越窑瓷器"蟾宫折桂",武义南宋墓出土的徐谓礼文书,宋徽宗时期的铜钟,史嵩之墓葬品镂雕玉器玉孩儿,舒公墓葬品茶具,钱氏吴越国酒器,士大夫出行携带的钵盂、唾壶、盆,明代范仲淹画像卷,清代文天祥春雷琴拓本等文物的解说让观众对于宋代"士大夫"的思想教养和精神世界,宋代教育机构官学私学,科举选拔人才,以文制武、文治天下的治国策略及设官制度、酬劳制度、管理制度,礼乐文明教化世人,宋代思想学术,宋代儒生士大夫的日常生活方式、酒文化、茶文化、宴饮文化、插花艺术等有了全方位的了解。

浙江在宋朝时期经济、文化非常发达,这为后世留下很多宝贵的文物遗产。栏目组通过拍摄、采访、邀请专业人士对特展的文物进行深入浅出的讲解等方式打造出一座无形的宋韵文化空中博物馆,并在包括官方网站、移动终端应用等在内的主流展示渠道上有计划地宣传展示,让线下文物走进线上,让观众足不出户也能搜看、欣赏节目,品味宋韵文化的魅力。

栏目组在空中博物馆中展示的内容、形式、技术应用都很灵活,可使观众根据所需随时在电脑、手机上搜看。在对应的社交媒体平台上推送的相关内容浏览量很高,在社会上引起不错的反响。

栏目组打造的空中博物馆"宋韵文物云展览"不受地点、时间、展览场地的约束，具有突破时空限制、互动性强、参与性强等优势。在这种优势的加持下，得以使观众有机会欣赏到更多的展品、馆藏品，而且加强了社交媒体、空中博物馆和大众百姓之间的文化交流以及资源共享。

无论是从社会的变化趋势来看还是从博物馆、电视栏目发展需要来看，大小屏跨屏联动的"云展览"建设都是形势所趋，也是对博物馆线下实体展览的补充调剂，并且随着5G、大数据、VR等技术的发展成熟和推广普及，跨屏联动的"云展览"也将会有质的升华。在不久的将来随着更加新兴的技术运用在博物馆、电视栏目行业，"云展览"定会大有可为。

融合媒体传播形态是大势所趋

目前，诸多国内外媒体开始在重大新闻报道、大型文体赛事、博物馆重要展览等中试水直播、VR新闻。而在4G往5G变迁升级的时代，传统媒体特别是电视媒体能够充分发挥其公信力优势，派出记者在各种重大会议、体育赛事、演唱会进行直播，同时运用各种计算机辅助、无人机等技术设备，通过VR、AR等手段让用户通过电视、电脑等终端获得身在现场甚至优于现场的观感和体验。

时下大环境促使众多传媒业开始了转型融合之路，他们不断优化内容表达与传播渠道，自觉开发自媒体融合共生。而且每次传播技术的进步比传播内容的改进还要让人津津乐道，麦克卢汉曾经说过"媒介即讯息"。在媒体融合趋势日益凸显的当下，传统媒体、新媒体如何更好相融，这是当下很值得探讨的问题。在网络发达、传播形态和传播渠道多元的时代，传播形态、传播格局的变迁为媒体融合提供了机会，更提出了挑战。

在媒体融合传播的趋势下，社会媒体环境脱离相互隔绝与分离的状态，呈现多维度融合的态势。国内许多主流媒体主动联合更多新媒体平台，诸如B站、今日头条、搜狐公众平台、网易媒体开放平台、微信公众号、抖音、快手等，借助它们拓宽传播渠道，从而促进社交化传播的迭代更新，以更好地适应百姓喜好，满足人民群众对于多媒体节目日益增长的品质要求。

多媒体节目要顺应媒体融合传播发展趋势，整合优势传播资源，打造多元传播矩阵，来更好提升文化传播效能。通过对网站、移动客户端、大数据库、大屏幕小屏幕等多种媒介资源的整合，来探索实现信息内容、技术应用、平台终端等共融互通的"空中博物馆云展览"，是文化全媒体传播工程的重要组成部分。

结　语

近年来,《中国蓝·书画园地》栏目蓬勃发展,社会服务功能日益加强,在促进文化发展传播、宣传多姿多彩书画世界、让中国传统文化走进百姓生活方面发挥了积极作用,同时它还为传承弘扬中华优秀传统文化、建设新时代中国特色社会主义社会和实现中华民族伟大复兴不断奉献着"栏目组力量"。在信息化革命日新月异的今天,《中国蓝·书画园地》栏目组将持续发力,力图在策划与拍摄形式、多媒体播放与文物利用等方面不断推陈出新,运用数字技术创新线上展览,为更好地打造多层次、宽领域、全方位、立体化的空中博物馆而不懈努力。

打破时空 点击量超110万

——"云讲堂"为何这么"牛"？

浙江省衢州广电传媒集团　胡育庆　周小明

自2020年新冠肺炎疫情发生后，线下的培训活动受到限制。衢州广电传媒集团乡村振兴融媒体中心通过"钉钉群""云课堂"开设了"云讲堂"1.6万余堂，打破时空限制全面破题新时代农村党员群众教育，全程服务乡村振兴和共同富裕，受到了农村广大党员群众的好评。其中有两场大型"云讲堂"活动反响较大，一场是2020年7月举办的"村社党组织书记谈治理云讲堂"活动，安排7位农村兴村治社名师分享治村治社经验。云讲堂直播当天，共有7000多名村社、乡镇街道干部在各地讲堂集中收看学习，线上收看点击量达到27万多人次。到目前为止，这一场课件的点击量已经达到了50多万人次。另一场是2021年元旦过后开展的"村社主职干部新年第一课云讲堂"活动。云讲堂直播当天，16000多名村社、乡镇街道干部在各地讲堂集中收看学习，而线上的实时收看点击量达到40多万人次，到目前为止视频点击量已经达到60多万人次。两场活动已累计达到110多万人次收看。这两场活动均由市委组织部主办、广电乡村振兴融媒体中心承办，具有内容实、形式活、传播广、跨时空等特色，受到了组织部门和广大党员干部的点赞。

提早谋划，让"云讲堂"更有"底"

每次"云讲堂"活动顺利举办，背后都少不了一个团队的精心运作。乡村振兴融媒体中心接到任务后积极与组织部门对接，开始写策划方案、讨论活动流程、确定人选等。"村社党组织书记谈治理云讲堂"活动主会场放在柯城区万田乡乡村振兴综合体，各个乡镇讲堂设置分会场。当我们了解到这次云讲堂的主题是"选什么样的村干部"后，主动和组织部门对接，协助各个区块制作和修改VCR，协助主讲人初定演讲主题。同时，我们的直播录制团队早早进场踩点、布线、选择合适的机位，以确保网络直播顺利进行。前不久举办的"村社主职干部新年第一课云讲堂"主会场放在广电一楼演播大厅，这次云讲堂主题是"选上了怎么干"。乡村振兴融媒体中心工作人员接到任务后,立即开始谋划,放弃元旦三天假期,和组织部门一起为 VCR 的拍摄、制作以及主讲人的演讲稿把关。为了呈现最佳效果,我们还请主持人就主讲人演讲的内容、神态、语速进行一对一的指导。另外和总台相关部门对接,就活动流程、舞美设计、主持台本反复打磨,确保万无一失。

选好讲师,让"云讲堂"更有"料"

"村社党组织书记谈治理云讲堂"活动,安排 7 位农村兴村治社名师分享治村治社经验。这 7 位名师中有"人人有事做、家家有收入"的村支书郑初一,有一肩挑两村的村支书陆承江,有"村歌书记"汪衍君,有做好"土文章"的村支书董红专,有"早上好"村支书陈重良,有"三千万"精神村支书邵小青,有"红色物业联盟"书记吴竟。他们都是全市兴村治社名师,所在的村(社)都经历了从脏到美、从乱到治、从落后村到明星村的转变。这背后的付出以及独到的治村经验都非常吸引人。在分享过程中,这些兴村治社名师侃侃而谈,金句频出。有些网友给我们后台留言,说看到自己的村支书在这里谈到未来 3 年发展计划,才知道村子的发展前景这么好,都想着回村里了。"村社主职干部新年第一课云讲堂"邀请了 6 位新当选的村社书记,既有连任多年、工作经验丰富的老支书,也有刚刚大学毕业、血气方刚的 90 后新支;既有在外创业的商界精英,也有扎根农村的技能人才。他们都有一种"既然组织信任我,群众支持我,一定要把书记当好"的信心和决心。在分享过程中,柯城区府山街道坊门街社区党委书记、居委会主任余黎莉讲了"小区线上'智管家'线下'红管家'服务社区群众"的故事;常山县郭塘村党支部书记、村委会主任张荣讲了"村干部要把心里的委屈和村民的不理解当补品"的故事;江山市新塘边镇勤俭村党支部书记、村委会主任姜荣威讲了"从想逃跑到扎下根"的故事等,让线上线下的观众印象深刻。听了他们的分享,大家觉得,让他们当"新头雁",挑得好选得对。

设置环节,让"云讲堂"更有"戏"

随着各种现代传播手段的运用,受众对传播的内容和形式都有更高的期待。试想一下,如果仅仅是把"云讲堂"的课程录制下来,哪怕内容再精彩,受众也容易视觉疲劳。在"村社主职干部新年第一课云讲堂"中,我们设置了许多互动环节。如为"新时代党建联盟书记"授牌、导师帮带"青蓝接力"拜师礼仪式、发出"当好新时代村(社区)党组织书记的倡议"等。其中导师帮带"青蓝接力"拜师礼仪式场面简朴而庄重。13 位"新头雁"分别向与之结对的 13 位兴村治社名师行拜师礼，师傅给徒弟赠送红色书籍和一句话寄语，更让徒弟铭记在心。最后环节，市兴村治社名师、导师帮带代表、新时代党建联盟书记和在场的党组织书记代表发出"当好新时代村（社区）党组织书记的倡议"。大家在领誓人汪衍君的带领下发出了新时代村社党组织书记的最强音。因为环节设置巧而精，三个小时的"云讲堂"直播活动让线上线下观众看得意犹未尽、印象深刻。

融媒传播，让"云讲堂"更面"广"

这两场"云讲堂"活动是由市委组织部新时代党员教育中心牵头、乡村振兴融媒体中心配合，通过无线衢州 App 乡村振兴讲堂"活动直播"功能，进行全程直播。现在"云讲堂"课程放在线上乡村振兴讲堂的"空中课堂"中播放，配上字幕加上剪辑，让课程更加流畅，仍有不少受众在线上观看学习。2021年以来，为了更好地发挥乡村振兴讲堂的功能，同时也是为了疫情防控的需要，我们通过"钉钉群""云课堂"开设了近 2000 场多种形式的"空中课堂"，听课人数有 300 多万人次，不少课程还同步上传到"浙农云"平台，实现全省共享。

在新的一年里，乡村振兴融媒体中心作为乡村振兴讲堂"五位一体"的"智慧大脑"，将更好地服务于乡村振兴讲堂课程发布、线上教学、技术研发等，让"云讲堂"活动声势更大，让"空中课堂"覆盖面更广，全力打造联通党员群众需求端和教育服务供给端、实现数字化科学化精细化管理的乡村振兴全媒体智慧平台。

互联网脱域再嵌入背景下县级融媒体建设的必要性与发展经验
——以项城融媒为例

湖南大学新闻与传播学院　河南项城融媒体中心　王田锐

2014年8月18日,中央全面深化改革领导小组第四次会议审议通过了《关于推动传统媒体和新兴媒体融合发展的指导意见》,针对媒体融合发展工作做出了具体部署。2014年至今,媒体融合经历了从"中央厨房"式的央媒层面的媒体融合到以浙报传媒为代表的省级媒体层面的媒体融合,纵深发展进入县级融媒层面的媒体资源融合。县级融媒体的建设已成为媒体融合领域乃至整个新闻业的热点与难点。

笔者发现,互联网背景下信息推送机制日渐成熟,使新闻重要性产生透视关系,即新闻重要性在心理距离上的排列发生失序,这也是新闻业转型过程中面临的问题之一,如何为基层群众高效提供信息服务? 如何更好地发挥新闻本体性功能? 这些是媒介融合过程中不得不思考的问题。而县级融媒体具备联系和服务基层群众的功能,其先天的地域性优势有助于打通"传播的最后一公里",帮助解决新闻重要性的透视问题。

项城融媒体中心(以下简称"项城融媒")近几年获得全国广播电视媒体融合先导单位、县区最强融媒品牌、首届全国县级融媒体中心舆论引导能力建设典型案例等荣誉,是中宣部基层直报点、全国首批入驻学习强国的县级融媒体之一。因此本文以项城融媒作为案例,分析什么是新闻重要性排列失序? 失序的深层原因是什么? 以及项城融媒体针对失序问题做出了哪些措施? 以此说明县级融媒体建设的必要性,为之后的发展提供经验。

一、问题的提出

新闻具有监测环境、守望社会的本体功能。新闻的根本目的是提供及时足量的信息,发挥认知功能,让人们对所处的环境有基本的了解,并在此基础上做出判断,对自身的行为进行调适。

一般来说，新闻重要性越强就越容易被感知得到。重要新闻往往会通过媒体在多个平台进行报道，曝光率的增多和媒体的强调拉近新闻到受众之间的心理距离，使受众关注到新闻的可能性增大，从而更好地发挥新闻本体功能。认知心理学指出，个体的感知是基于对事物的建构而非客观事物的本身，其建构过程不仅取决于感知对象的实体属性，还取决于建构主体对客体的心理距离，即在一个抽象的心理空间中所感知到的客体的远近。从这个意义上看，新闻传播的过程是受众感知和使用信息的过程，新闻作为个体心理空间中感知到的客体，重要性越强受众对其心理距离越近，因此也越容易被感知。

在传播学领域，心理距离体现为传播参与者在认知、情感和态度方面的差异程度，与空间距离、时间距离、社会距离有密切的关系。其中时间距离指个体对新闻发生时间长短的感知，空间距离是个人对新闻发生地空间远近的感知，社会距离则是社会关系如血缘关系、文化背景、地缘关系等与本人的远近。部分学者将心理距离作为影响新闻传播效果的因素之一，认为受众与传播内容的心理距离是决定传播效果的核心，心理距离越近传播效果越好。新闻重要性透视问题便是新闻与个体的心理距离发生乱序。

当新闻发挥有效本体功能，理想状态下新闻重要性在个体心理空间上的排序，应是重要性越强的排列越靠前。比如对小区居民来说，"因小区周围路段整修，中午断水 2 小时"这条新闻要比"2022 年中秋国庆这 4 天加班发 3 倍工资"更加重要。当然，从新闻重要性的"绝对值"上看，"2022 年中秋国庆这 4 天加班发 3 倍工资"体现了国家层面政策的变动，理应更重要。但对居民来说，小区中午断水 2 小时的信息关系到自身利益，而节假日加班薪资的调整在日后的工作中才会产生影响，因此当地居民与"因小区周围路段整修，中午断水 2 小时"之间的心理距离更近，重要性应排在前面，如图 1 所示。

而如今随着互联网技术的发展，海量信息在网络空间汇聚，人们获取信息更加依赖推送机制，推送到眼前的新闻"遮挡"住了本应被注意到的新闻，使新闻的重要性产生透视，即对个人来说不重要的新闻在心理距离上的排序提前，新闻重要性在心理距离上的排列发生失序。举例来说，意味着上文的小区居民只注意到了"2022 年中秋国庆这 4 天加班发 3 倍工资"的新闻，而忽略了与其生活息息相关的"因小区周围路段整修，中午断水 2 小时"，如图 2 所示。

县级融媒体承担着联系和服务基层群众的职能，其独特的地域优势能够有效挖掘、传播当地新闻，将本地重要新闻传递到受众眼前，使新闻重要性在心理距离上的排序达到理想状态。因此本文以项城融媒作为案例，讨论新闻重要性产生透视的原因、县级融媒体应对新闻重要性失序的问题可以采取哪

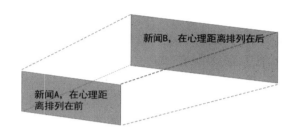

小区居民

- - - - - ：衡量新闻到受众的心理距离，越长心理距离越远

■：新闻重要性的绝对值，面积越大绝对值越大

新闻A："因小区周围路段整修，中午断水2小时"，新闻重要性绝对值小

新闻B："今年中秋国庆这4天加班发3倍工资"，新闻重要性绝对值大

图 1 理想状态新闻重要性在心理距离上的排序状态

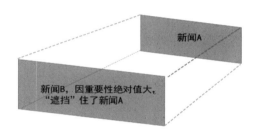

小区居民

- - - - - ：衡量新闻到受众的心理距离，越长心理距离越远

■：新闻重要性的绝对值，面积越大绝对值越大

新闻A："因小区周围路段整修，中午断水2小时"，新闻重要性绝对值小

新闻B："今年中秋国庆这4天加班发3倍工资"，新闻重要性绝对值大

图 2 新闻重要性在心理距离上的排列失序表现

些措施，以此说明县级融媒体建设的必要性与相关经验。

二、互联网脱域再嵌入：新闻重要性排列失序

互联网作为"脱域—再嵌入"的中转机制对时空关系进行重构，使新闻从地域性联系中脱离出来并再嵌入新的意义空间。在"中转"的过程中，新闻重要性在个体心理距离上的排列发生失序现象。

1. 互联网作为脱域机制打破了新闻生产传播的时空关系

脱域是指"社会关系从彼此互动的地域性关联中，从通过对不确定的时间的无限穿越而被重构的关联中'脱离出来'"。吉登斯认为，现代性的降临通过对"缺场"要素的孕育，把空间从地点分离了出来，从而形成了脱域情形。

互联网本身是一种"脱域机制"，其对新闻领域的影响主要有两个方面，一是新闻的生产传播发生脱域，二是新闻生产主体和客体的多元化。

互联网使得新闻的生产脱离地域性联系，智能手机的出现让信息编辑更加便利，不论身处何地，只要有信号我们打开手机就能在网络上编辑内容发表信息。不只是生产，新闻的传播也不再局限于时空，此时此地的新闻可以实现跨地区、远距离的瞬时传播。互联网技术作为一种高效的生产动力机制，使信息生产协作化、信息传播瞬时化、信息共享无界化。

此外，互联网作为一种脱域机制使新闻生产主体和客体多元化。在生产主体方面，新闻生产能力不再像以前那样只掌握在部分人手中，每个人都可以成为新闻生产的主体。新闻生产客体也更加多元，互联网打破了新闻生产传播的时空关系，以前时空坐标系中一个点意味着"此时"在"此地"发生的新闻事件，而如今时间空间进行重新组合，形成一对多、多对一和多对多的事实形态，"此时"在"多地"发生的事件可以被同步报道。比如一个地方性媒体的抖音号不仅报道当地的新闻，还包括其他省份或国际上的重要事件。

对互联网作为脱域机制给新闻生产传播带来的影响展开讨论，是因为互联网不仅有脱域功能，也同时具备再嵌入的功能。互联网脱域机制带来的影响为再嵌入提供了基础，而再嵌入正是新闻重要性在心理距离上发生失序的根本原因。接下来笔者将重点分析互联网再嵌入功能如何影响新闻重要性在人们心理距离上的排序。

2. 互联网将新闻再嵌入到重构的信息环境中

再嵌入，指的是重新转移或重新构造已脱域的社会关系，以便使这些关系与地域性的时—空条件相契合。互联网的脱域机制打破了新闻传播的时空关系，使主体进一步抽离现实社会的地域空间。但同时互联网又使主体嵌入崭新的信息环境之中，形成新的意义空间。

互联网的再嵌入功能重构了新闻传播领域的互动关系。信息化、数字化、网络化松散了大众传播模式的刚性组织形态，平等、开放、自由、共享的互联网技术特质与去中心化、扁平化的结构属性，使网络传播模式越发呈现出流动、弹性和柔化的感性特征，形塑了一种全新的物理时空。在崭新的物理时空中，互联网建构起了"统一时间",人们在"统一时间"维度上分享信息,而获取信息的方式很大程度上依赖信息的推送机制。

信息推送机制是互联网"再嵌入"功能的体现。传统媒体时代人们获取信息主要通过大众传播媒体,如报纸、广播、电视和杂志等,但如今依托于脱域机制形成了截然不同的信息环境。互联网时代,信息推送机制很大程度上承担起了为人们提供信息的任务,人们获取信息的方式从早期的主动搜寻逐渐转变为依赖信息的推送。

信息推送的依据主要有新闻重要性、用户兴趣和地理位置三种形式。新闻重要性是对新闻价值的判断,新闻价值要素总和越大,被推送的概率就越高。用户兴趣是指互联网根据算法为个体制定出"量身打造"的信息包裹。依据地理位置进行的推送是基于 LBS(基于地理位置的服务)技术对用户进行定位,得出其在地理位置上的活动规律进而推送相关信息。但值得注意的是地理位置在信息推送中的有效范围,这里的范围是指地域大小,也就是说大多数新闻资讯 App 并不能定位到县区一级。以项城市举例,今日头条和网易新闻 App 定位功能并不能搜索到"项城市",那么项城新闻也自然推送不到人们眼前。因此对县区群众来说,他们接收到的信息更多依据新闻重要性和个人兴趣爱好,本地推送版块是缺失的。

总体来说,信息推送机制基本可满足我们日常生活中对信息的需求。但信息推送机制并不能判断哪些新闻是与个体自身利益密切相关的,信息推送机制能够更好地满足时间距离的要求,但对于空间距离和社会距离来说信息推送机制并不能随时起到作用。那些与个体空间距离、社会距离近的新闻重要性更强,本该在心理距离上的排列靠前,但因为信息推送机制并没有"捕捉"并推送到人们面前,导致其他新闻的重要性提前,从而产生了新闻重要性的透视,即新闻重要性在心理距离上的排列失序。

据第 47 次《中国互联网发展状况统计报告》,截至 2020 年 12 月农村网民占总体网民的比例较 2020 年 3 月增加了 3.1%,而城镇网民占比下降了3.1%。可以看出城镇网民数量已达到饱和状态,未来农村网民数量会不断提升。而通过分析发现县区级别的网民受限于地理位置,更容易产生新闻重要性的透视。那么对于日渐增长的农村网民来说,如何让他们关注到当地与自身密切相关的新闻,县级融媒体将会起到重要作用。

三、县级融媒体建设的必要性:项城模式拉近与受众的距离

县级融媒体有独特的地域优势,这意味着在心理距离理论的三个维度中,

县级融媒体已经满足其中的空间距离。因此,为了使新闻重要性在心理距离上的排序处于理想状态,县级融媒体应从缩短时间距离和社会距离上采取措施。

(一)缩短时间距离:构建全媒体传播体系

缩短时间距离的前提是要与受众建立传受关系,关系确立后媒体到受众的距离便是传播距离,在此基础上拉近传播距离和加快新闻生产速度是缩短时间距离的最优方式。

1. 丰富传播矩阵,与受众建立关系基础

多元的传播体系能够全方位满足信息需求,通过多个传播渠道与受众建立传受关系,进而缩短传播距离。

项城融媒丰富移动传播矩阵,构建全媒体传播体系。项城融媒成立于2016 年 10 月,其融合电视、广播、报纸、杂志等平台,搭建公交车站牌等户外宣传资源,形成了上与央视、新华社等主流媒体,下与各镇办、部门,横向与抖音、快手等商业平台融合相通的全媒体传播矩阵。多元传播矩阵的建立全方位满足了当地居民的信息需求,与受众成功建立传受关系,人们可以根据自身习惯在不同平台上及时获得重要信息。疫情防控期间,为让当地居民及时了解疫情防控情况,营造坚定团结的"战疫"氛围,项城融媒深入挖掘抗疫一线的典型人物、感人事迹,播发相关新闻 8000 多条,短视频 3000 多个,公益广告200 多个。丰富的新闻内容在多个平台发布,更大范围上与受众建立关系。

2. 做优视频内容,拉近传播距离

如今短视频是人们获取外界信息的重要渠道之一,抖音不仅是个人表现的平台,也是知晓新闻的重要方式。项城融媒抓住短视频热潮,创建"项城融媒"抖音号,粉丝达 86 万,内容包含当地重要信息。比如寻人启事、疫苗接种点位置信息、疫苗接种注意事项,甚至还包括招聘信息。这些与当地民生息息相关的内容在抖音发出,缩短了人们获取信息的传播距离。

项城融媒旗下广播电台"项城 FM936"(以下简称"项城 936")也为如何拉近与受众之间的传播距离提供了经验。传统广播与微信公众号和抖音号进行融合,在日常节目中,主持人通过微信公众平台专门接收听众留言信息,并同步打开抖音直播,针对直播间听众的问题一一解答,人们通过收听广播和观看直播同步获得信息,缩短了传播距离。此外,"项城 936"抖音号及时为受众提供当地道路运输方面的政策信息,内容包括车牌限行、油价价格变动等。比如"郑州高速口进出同行政策"的短视频新闻,点赞数量超过 8000,观看量达到

316 万人次,而项城总人口为 126 万,此条新闻的覆盖率是人口的两倍多。

3. 加快生产速度,缩短时间距离

要缩短新闻到受众之间的时间距离,提高新闻生产速度是重要一环,而生产速度的提高离不开从业者制作内容的能力水平。人才是媒体最核心和最宝贵的资源,自然也是县级融媒体中心建设的主要支撑,尤其应构建精干高效的人才队伍。

项城融媒采取多种形式打造人才团队。首先是聘人才,聘请全国广播、电视、新媒体等领域的专家组成智囊团,解决发展中遇到的问题,提供了强有力的智力支撑。其次是请人才,邀请业界专家,针对媒体融合转型的痛点难点授业解惑。邀请抖音、快手等头部短视频平台的专家,对新媒体产品生产传播进行授课。最重要的是育人才,项城融媒与央视网、中国人民大学、郑州大学等单位达成合作,大力培养全媒体记者、编辑和管理人才,打造能写、能拍、能剪、能播的"四能"人才,他们能独立完成报选题、拍摄、配音、传播等。

以"项城 936"电台举例,部门人员既能作为电台主持人主持节目,也能作为电视记者出镜采访,同时也能够拍摄剪辑短视频。当部门人员接收到与工作内容相关的信息,便着手制作短视频,经过审核后立刻发布,大大缩短了新闻到受众的时间距离。除了电台,电视节目主持人也能成为直播主持人。项城融媒开通融合直播,利用演播大厅,开展广播、电视、手机融合式直播,日常严肃的电视主持人变身亲切活泼、雷厉风行的直播主持人,在直播中传播正能量。在市法院抓捕老赖活动中,项城融媒通过手机直播报道进展情况,让群众"在场性"地了解新闻动态。

(二)拉近社会距离:构建全媒体服务体系

1. 搭建服务便民平台,拉近与受众的生活距离

此处的社会距离更多是指社会关系的距离,包括文化背景和地缘关系。媒介系统依赖理论认为,对媒介的依赖本质上是对媒介传递的新闻的依赖,新闻传递得越多,人们的依赖性越强。那么对新闻资讯内容进行扩展,除了必要的新闻传递之外创建全媒体服务体系,有助于培养更多受众,拉近与受众的社会距离,提升县级融媒体在群众心目中的地位,以更好地发挥新闻本体功能。

喻国明提倡县级融媒体的建设应该以"宽融合"的理念操作,具体是指县级融媒体中心以跨领域、跨行业、超越内容的发展逻辑去建设,努力成为服务于人民群众日常生活的平台型媒体,使人们日常生活中林林总总的需求(交水电费、物业服务、投诉报警、订餐取货等)都能够在此平台上实现,即要具备"服

务＋"思维,以县级融媒体为中心解决用户需求,群众在哪服务就在哪,从日常生活中拉近与受众的距离。

项城融媒作为基层治理的重要运营主体,以全媒体传播体系助力基层治理。搭建便民服务平台,在"项城云"App上设置了多个贴近民生的便民服务版块,提供与用户生产生活息息相关的服务,开通网上水、电、气缴费,购买车票、网上挂号、房产美食等生活服务项目,为群众提供了"掌上的便利"。在"项城云"App上,还设置了"全景项城"功能,点开便可以看到项城市各个区域的全景图像,不少用户在图像上标记位置并留言,拉近融媒体与用户之间的社会距离。如今"项城云"客户端下载量达到44万,覆盖全市人口的三分之一。

2.搭建群众诉求表达平台,与受众建立直接联系

民生热线的开通架起了县级融媒体与群众直接联系的桥梁,一件件难题的解决让县级融媒体的公信力有所提升,是拉近与受众距离最直接的方式。

项城融媒整合了市长热线、市长信箱及职能部门的热线电话,搭建起移动端的群众诉求平台。其中"项城936"电台开设维权热线,将维权内容细分为房产维权、消费维权、汽车维权和装修维权,电台人员针对不同的维权掌握专业知识为群众解决问题,得到了群众的一致认可。此外项城融媒开设《马上就办》栏目,成为帮助本地群众解决问题的常态化服务平台。群众一有"爆料",《马上就办》栏目部门人员就全程直播,网络问政,把问题解决在一线,化解在基层。目前,已累计收到报料13.6万多个,问题解决率达98%。民众通过诉求表达平台寻求媒体的帮助,而媒体也从中了解到民情民意,双方建立起社会关系,在解决问题的过程中更加了解彼此,社会距离更近,意味着县级融媒体传递的新闻离民众更近。

四、结语与讨论

县级融媒体建设是当下媒体融合的热点与难点,其发展路径也折射出我国整个新闻业的转型路径。笔者发现新闻重要性产生透视问题,其在个体心理距离上的排列发生失序是当下我国新闻业转型面临的问题之一,县级融媒体的建设正有助于解决此问题。

互联网脱域再嵌入背景下,县级融媒体的建设更加迫在眉睫。项城融媒有着丰富的建设经验,这些经验对解决新闻重要性透视问题有着借鉴意义。未来县级融媒如何发展,需要媒体与受众一起进行探索。

融合传播,提升"宁海牛制造"影响力

浙江宁海传媒集团　严亚平

版面结合"屏面",互联网＋传统的文字,通过融合传播,实现传统媒体和新媒体优势互补,这是当下媒体宣传必须面对并必须做好的课题。浙江宁海传媒集团切实做好内外网三宣联动,积极实施媒体融合传播,全面提升"宁海牛制造"的影响力。从 2020 年 6 月开始至 2020 年 11 月,在浙江日报、浙江新闻客户端、浙江在线、今日宁海、看宁海等省市县媒体开设"宁海牛制造"专栏,刊发报道 30 家"宁海牛企",据不完全统计,全网阅读量超 500 万人次。

媒体融合,精准选题,传播"宁海牛制造"正能量

纵观世界历史,滚滚的制造业车轮推动着人类文明进步。横看神州大地,诸多县域的经济格局,都在传统的制造业基础上架构。宁海凭着"工业立县、工业强县、工业兴县"这十二字真言不断发展壮大工业经济,在当前的形势下,紧紧抓住高质量发展的机遇,不断改革创新、不断自我突破。宁波模具产业园、宁波生物产业园、宁波南部滨海新区、宁波弗兰采维奇研究所等"甬"字头园区集聚县内,"中国模具产业基地""中国文具产业基地""中国汽车零部件制造基地"等国字号基地落户宁海。宁海的制造业,已打造出模具、文具、汽车零部件、灯具和五金机械五大百亿产业,近年又新增生物健康、新能源两个百亿战略性新兴产业。2018 年,宁海工业总产值历史上首次突破 1000 亿元大关。

当前受全球新冠肺炎疫情影响,世界经济形势依然严峻复杂,同样也给宁海的制造业带来了巨大冲击。面对这种冲击,宁海县委宣传部、宁海县经信局、宁海传媒集团联合浙江日报宁波分社精准选题,融合传播,共同推出"宁海牛制造"系列报道。努力推动宁海制造业在危机中育新机、于变局中开新局,向全县企业传递形势再难也要优先发展制造业、任务再重也要集中精力抓制造业、日子再紧也要真金白银帮扶制造业的信念,进一步提振企业的发展信心,同时深入贯彻高质量发展和打造宁波单项冠军之城战略。

从 2020 年 6 月开始至 2020 年 11 月,宁海传媒集团筛选 30 家企业进行

深度挖掘报道，寻找"牛企"的成功密码，传播"牛制造"正能量，以此提振经济信心。同时，积极开展与浙江日报、浙江新闻客户端、浙江在线深度合作，以"一次生产多次开发"的模式，把"宁海经验"推向全省，以充分体现媒体融合的深度、高度和导向。

上下协同，扎实破题，深挖"宁海牛制造"好典型

一个毫不起眼的长尾票夹从宁海走向全球各地，产量居世界第一，国际市场占有率高达80％。这就是宁海的"牛制造"，一个个"小"产品的"牛制造"做出了影响国际市场的"大"格局。

跟长尾票夹一样，好多的"宁海牛制造"都是那么的不起眼。这些"牛制造"不一定在明星企业当中，它们或为业内百里挑一的"单项冠军"、或为名不见经传的"隐形冠军"、或为鲜为人知的高新技术。因此，发现"宁海牛制造"不易，挖掘"宁海牛制造"更不易，做靓"宁海牛制造"尤为不易。

那么如何破解"宁海牛制造"这些不易？关键在于采访过程中要念好"选""挖""思"三字经。

采访前，立足于一个"选"字。在牛制造的报道中，采访企业的选取是至关重要的。首先通过"企业自荐—乡镇推荐—经信局筛选—宣传部确定"这样一个程序，自下而上推选"牛企"的"牛制造"项目。然后经过前期的深入调研，初步形成了汽车零部件制造、装备制造、文具产业等行业龙头企业以及在转型升级方面有可贵经验的中小企业名单。采访对象的选取各有侧重，既有大公司，也有小企业，以避免报道的同质化。如装备制造产业的采访对象选取，采访团经过前期的调研和讨论，选取了宁波如意股份有限公司。该公司是集研发、生产、销售、服务于一体的高新技术企业，一直专注于仓储物流设备制造，经过20多年的发展，该企业生产的产品享誉152个国家和地区，该公司也成为行业的国家标准起草单位，可以说是仓储物流设备制造行业的佼佼者。

采访中，立足于一个"挖"字。如何发现"宁海牛制造"的"牛"，记者采访是关键。作为主力军的记者只有深入企业一线这个主战场，挖掘企业制胜市场的秘诀，才能不辜负总书记提出的"上连党心，下接民心"的殷切期望。在采访第一家"宁海牛制造"宁波斗士油压有限公司时，记者发现该企业在目前疫情背景下，企业订单没有减少，反而逆势增长，而且产品售价还要高出同行二三倍。凭啥呢？记者深入挖掘得知他们之所以能敲开一家又一家企业的大门，是因为有无毛边注射机的"牛技术"，目前为止，全球能做无毛边注射机的企业也只有三五家。

采访后，立足于一个"思"字。发现"牛制造"牛什么牛，不难；找到"牛制造"凭什么牛，不易；而要深度挖掘"牛企"成长的秘诀，更难。记者报道的过程中需要有深度思考。如果报道宁波斗士油压有限公司之所以成功，就是因为有一款无毛边注射机的"牛技术"，那显然太肤浅了。《这家宁海牛企产品售价高出同行二三倍，订单却爆满！凭啥？》这篇报道中写到为了解决橡胶制品那绕不开的毛边，"斗士油压"付出10年的艰辛与成千上万次的失败实验，这才是这家企业最牛的地方。这种锲而不舍的企业精神才是"斗士油压"成功的秘诀，正是记者需要深层次思考的内容。而报道中提到该企业老总"我们不仅仅是想生产橡胶制造装备，更想依靠深入研究应用技术而有底气卖'全新的橡胶注射成型解决方案'"这段话，对其他企业应该有更大的启迪。

三宣联动，全面解题，扩大"宁海牛制造"影响面

在系列报道"宁海牛制造"的过程中，宁海县积极做好社会宣传、新闻宣传和网络宣传三宣联动，全面展开，不断扩大"宁海牛制造"的影响面，有效地做到：一解难题，利用牛企的新思想、新技术、新经验，帮助相关企业解决实际工作中各方面出现和存在的难题和不足；二提信心，帮助受疫情和复杂经济环境因素影响，面临发展困境的企业有效提振发展信心，倒逼企业改革创新、转型发展；三聚人心，运用宣传报道的说服力、影响力，以"牛企"去鼓舞先进，鞭策后进，从而推动企业健康、有序发展；四强产业，通过总结先进企业典型，展现宁海制造业水平，为冠军企业造势，为高质量发展助力，提升宁海制造业竞争力，树立宁海制造新形象。

在三宣联动全面解题过程中，着力做好以下三方面工作。

1. 壮大新闻采访队伍，合力打造制造源

在浙报记者"脚力"不够时，联合在地资源，宁海传媒集团记者积极参与其中，形成浙报记者、宁海传媒集团电视记者、报纸记者、新媒体视频记者、通讯员团队，全方位同步推进"宁海牛制造"宣传，多维度挖掘企业的发展路径。采访组的主要成员由浙报集团记者陈醉、宁海传媒集团记者曹薇燕、县委报道组蒋攀组成，乡镇、部门的通讯员配合。

发在浙江新闻客户端上的"宁海牛制造"系列稿件，最大的亮点是新闻的独家性，又有时间和空间深耕细作，生产的内容优质，可读性很强，不像经济类稿件那么专业性，而是用读者能够接受的语言去写企业类稿件。从新闻标题就可以发现，不存在阅读困难，如《宁海牛制造③｜你造吗？你的打底裤起毛、

鼓包都是因为少了这项黑科技!》。

2. 提炼"宁海牛制造"IP，精心打造发动源

通过打造 IP——"宁海牛制造"，把宁海经验推向全省。当下，任何一个移动新闻端，一天滚动几十、上百条信息都不在话下。但网络传播很难像纸媒那样，用位置来固化和提醒一条稿件的优劣，仅靠霸屏几小时根本无法充分体现优质内容的价值。为此，针对此次企业宣传，"一次生产多次开发"，将独家内容变成独家"IP"。提炼"宁海牛制造"IP，每篇报道标题前都冠以"宁海牛制造"，强化品牌效应。同时，报道在浙江新闻客户端上刊发后，栏目组将图文设计制作成精美绘本，并由中国华侨出版社出版，首印 2000 册。

3. 全面宣传宁海制造，真情打造推广源

融媒体时代，优质内容"酒香更怕巷子深"。移动端新闻传播都有 24 小时黄金期，即新闻点击量主要来源于发稿后的 24 小时之内。为此，宁海县委宣传部发挥机关内部群资源，积极扩散，把传播效应最大化。

"宁海牛制造"栏目报道中推出的多篇稿子被传媒集团评为月度好稿，有的还被上级其他媒体转载。"宁海牛制造"系列报道还获得 2020 年度宁波新闻奖重大主题报道策划创新奖。最近，央视社教节目中心科教频道《时尚科教秀》栏目聚焦"宁海牛制造"，专程来宁海采访拍摄宁波腾浩电子有限公司生产的一款智能折叠凳。央视采编组还希望有更多的"宁海牛制造"可以推向全国，推向世界。

"宁海牛制造"系列报道一经推出就受到社会各界的关注，尤其是企业界，有的毛遂自荐，有的通过乡镇（街道）或经信等部门推荐，要求我们给予报道。同时，"宁海牛制造"系列报道在相关会议上得到了宁海县委书记、县长以及管工业副县长的表彰，县委县政府领导也要求继续挖掘更多的先进典型。因此，在先期报道 30 家企业之后，从 2022 年 3 月份开始，后续报道又推出了 12 篇，涉及光通信、机器人、先进制造设备等行业，从目前情况看势头良好。

"牛制造"系列报道的刊出，有效提振了企业的发展信心，为不少转型发展中处于迷茫状态的小企业照亮了前进的方向。如德科精密从普通模具转型精密模具制造，并不断升级管理系统，让企业实现了从"制造"到"智造"的提升，成为宁海中小企业的楷模。天虹文具专攻自动卷笔刀等细分领域，短短几年时间，从市场红海中突围，为其他传统文具企业发展提供了借鉴。2020 年，新冠肺炎疫情暴发的当年，宁海产业创新升级步伐加快，推动个转企 199 家，规上工业增加值增长 5.5% 以上，在县域高质量发展排名中获全省第一、全国第八的好成绩。

在乡村振兴广袤领域推进媒体融合转型发展

浙江省衢州广电传媒集团　胡育庆　卢琳慧

　　浙江省衢州市广播电视台近几年来深化部署媒体融合转型发展,加快集团"中央厨房"建设,推动新闻资源共享与新媒体首发,进一步提升媒体传播质量,共通互融、合力打造新型主流媒体。其中新成立的乡村振兴融媒体中心在成立两年时间里,就成功获评 2021 年全国广播电视媒体融合典型案例(全国仅 15 例)、2021 长三角广播电视媒体融合典型案例,成为媒体转型融合发展,助力乡村振兴、奔向共同富裕的创新案例之一。

一、项目实施的背景及取得的实绩

　　党的十九大擘画了乡村振兴宏伟蓝图。乡村振兴,关键在人。如何激发人的活力?衢州市创新开办乡村振兴讲堂,破题新时代农村党员群众教育管理工作,以此推进乡村振兴之五大振兴。

　　在这个背景下,2019 年 9 月,衢州市委组织部和衢州广电投入专项资金1000 万元联合打造乡村振兴融媒体中心,主要负责运营乡村振兴全媒体智慧平台。作为全市乡村振兴讲堂的"智慧大脑",融媒体中心探索利用智慧化手段,联通党员群众需求端和教育服务供给端,全媒体推送乡村振兴系列节目及相关服务。总体目标是立足服务农村群众、教育农村党员、活跃农村生活,积极探索实践用媒体融合的力量助推乡村振兴。主要亮点表现在以下几方面。

　　体制机制创新。乡村振兴融媒体中心由衢州市委组织部联合衢州市广播电视台共同建设,共同保障平台的长期稳步运营。目前,中心共有 28 名工作人员,下设采编部、技术部、短视频部、活动直播部和项目部,主要服务于乡村振兴全媒体系列节目内容生产,乡村振兴讲堂课件制作、讲师供给、技术研发、数据监控等。

　　技术手段创新。乡村振兴融媒体中心按照"融合共享、全域覆盖、便捷高效、数字管理"的要求,构建"一心多端、一库多云"的全媒体智慧平台,实现全媒体推送乡村振兴系列节目。另外,技术部创新打造讲师预约系统、大数据分析统计平台、安全保障网络三大系统,通过技术手段采集全媒体智慧平台产生的海量数据,实现学习数据、积分数据、考评数据、服务数据等各类数据的云端存储、云端互联,有助于融媒体中心分析评判数据,从而提供更符合用户需求的服务内容。

内容服务创新。依托衢州市广播电视台"无线衢州"App,开创线上乡村振兴讲堂版块,围绕"三个主、大集成"("主题教育主阵地、乡村振兴主平台、基层治理主载体"和打造乡村振兴政府服务供给侧改革系统集成平台)的功能定位,把党员教育、乡村振兴、基层治理、集成服务作为核心内容,统筹各县(市、区)开发"乡村振兴讲堂·村情通",实现数据互通、资源共享。同时,根据社会热点和群众关注度,开设"空中课堂""讲师团""8090 宣讲课"等栏目,推送《群雁村播》《头雁谈振兴》《村社党组织书记谈治理"云讲堂"》等一系列群众喜欢、接地气的活动。在疫情防控期间,融媒体中心以"云专栏""云课堂""云服务""云卖场"等多种"云平台"助力疫情防控、服务复工复产,其中录制的 50 余部空中课程同步共享至省农业农村厅"浙农云"平台,实现全省共享。

乡村振兴融媒体中心能够提供全媒体信息资源,围绕"乡村振兴"主旋律,举办线上线下活动,开展农民教育培训,激发产业发展活力,活跃农村文化生活。比如在培训管理方面,平台推出的"讲师团"功能平台已经上线了 3300 名讲师。根据讲师的主讲领域,将课程分成了思想政治、产业发展、创业知识、文化素养等 10 大类,供群众按需点单选课。用户可以在平台查看每位讲师信息,并预约讲师前往该村的乡村振兴讲堂线下授课。

在近两年直播带货的浪潮下,融媒体中心还与政府部门合作,通过开展讲堂授课、农民直播活动等形式,激发衢州本土村播活力,促进当地电商事业发展。比如衢州市柯城区创业青年徐晓华在直播带货之初,没有经验,没有团队,起步艰难。在几乎要放弃时,他通过乡村振兴讲堂的村播培训课程和政策支持,慢慢成为小有名气的网红主播。特别是 2020 年疫情防控期间,他参加了"'疫'呼百应 村播助农——全国百名主播为衢州柑橘加油"活动,2 个小时就卖出了 40 万斤衢州椪柑。如今,徐晓华也成为一名乡村振兴讲堂的讲师,经常走进讲堂给乡里乡亲分享直播技巧,帮助了 100 多位农户和创业者提升技能和经验。

目前,乡村振兴融媒体中心实现全媒体推送党员教育、乡村振兴系列节目,覆盖全市 1438 个乡村振兴讲堂、7.8 万名农村党员和全市域农村群众。截至 2021 年底,乡村振兴融媒体中心上传各类精品课程 1200 多部,上线讲师 3700 多名。自平台上线以来,全市乡村振兴讲堂已开课 9 万多节,参课人数

575 万多人次,被预约讲师达 2 万多人次。

借助乡村振兴融媒体中心搭建的电视宣传、新媒体 App 推送、视频及图文直播、短视频等多种形式,开展了多次商业直播、品牌营销、优质农产品推荐、乡村特色休闲旅游推广等活动,得到了社会各界的高度认可。

二、项目实施在媒体融合发展方面的探索

乡村振兴融媒体中心项目建设是衢州广电在媒体融合发展方面的一次探索。根据习近平总书记关于媒体融合发展的重要论述,以及国家广电总台出台的相关意见,融媒体中心项目在成立之初就明确目标定位,以内容建设为根本、先进技术为支撑、创新管理为保障,将自身建设融入全台的媒体融合发展中,积极拓展媒体融合应用服务,产生了一些积极影响。

一是优化了传播平台,乡村振兴融媒体中心按照"中央厨房"理念,整合无线衢州 App、电视广播、户外大屏等"十二大展示平台",坚持一次采集、多种生产、多元传播。除了常态化节目制播推送,融媒体中心利用自身优势,多次承办大型直播活动,增加了移动端的用户发展。2020 年 7 月 17 日,承办了衢州市"村社党组织书记谈治理"云讲堂活动,线上收看量达到 27 万人次。2021 年 1 月 4 日,融媒体承办了衢州市"村社主职干部新年第一课"云讲堂活动并进行"云直播",线上收看量超过 40 万人次。

二是增强了服务内容,打造"媒体＋教育培训""媒体＋基层治理"等多元业务。主要表现在乡村振兴融媒体中心与衢州职业技术学院合作,开设"讲师团""精品课程"等线上服务功能,为衢州党员群众精准提供教育培训服务;与全市六个县(市、区)架构起"乡村振兴讲堂·村情通",推出贴合农村基层群众的网上办事版块,衢州农村涉农服务事项 100％实现"一证通办",90％以上服务事项实现"掌上办理",推动"最多跑一次"改革在农村领域的延伸,让智慧广电成为基层治理的重要信息化手段、连接党群的重要数字化桥梁。

三是健全人才队伍。媒体融合需要推动全媒体人才队伍建设,深化增强"脚力、眼力、脑力、笔力"教育实践工作及全媒体采编制作能力的培训,提高政治能力和专业本领。融媒体中心实行扁平化管理,要求采编人员一岗多能,既能采编电视新闻稿件,也能运营 App 稿件和短视频、直播活动等。通过日常业务的锻炼和专业培训,中心锻造了一支相对稳定的人才队伍,助力全台的媒体融合业务发展需要。

三、项目实施的经验及思考

推动媒体融合发展是新时期党中央提出的重大战略部署，是一段时期内媒体发展的主要方向和目标。衢州市广播电视台作为地市级主流媒体，深刻把握新形势新变化，紧紧围绕中心工作大局，准确把握"乡村振兴"目标定位，适时成立乡村振兴融媒体中心，推出乡村振兴媒体端系列服务，打响"乡村振兴"地方媒体IP，深受党员干部和农村群众的好评。主要有以下经验与启示。

1. 围绕中心工作顺势而为

衢州市广播电视台主动顺应事物发展之"势"，根据"乡村振兴"这一国家战略，创新设立乡村振兴融媒体中心，立足服务农村群众、教育农村党员、活跃农村生活。因此，该项目得到了市委、市政府的大力支持，不仅获得了项目建设的专项资金，还和衢州市农业农村局、衢州乡村振兴学院以及各县（市、区）、乡镇府等取得有效合作，顺利整合人力、场地、培训教材等多方资源，确保项目在线上线下的长期稳定运营。此外，该项目的推出在很大程度上满足了当前广大群众对技能培训、创业指导、产业发展等方面的渴求，使项目在推广应用阶段具有较高的普及率和影响力。

2. 擅用技术手段融合创新

先进技术是驱动和支撑媒体深度融合发展的关键要素。乡村振兴融媒体中心在发展过程中，深入实施智慧广电战略，打造智慧广电媒体。构建"一心多端、一库多云"的全媒体智慧平台，智慧平台以研发后台管理平台作为指挥核心，联结手机屏、电脑屏、电视屏、户外大屏、展示大屏等全媒体宣教平台终端设备，实现各终端平台的同步更新、联动推送、数据联通。通过技术手段对平台的海量数据进行云端存储、分析研判，从而掌握乡村振兴讲堂运营情况，推进项目智能化运作。

3. 聚焦目标用户精准服务

乡村振兴融媒体中心坚持以人民为中心的工作导向，充分发挥广电媒体作为党和政府联系群众的桥梁纽带作用，生产和传播群众喜闻乐见的精品内容。根据社会热点和群众关注度，开设相应专栏，组织开展活动，让广大群众理解了方针政策，学到了就业技能，丰富了精神生活。在浙江大力倡导数字化改革和"最多跑一次"改革的战略部署下，融媒体中心还和衢州市营商环境建设办公室对接，分析衢州农村地区的办事情况，架构起乡村振兴政府服务供给侧改革系统集成大平台，汇总农村群众的高频办事需求和难点，利用技术化手段推进 90％以上政务服务事项不出村就能办理,进一步增强群众获得感。

该项目的实施顺应了"媒体融合"战略和乡村振兴战略的发展需求。一方面,通过运用大数据、云计算、移动互联网等技术,融合吸纳了传统媒体和新媒体的优势,深度促进台网融合;另一方面,该项目为乡村振兴发展助力,具有较强的政治性、创新性。从近两年的实践来看,中心已经拥有较为完善的体制机制,组建了一支稳定有力的媒体融合队伍,能保障项目长效运营,实现可持续发展。

接下来,我们将在内容供给、人才培养、技术支撑、经营创收能力等方面整合资源、再接再厉,努力探索富有地方特色的媒体融合新范式。一是要守正创新,做优内容供给。立足自身特色定位,从创作生产的源头发力,打造一批乡村振兴精品节目,做强做专内容输出,同时吸引用户参与新闻信息等内容生产传播。特别是围绕"共同富裕"战略要求,深入生活、扎根人民,做好方针政策宣传,聚焦衢州"三农"发展,推出广大群众关心关注的优质内容。二是要强化技术,提升用户体验。围绕中心工作任务、贴近群众实际需求、符合业务发展需要等多角度去适时调整平台功能版块,让用户体验更便捷、互动性更强,也更便于内部数据储存、分析和管理。三是发挥优势,扩大品牌影响力。从项目谋划到落地推进,融媒体中心在衢州地区已经初步打响了品牌,但影响力还不够。要基于全市 1438 个乡村振兴讲堂的实体化运作,以及市委组织部门、衢州职业技术学院、各乡镇党委政府、县级媒体单位等合作对象的资源整合,打造一支乡村振兴"拍客团",制作一批乡村振兴精品教材,举办几次乡村振兴系列活动,通过线上线下持续发力,进一步扩大乡村振兴融媒体中心的品牌知晓度、影响力,为"乡村振兴"这个大课题提供地方媒体融合力量的实践案例。

特色＋内容＋形象：
对于地方媒体微信公众号提升
账号影响力的思考

浙江省衢州广电传媒集团

全媒体新闻中心　姜　丰　朱　定

2012年8月,微信公众号正式上线,发展至今,几乎成为所有传统媒体转型新媒体的"标配",许多政府部门也紧跟互联网潮流,开设了微信公众号。据衢州市委网信办统计数据,截至2022年5月,衢州微信公众号共有1152个。

自2020年9月开始,衢州市委网信办定期发布新媒体"活力指数"榜单。榜单依托清博指数—新媒体大数据平台,以月为单位,对衢州政务微信影响力和衢州媒体(含自媒体)微信影响力进行排行。衢州广电传媒微信公众号一直位列较前。

如何在市场逐渐饱和以及竞争激烈的情况下提升账号影响力,稳固并增加阅读量?本文以衢州广电传媒微信公众号为例,对地方媒体微信公众号如何提升账号影响力进行思考和探讨。

一、衢州广电传媒微信公众号传播效果分析

2022年1～5月衢州广电传媒微信公众号共发稿388条,平均阅读量10403人次,破万稿件114条(3万＋30条,5万＋7条),位列清博指数衢州地区新闻媒体类前列。通过对公众号阅读量过万的稿件进行分析,得出以下结论。

1. 热点新闻及时首发易获高流量

2022年3月6日,衢州突发疫情。衢州广电传媒微信公众号第一时间快速准确发布权威信息,疏导群众情绪。首发的疫情相关稿件均获得较高的阅读量,如3月14日推送的《活动轨迹发布!关于衢江区发现1例新型冠状病毒肺炎确诊病例(轻型)的情况通报》阅读量超8.3万;《柯城区、衢江区疫情防

控应急响应等级由Ⅰ级响应调整为Ⅱ级响应》阅读量超 7.7 万。此外,有特定主题的新闻报道也自带流量特质。除了疫情外,新建大项目、消费券投放等社会热点事件,周迅、金庸等名人效应,下雪、暴雨等突发天气情况等都能引起市民关注,从而获取不错的阅读量。例如 2022 年 2 月 11 日推送的《明早 10 点开抢! 2000 万消费券来了~》和 5 月 19 日推送的《衢州这所全新的初中将于 2022 年 9 月投入使用! 环境、师资如何? 看过来~》两篇稿件阅读量均近 2 万;2021 年 12 月推送的《"衢州话 YYDS"! 快看周迅这段完美演绎》破万,《衢州下雪啦! 多地迎来今冬第一场雪,准备好刷屏~》破 3 万。遇到该类自带流量的主题稿件,可以提前准备抢全网首发,必将获得 1＋1＞2 的良好效果。

2. 优质新闻二次编发也可成爆款

新媒体平台在对新闻进行"二次传播"前,要依据受众的阅读动机、阅读条件和阅读习惯等方面的差异,以不同的传播方式对新闻事实进行再传播。例如,衢州市新型冠状病毒肺炎疫情防控工作领导小组(指挥部)办公室 4 月底发布了《关于进一步做好常态化新冠病毒核酸检测工作的通知》,衢州广电传媒微信公众号通过对文件的梳理、解读,在 5 月 1 日以问答加图表的形式推送了《衢州:27 类重点人员一天一检,其他人员五天一检……这些热点问题,有答案了》。虽然稿件不是第一时间推送,但因为抓住了市民最关心的热点问题及信息量充足,获得了 4 万＋的阅读量。稿件《关闭! 暂停! 限流! 衢州各县(市、区)多景区、民宿发布公告》在发布之前,各地公众号已经陆续推出当地的防疫政策信息,我们对其中的信息进行筛选,以用户关心的景区出行角度进行二次编发,取得了破万的阅读量。稿件《超强阵容! 钟南山、张伯礼、张文宏等大咖云相聚衢州承办的这场盛会~》中涉及的内容,当天已在"无线衢州"App进行图文滚动播出,微信提炼出直播中的关键新闻价值,重新编发,也获取了很不错的阅读量。

3. 用好视频号增粉引流

2020 年 7 月份,衢州广电传媒微信公众号上线了视频号,通过半年多的运营,收获了第一条 100 万＋的短视频。2021 年 3 月,第九届"最美衢州人"十大年度人物颁奖典礼现场,4 位抗美援朝老兵作为抗美援朝出国作战的志愿军代表上台领奖。领奖过程中,93 岁的老兵余元利在接受主持人采访时,现场演绎了《中国人民志愿军战歌》,动情之处,他突然匍匐向前展现出战斗英姿。记者敏感地捕捉到这一新闻爆点,立刻近距离完整拍下这一刻的动情画面，并以最快速度将视频回传，与后台值班同事对接，通力合作，第一时间将直播画面与现场拍摄的近距离视频剪辑成短视频，于当天21：20在无线衢州抖音号、衢州广电传媒视频号全网首发，之后相继在无线衢州快手号等各大短视频平台分发。当晚视频号点赞量达7.1万，点击量240.2万＋。视频也引爆全网现象级关注，被人民日报、新华社、央视、美丽浙江等一批主流媒体相继转发，浏览量达2个亿。之后，衢州广电传媒集团全媒体新闻中心在短视频创作上持续发力，不断推出优质作品，到2022年4月，视频号共有100万＋视频5条，10万＋视频24条，成为增粉引流的"利器"，也提升了账号的影响力。

4. 互动性让受众成为传播者

网络新媒体时代，衍生出很多信息交互方式，受众可主动参与到新闻传播过程中，凸显了受众的传播参与性意识与主体性意识，使得新闻社会价值得到最大化发挥。例如，2021年12月1日，微信公众号发布《22位候选人公示！谁是你心中的第十届"最美衢州人"？》一文，收获了4万＋阅读量。《第二十一期电视问政〈请人民阅卷〉节目将于本周日录制，对政府部门服务满意不满意，请你来评判！》收获了近10万的阅读量。在互动性新闻传播新模式下，部分受众成为新闻的传播者，他们的二次传播让微信公众号阅读量上了新台阶。作为传播者，我们可对受众的发言进行回复，并对受众评论信息进行归纳总结。

二、微信公众号运营中存在的问题

衢州广电传媒微信公众号从2015年6月上线运营至今已经7年，累计关注人数近30万。随着大量传统媒体涌入微信公众号市场以及自媒体信息爆炸，微信公众号的运营难度越来越大，一些问题也逐渐突显。

1. 与同类媒体区分度低

地方媒体的微信公众号，如果定位相近，则会出现发布内容过于类似，区分度低的情况。衢州本地两家官方媒体的微信公众号以及客户端，均定位于发布衢州当地重大新闻事件。当内容原创度不够且发布同类信息的时候，读者只会在两个媒体中择其一点击阅读，导致读者群被分流，阅读量无法提高。

2. 功能单一，用户黏性低

通过微信后台数据分析，目前，衢州广电传媒微信公众号主要为内容运营，90％的精力放在推文的写作。除此之外，用户运营仅仅停留在回复读者留言、在推文末给读者提出互动问题等，形式比较单一。在活动运营方面，没有系统的排期。多数粉丝订而不阅，导致微信公众号整体打开率下滑。

三、提升微信公众号账号影响力的思考

1. 加强自身特色建设

微信公众号新闻采编工作绝非简单进行新闻信息搜集、整理或新闻写作、发布，而需要站在受众的角度思考，挖掘出最吸引大众的新闻切入点加以放大，不能只就事论事。因此，公众号需要通过新闻视角选择、内容深加工等方式，加强自身特色建设，形成品牌区隔，建立起用户忠诚度。例如，做实做细短视频内容，以短视频＋文字的形式，形成公众号的独特风格；融入生活资讯查询，让用户离不开、忘不了、想得到、用得到；在平台中融入大型活动、音乐会报名入口，提升粉丝活跃度等。

2. 积极发挥先天优势

在短视频创作上，"背靠大树"的衢州广电全媒体有着"天时、地利、人和"的先天优势。一是衢州广电拥有一批视频制作的专业人才团队。他们极具新闻敏感性，又熟悉各类视频生产的流程，并擅长于视频的策划、拍摄、后期制作等。二是获取第一手采编信息资源的优势。作为地方广电媒体，有大批的政务资源，拥有第一时间了解当地党委政府和各行业部门的信源，这也是广电的核心优势和竞争力。三是作为专业媒体的权威性、影响力、引导力和公信力。如能整合好资源，利用自身优势，抓住媒体融合发展的机遇，必能通过打造更优质的短视频，为公众号吸引更多受众。

3. 寻找与粉丝有契合度的内容

只有寻找最适合的内容，才能匹配到高黏性"真爱粉"。对公众号来说，确定选题前首先要摸清用户口味，可多选使人好奇、令人怀疑、让人想学，或是服务、突发类的新闻；在编辑时，需要替用户省时间，挑出最有用的信息，例如，文章要短，有图有真相，最好有视频，动图更佳，重要的资讯要变色放大，让受众在打开公众号时能拥有一个良好的阅读逻辑；在文章发布后，也要第一时间组织引导评论，让评论区的用户活跃度提高，并及时回复留言进行互动，让用户有存在感。

4. 塑造拟人化品牌形象

品牌形象是受众了解该品牌的窗口。微信公众号的品牌形象大多由能突出公众号特色的小模块组成，如公众号名称、头像、功能分布与自定义菜单等。但同类的商品或服务，其品牌形象往往趋于相似。所以，树立自己独特的品牌

形象就非常必要。在此情况下，将品牌形象拟人化不失为一个好方法。例如腾讯新闻的微信公众号就非常成功地塑造了"新闻哥"的品牌形象。

　　衢州广电传媒微信公众号也自创了"广电女汉子"的卡通形象，取代单一的"小编"形象，将公众号拟人化。今后，或许可以将"广电女汉子"的卡通形象运用在微信版面设计、表情包、线下活动等方面，不仅能够突显衢州广电传媒微信公众号的独特性，同时也让用户有记忆点及产生亲切感。

优机制 精选题 重创意：
优质短视频品牌"影像 24 小时"的培育路径

余杭区融媒体中心　冯旭东

作为融媒体时代最主要的互联网内容传播方式之一,短视频已经成为我们日常生活的一部分,但主流化、专业化、精致化的优质短视频依然是稀缺品,互联网对于能引领价值导向的短视频优质内容需求缺口仍然很大。

从 2019 年起,余杭区融媒体中心聚焦优质内容生产,倾力打造"影像 24 小时"优质短视频品牌。当时的初衷很简单,就是想模仿"二更"短视频内容生产平台创作一批有调性的短视频,用影像留住时代记忆,并为年度创优储备作品。在过去的两年间,"影像 24 小时"共孵化了创意类短视频、新闻类短视频、短纪录片、公益广告等作品 30 余件,获省级以上奖项 16 个,其中一等奖 6 件。两年多的创作和培育还处于探索阶段,实践还不够充分、全面,但创新突破的路径逐渐清晰,下面和大家一起分享我们的心得体会。

一、尊重规律,构建激发创造力的创作机制

县级融媒体中心每天承担大量指令性程序式的宣传任务,视频创作者很容易陷入疲于奔命的状态,无法享受创作带来的美好和愉悦。简单重复的劳动、流水线式的作业大大消磨了创作精力和创作热情。应该说,县级媒体机构缺的不是优质内容和优质内容的生产能力,缺的是生产优质内容的时间和精力,这是我们身处基层媒体所面临的一大困境。

2018 年夏天,我们独家挖掘了独腿外卖小哥王建生的励志故事,尽管推出了各类融媒作品,但年底创优时竟然敌不过一条由社会影视机构创作的短视频。我们梳理分析,问题出在创作机制:最好的编导、文案、摄像、制作散落在各个部门,无法快速形成最强创作力。于是中心组建了短视频部,从各部门抽调优秀骨干,主攻优质短视频创作。

目前,"影像 24 小时"团队核心成员包括编导、摄像、制作共 5 人,平均年龄不到 30 岁,是中心唯一一个由主要领导直管的创作团队,也是中心唯一一

个被"养起来"的创作团队。在日常运行中，团队不参与绩效考核，平时拿平均奖，每年完成 15 条左右的短视频，年底按照作品影响力和创优情况进行奖励。中心除少量交办的任务外，一不下任务指标，二不出命题作文，三不拘泥于朝九晚五的工作方式，给创作团队充分自由的创作空间和无限宽松的创作环境。摆脱了时间和精力的束缚后，这些成员对短视频创作产生了一种近乎疯狂的热爱。大量观摩优秀案例，随时进行头脑风暴，碰撞创意火花，对优质题材的创作更是不计投入，精耕细作，追求极致，创作力得到极大的激发。

二、精准选题，打造有深度解读力的作品气质

"影像 24 小时"的人员精干，产量不高，在运行中更加注重单件作品的成功率，尽量减少无效、低效劳动。主创人员把大量的时间精力花在题材的收集和选择上，创作方案不成熟则不轻易动手。中心则及时整合采访端的报道资源，精选出重点选题交创作团队梳理、分析、论证。目前在选题上主要把握三条标准。

第一条标准："三小三大"，即小切口反映大主题、小故事展现大情怀、小人物映衬大时代。要求作品更多关注不同社会群体，用平凡而鲜活的故事展示好宏大壮阔的时代画卷，努力呈现个体经历与时代变迁、个人体验与集体情感的同频共振，让作品成为观察和解读时代的一扇窗口。2021 年 10 月，《生物多样性公约》第十五次缔约方大会领导人峰会在昆明举行，加强生物多样性保护迅速成为热点话题。如何阐释生物多样性保护的重大意义，创作团队从多个选题中锁定了一个长期扎根山区从事生物多样性调查的年轻群体。吸引我们创作的是这个群体三个显著特征，一是年轻，有梦想有情怀有担当；二是务实，有曲折有故事有成效；三是独立，有独到的理解和感悟。《是谁路过我的相机》整个片子从"新发现国家一级保护动物黑麂"切入，到保护者"众生平等，每个生灵都有一个自由的灵魂"的感悟收尾一气呵成，以年轻一代的视角来展示中国重视生物多样性保护的责任与担当。

第二条标准：人物必须个性鲜明，在思想、情感及表达上有不同于他人的特质。平凡人物的喜怒哀乐、内心冲突、情感挣扎，是表现人物形象最基本的元素，也是人格中最具传播价值的一部分。具有人格特质的人物是短视频创作可遇不可求的，老兵舒萍是其中一个。2019 年底，我们出发去平均海拔4000 米以上的西藏日喀则，记录一个名叫舒萍的老兵和他在部队的最后 10天。吸引我们创作的，不仅仅因为他是杭州武警中队整建制移防到西藏 11 年后坚守最久的一位老兵，更在于前期他和编导在电话、微信中的交流颠覆了我

们对军人这个特殊群体的传统认知。纪录片用大量的生动细节刻画了血性胆气、家国情怀、幽默开朗、多愁善感这样一个性格充满内在矛盾性但又是活生生的真实的人物形象。有评委评价"这个片子让我们看到了一棵种在西藏的树,枝蔓向上,随时迎战狂风暴雨,根基向下,牢牢守住边疆国土"。《老兵舒萍》的成功很大程度是在于人物的鲜明个性,因为真实,所以深刻。

第三条标准:作品的语态和形态富有创新表达的空间,存在借助互联网传播实现作品"破圈"的可能性。互联网是短视频传播的主渠道,这决定了短视频在选题之初就要考量能否用好互联网思维,让作品更多体现互联网的传播要素。疫情之下,在最大的杭派女装生产基地"时尚云村",许多靓丽时尚的女老板从幕后走到镜头前,化身主播直播带货。我们在确定选题时对创作方向进行重点设计,通过设置"什么是网红、怎么看待网红直播"等议题增强用户交互性;通过植入女装新款的展示为年轻女性用户提供有用的着装信息;选择平台粉丝量大、颜值气质俱佳的女主播作为核心人物,增强视听语言的年轻化、网络化。《时尚云村里的女主播》一周的网络阅读量超 200 万,我们在评论区看到许多关于评价主播个性形象、服装设计风格等与作品主题无直接关联的信息。

三、创意表达,实现更具穿透力的价值传播

热衷于个性化表达的互联网用户对同质化的产品极易产生审美疲劳,这个群体对创意传播有着很高的期待值。作为新闻人,急需通过创意表达为核心价值观的传播赋能,让作品产生强大的传播力和穿透力,更好满足互联网用户的创意期待。

"影像 24 小时"坚持"无创意、不传播"和"多实验、不重复"的创作理念,尝试对短视频文案、画面、制作、音乐等各种构成元素的重新组合,努力让每个作品呈现个性化的表达。

在自述式 Vlog 盛行的时候,我们提出 Vlog 即时创作发布实验。援鄂医护人员即将返杭,编导提前两天远程传授手机拍摄要领,每隔 1、2 个小时指导护士徐梦薇记录并回传拍摄素材。创作团队 24 小时不间断制作,剪辑方案反复调整,硬是从 120 多分钟的素材中剪出 6 分钟时长的视频。当徐梦薇从机舱传回最后一个画面,这条名为《回家》的视频迅速生成发布。等徐梦薇抵达萧山机场再次开机,这条短视频已经刷爆她的朋友圈。

音乐是情感的催化剂,也是传播的助推器。编导把音乐作为创意表达的重要元素进行重新设计,在短视频《我不是牛肉西施》中,编导在开篇就将凌晨

1点生鲜肉批发市场里光着膀子的屠夫、成批堆积的肉类与身材较小、皮肤白皙的姑娘形成视觉上的对比，并配上高雅的歌剧强化反差和割裂，为人物出场设置了悬念，引发观众的好奇和关注。而短视频《你要跳舞吗》的创作初衷则是试图通过音乐来调节疫情之下人们沉重与压抑的心情状态。编导找到歌颂生活、表达热爱的摇滚音乐后，邀请青山村新老村民共同演绎。短视频大量传播，让外界对未来乡村建设有了新的解读，这是编导没有预料到的。

两年多来，创作团队在创意表达上开展了全方位的尝试，比如，给每件作品提炼走心的形象标语，升华作品传递的温度，努力与用户形成情感上的共鸣。比如，借鉴优秀短视频的表现形式，在不同主题下进行再创作，形成新的传播效果。坚持脑洞大开，做有趣有意义的作品，最终促成用户点赞和传播的提升。

关于县级融媒体中心建设的若干思考

临海市新闻传媒集团　陈基臣

习近平总书记一直以来非常重视媒体融合工作,并一直亲自推动和部署这项工作。2018年8月21日在全国宣传思想工作会议上,总书记提出了"要扎实抓好县级融媒体中心建设,更好引导群众、服务群众";11月14日,中央全面深化改革委员会第五次会议通过《关于加强县级融媒体中心建设的意见》;2019年1月15日,中宣部和国家广电总局联合发布了《县级融媒体中心建设规范》。同时,中宣部要求2020年底基本实现县级融媒体中心在全国的全覆盖。县级融媒体中心建设在全国全面铺开。浙江已经全面完成了县级融媒体中心的挂牌。

一、县级融媒体中心建设的必要性

(一)加强新时代基层宣传思想阵地建设的需要

建设县级融媒体中心,有利于加强和改进基层宣传思想工作,打造做群众思想政治工作的重要平台,有助于把基层百姓所需所盼与党委政府积极作为对接起来,把服务延伸到基层、问题解决在基层,切实推动基层宣传思想工作强起来;有助于提高基层党委政府组织用网治网水平,提升新闻舆论传播力、引导力,不断增强社会主义意识形态的凝聚力。

(二)媒体融合发展大势的需要

随着网络的发展,新兴媒体迅速崛起。据中国互联网络信息中心(CNN-IC)发布的《第47次中国互联网络发展状况统计报告》的数据,截至2021年12月,我国网民规模达9.89亿,互联网普及率达70.4%,手机网民规模达9.86亿,网民手机上网比例达99.7%;网络新闻用户规模7.43亿,手机网络新闻用户规模7.41亿。新媒体已经成为很多民众特别是年轻人的第一信息源。舆论生态、媒体格局、传播方式等都已经发生了根本性变化,传统媒体要想在互联网大潮中生存,变革在所难免,与新媒体融合更是大势所趋。

（三）引导群众、服务群众需要

习近平总书记强调，"各级党政机关和领导干部要提高通过互联网组织群众、宣传群众、引导群众、服务群众的本领"，提出县级融媒体中心建设要遵循"引导群众、服务群众"的根本性功能。2018年9月，中宣部在浙江省长兴县召开县级融媒体中心建设现场推进会上强调，要努力把县级融媒体中心建成主流舆论阵地、综合服务平台和社区信息枢纽，满足基层群众对美好生活的向往和追求。

二、县级融媒体中心建设的现状和问题

县级融媒体中心建设是打通基层宣传"最后一公里"的关键。目前，县级融媒体中心建设在全国已经基本完成。以浙江为例，全省90个县市区基本建立了自己的融媒体中心，但是由于各地经济社会发展状况存在差异，融媒体建设水平和层次各有侧重，也面临诸多问题。

（一）融合模式各异，融合不充分

浙江融合的模式大体有这么四种：一是把原有的广播电视台和报社合并成立融媒体中心；二是把原有的广播电视台、报社、网站合并成立融媒体中心；三是把原有的广播电视台、报社、网站和报道组整合成融媒体中心；四是把新媒体和报社合并成立融媒体中心。融合后运转得比较好的县级融媒体中心并不多，比如浙江长兴、安吉等由于融合早、运行机制灵活、媒体经营收入好，整体运转比较良好。很大一部分县级融媒体中心还只是简单的相加，改革还停留在浅层，融合并不充分。

首先，报社、广播、电视、新媒体、报道组由于原来运行体系的差异、人员结构的差异、采编习惯的差异、薪酬体系的差异等，合在一起后，很难找到平衡点，真正做到资源共享还有差距。

其次，媒体融合只在县级层面进行，地市级、省级还未融合，要求不同，标准不同，对接无法统一。

（二）技术标准不同，使用不便捷

县级融媒体中心建设总体上要求"一省一平台"，但由哪家媒体来主导建这个平台，却是一个颇有分歧的问题。省报、省台都建有自己的技术平台但各有特色。在浙江，有选择浙江卫视"中国蓝云"的，有选择浙报集团"天目云"的，也有选择同新华社合作建"中央厨房"的，更有"中国蓝云""天目云"都建的。各个平台间由于采用技术标准不同，并不能相互打通。各地"中央厨房"

基本是标配,但是使用率极低。为什么呢?一是使用不方便,二是针对性不强,三是兼容性不高。

"中央厨房"系统的本意是实现素材流转,资料共享,但是在县级媒体,"中国蓝云"侧重适用于电视,"天目云"侧重适用于报纸,不管用哪个技术建的"中央厨房",报纸系统和电视系统素材流转是存在问题的,更不用说新媒体系统了。

在县级媒体,只是实现简单的素材流转、共享是没有多大意义的。我们报纸、广播、电视、新媒体的新闻栏目设置相对简单,人手紧张。记者把采访到的素材都导入"中央厨房",再分发到各个平台,广播端、电视端、新媒体端拿到的只能是原始素材,还得花时间把素材下载下来,放到各自的系统去做成品,费时费力。现在很多工具都能很便捷地实行这个功能。

(三)机制体制放不开,引才留才难

县级媒体是具体执行部门,没有自主改革的权限,用人、分配、激励、业务决策等均需县市级层面或其他上级相关部门的授权或许可,而在这些部门的工作部署中,县级台往往处在视野的边缘,导致体制机制改革的末端梗阻,落地难,突破更难。

另外,各地县级媒体单位性质复杂,广播电视台和报社的性质都不一定一样。如我们临海,广播电视台的性质是全额事业单位,报社是自收自支事业单位,下属网络公司属差额事业单位,合并成立集团后,原来的人员身份还是原来的性质。财政除了每年给固定的1000多万元外,其余都需要集团自己解决,而且是按照事业单位的管理模式来规范。用人、分配、激励基本框死,没有多少自主权,做不到真正事业单位企业化管理。

在目前的媒体环境下,用人、分配、激励等机制不放开,引人、留人就是一句空话。就以我们临海新闻传媒集团为例,2018—2020年,由于考编、待遇等因素,2019年1月至2021年10月期间新闻线人才派遣员工离职21人,网络公司员工40人。2021年新闻线人才派遣员工离职6人,网络公司员工11人。

(四)数字化统一集成,产业拓展难

中央的目标是把县级融媒体中心建成主流舆论阵地、综合服务平台和社区信息枢纽。在我们浙江,由于数字化改革的需要,所有的政务、服务端口统一集成到"浙里办",县级媒体手机客户端的服务功能基本清零。地方大数据中心由媒体承建或和媒体合作承建的县级融媒体中心手机客户端还能链入部分政务、服务等功能，其余的县级融媒体中心剩下的只有新闻信息等功能。想要打造综合服务和社区信息枢纽，困难重重。

目前移动端主打新闻信息的 App 很多，县级融媒体中心没有服务、支付、办理等功能的客户端，很难在市场里厮杀，更谈不上在新媒体上拓展产业经营。即便是在当地力推本地客户端，但是用户忠诚度非常低。临海的"掌心临海 App"安装量有 30 万＋，而平均日活不到 3000。

三、县级融媒体中心建设的几点思考

（一）理顺体制，充分授权，让县级融媒体能真正实现事业单位企业化管理模式

目前，县级融媒体中心大部分都是公益二类的事业单位，属差额拨款部门。作为基层宣传舆论主阵地，从长远的发展趋势来说，划归公益一类事业单位，全额经费保障是一个优先选项。只有基本经费有保障了，县级融媒体中心才有全部精力投入做好新闻宣传上，打通基层宣传的"最后一公里"。

经费保障是一方面，保证县级融媒体中心的活力也是一个大课题。我们知道县级财政保障也只是一个基本盘，要想调动工作的积极性，必要的激励机制是不可少的，所以要允许媒体进行经营，便于进行二次激励。政府要充分授权，财政、人力等部门要开绿灯。不能按照一般的事业单位去对待融媒体中心，对融媒体中心的薪酬、进人等体制框死。要允许县级融媒体中心在国有资产保值增值的基础上，制定自主的进人、用人和薪酬体制。

作为媒体部门，不同于一般事业单位。它有自己的特点，采编人员招考等不能统考统招，这样考进体制的人很大一部分不是融媒体中心真正需要的人才。另外由于编制数的限定和宣传任务的加重，势必会招聘人员进入采编队伍，而现有的体制和融媒体自身的经济实力会让"同岗同酬"成为很遥远的追求。要打破它，需要机制和勇气。

让县级融媒体中心实行"事业单位，企业化管理"可以很好地解决目前县级媒体面临的人和薪酬问题。融媒体中心正式在编人员工资、职级进档案，按照集团目标，参考企业管理模式，制定进人用人、薪酬绩效、奖惩机制，定员定岗，同岗同酬，量化考核，增强活力。

（二）深入融合，全力支持，把县级融媒体中心建成当地真正的主流舆论阵地

县级融媒体中心，作为打通宣传思想工作中至关重要的"最后一公里"的关键节点，当地党委政府一定要高度重视，采取切实、有效的措施，推进媒体

融合。

一是政策支持。要支持融媒体中心成为当地唯一的官方媒体,把政府网站、广播、电视、报纸、微信端、客户端、报道组等平台尽可能地归并到融媒体中心。统一建设,统一管理,统一出口。重要的信息发布、重大的政策解读等都由融媒体中心首发。

二是资源支持。要把官方的重大活动策划、重要宣传项目、重大庆典举办等交由融媒体中心执行。

三是考核杠杆。建立融媒体中心的评价体系,用考核推动融媒体中心建设。用媒体考核指数来推进融媒体中心媒体传播力、影响力、引导力、公信力建设。把县级融媒体中心建成当地真正的主流舆论阵地。

(三)统一技术,上下联通,打造一款全省共通共用的移动客户端

实行"一省一平台",统一技术标准,通畅上下级媒体间的链接渠道。如浙江省指定平台建设方打造一款全省共通共用的移动客户端。在客户端上开设90个县市区的个性频道,在哪个县首页就显示哪个县的个性页面。共性页面上可以优选各县市区的优质新闻、专题和活动。

还有就是移动客户端,每个县市区都有,宣传线还要进行客户端的融合指数考核,各个县市区想方设法去推动,但是很难实现长效。说实在的,没有政务、服务等内容嵌入的移动客户端,靠纯新闻去吸引人们打开,是没有多大市场的。从我们"掌心临海"下载量 30 万+而平均日活不上 3000 就可以"管中窥豹"。

如果有一款全省统一的移动平台(App),一是信息量大,内容丰富,地域范围覆盖广,日活量会高;二是节约资源,"中央厨房"、各地移动端(App)都可以整合;三是考核融合指数更直观,在一个移动端,哪个地方日活量高、新闻质量好及使用情况等后台看更直观;四是宣传会更有声势,更容易形成合力;五是管理会更方便,指挥会更便捷。

(四)引进服务,丰富内容,打造群众喜爱乐用的融媒体

要把县级融媒体中心打造成综合服务平台和社区信息枢纽,实现更好地引导群众、服务群众的目标,在我们的平台里引进政务、服务不可少。只有把医疗、交通、公积金、保险、交管等功能嵌入平台,在平台上多聚合群众平时用得到、经常用的资源项目,做到便民、惠民、利民,为老百姓提供本地一站式综合服务,老百姓感觉使用方便了,自然而然就会喜欢上你的平台、用你的平台。

当然,除了引进"政务+"服务,为群众提供"做多跑一次"的便捷体验外,

我们也可以把新文明实践中心、惠农电商、志愿者活动等融入平台，丰富平台内容，用群众喜爱的、看得见的活动来增加他们的参与度。

所以，在我们浙江数据集成在"浙里办"的背景下，可以申请相关部门协调，在确保安全的前提下，允许给县级融媒体中心开放端口，引进"政务＋"服务，丰富移动端内容，更好地服务群众，早日实现习近平总书记对县级融媒体中心建设提出的要求。

（五）立足本地，拓展经营，打造活力融媒体

县级融媒体中心最大的优势是本地资源，如何运用好本地资源，做好经营文章，是一个绕不开的课题。作为一个媒体单位，单靠当地财政部门输血是做不强的，因为资金有限，媒体部门必须要有自己的经营，用两条腿走路，有造血功能才具备发展能力。

拓展产业经营是培育媒体造血功能的必由之路。传统媒体一般的产业经营依靠商业广告，但是目前环境下，商业广告的份额已经萎缩到原来市场的一半或1/3。所以拓展媒体的产业经营势在必行。

县级融媒体中心可以做的产业经营：一是有专业人才团队和官方平台，可以为部门、镇（街道）提供专业的策划、宣传、直播等一条龙服务，提供微信微博等自媒体运维服务；二是可以利用自身资源，开展培训业务，比如小主持人培训、普通话培训等；三是可以在平台上开展各种旅游文化、农特产、美食娱乐等方面的宣传和电商业务；四是可以成立广告公司，开展会展，活动策划，专题片、微电影拍摄，晚会录制，宣传品印制，户外广告等服务；五是利用自身技术人才优势，承接数字化建设项目。只有动起来才能活起来，活起来才能强起来。

目前，全国各县级融媒体中心已经进入一个新阶段，大家都在积极探索一条适合当地发展的运行机制。有的已经闯出了一条新路，有的正在迎头赶上，有的还在艰难探索，不管如何，推进媒体融合，打造群众喜爱的具有公信力、亲和力、影响力的新型媒体是我们的责任。都说"行百里者半九十"，县级融媒体中心建设现在半百都算不上，对我们每人来说，仍然任重道远。

角逐舆论场 何以主阵地

——县级融媒重塑区域主流新型舆论阵地的困境与反思

烟台市蓬莱区融媒体中心 吴鸿飞 吴禹霖

经过几年的探索,县级媒体在党中央的思想引领和各级政府的政策扶持下,通过自我革命,在相融中寻求质变,逐渐形成了各具特色的融合发展模式,融合的力量逐渐凸显,在纷繁复杂的网络舆论场,以星火燎原之势,逐步向引导正确舆论导向主力军迈进。

媒体融合已进入下半场,5G等新技术应用不断更新迭代,推动着媒体移动化、智能化、融合化发展不断走向新阶段,媒体格局和舆论生态也将随之不断加速重构。而县级融媒体中心如同蹒跚起步的孩子,还面临着许多来自内部融合建设遗留的机制体制等主观隐患,以及舆论场域广场化、网络流量肆意厮杀等客观挑战,在这种情况下,唯有全力以赴挺进主战场,当好主力军,唱响主旋律,重塑新型主流舆论阵地,增强民众的信任感,提高民众的依赖度,建成稳定受众群,才能使舆论引导之路走得更远,更好地占据舆论场的制高点。

一、守正创新,推动主流媒体新型平台化转型

主流媒体指拥有强大实力,面对主流受众,可以引领社会舆论并产生强大社会影响力的媒体。在我国,其本质是党的宣传思想和新闻舆论工作的主要载体,是党和人民的喉舌。前些年,随着网络新媒体的出现,主流媒体又被称作"传统媒体"以区别于新兴媒体。互联网时代,媒体格局和舆论生态不断重构,传统媒体所遵循的"一对多"大众传播模式已经逐渐式微,面对碎片化、去媒体化、无边界化传播加剧,一些传统媒体人不断自我否定、盲目追随,片面认为新的就是"创新",弱化了"守正"这个根本,不断唱衰主流媒体平台,甚至推波助澜,打着"内容为王"幌子,提出主流媒体去平台化,将自身定位为互联网商业平台的"内容供应商",而商业平台则纷纷借机推波助澜,实行流量扶持、规则支持,借助媒体力量做大做强了自己的平台。

"东西跳梁,不辟高下;中于机辟,死于罔罟。"实践证明,这种媒体自我去

平台化的转型路径在很大程度上是以牺牲传统媒体连接能力和影响力为代价的,传统媒体作为主流媒体的功能被大大削弱,最后的结果往往是"传统媒体的内容越做越好,商业平台却越做越大",随着时间的推移和媒体融合的纵深发展,许多弊端愈发明显,有的媒体将自己混同于自媒体,为了放松"流向"追"流量",甚至丧失底线打"擦边球",致使过去由传统主流媒体所累积的权威性和话语权不断被歪曲、弱化、分割,加剧了社会信息的泥沙俱下、错综复杂,而这些海量信息求新求快的特点,形成"奶嘴"文化,让人在卑微的愉悦中慢慢丧失热情、抗争欲望和思考能力,出现"过去不看新闻,会脱离社会,当今看新闻多了,可能会脱离现实"局面。在社会层面,自媒体和政务媒体纷纷崛起,主流媒体优质宣传资源掌控力度越来越弱化,失去了政策资源以及社会的连接资源,没有了"时"的优势,"度"的掌控再有力,"效"也只能成为空谈,权威性、公信力严重下滑。此外,由于政务媒体缺乏媒体专业素养,许多热点事件一经网络发酵,常常会引起负面舆论无法收场,而主流媒体由于缺少第一时间发布权威,无法形成有效舆论导向,造成"热点话题沉默失语、敏感话题备受质疑"的尴尬境地,逐渐丧失了主流媒体的平台价值。

平台媒体化和媒体平台化,已成为当下媒介融合的典型特征和趋势之一。网络平台因用户的信息交互、公共表达和社会化生产,越来越具有媒体化特征,而主流媒体要想占领舆论主战场则必须逐步建立平台化的传播能力方具竞争优势。

2019年1月15日,《县级融媒体中心建设规范》出台,对县级融媒体中心定位为:"整合县级广播电视、报刊、新媒体等资源,开展媒体服务、党建服务、政务服务、公共服务、增值服务等业务的融合媒体平台。"定位为县级融媒体中心建设指明了方向,即突出县级融媒体中心的舆论引导功能和服务功能,通过县级融媒体中心建设,打造适应现代传播体系的新型主流媒体,将其建设成为新时代治国理政新平台。

随着县级融媒体中心建设的纵深推进,各媒体构建起了融合各种传播要素的媒介平台,与以往相比发生许多新的变化,不仅阵地立体多元,其职能也发生了深刻变化,其功能和作用已经从单纯的信息传播工具向一专多能的综合性服务平台转变。但县级媒体的转型并非一融就灵。传统媒体的平台化转型,理想模式下的路径是通过资源整合的方式将各类媒体及政府部门的业务整合到一起,进行统一调控指挥,在同一个平台上为用户提供服务入口。然而,现实情况是许多传统媒体内部不同部门之间存在利益割据,不同媒体之间更是存在利益竞争,媒体与政府也在性质上存在着难以打破的壁垒,导致无法实现媒体内容资源和政务服务资源的有效整合,致使许多传统媒体的平台化转型空有其形不得其神,就此搁浅。解决这一问题,需要多层面共同推动。

舆论引导方面。新兴媒体更注重的是时效、互动和多元化表达;主流媒体更注重的是舆论传播的权威性、影响力和公信力,需要对信息来源严谨地核实与深度地加工,起到"压舱石""定盘星"的作用。这种不对等的传播方式决定了主流媒体在时效上的被动。因此,政务部门需要赋予主流媒体独特的政治资源、政策资源、权威资源和核心圈的人脉资源等,为新型主流媒体及时传递、解读权威信息提供资源保障,抢占主阵地舆论先机。同时,新型媒体平台更多地表现出对社会信息的聚合、加工、分发能力,传统媒体要了解并深刻认知传播在社会关系构建中如何发生影响的机理,并将这种认知转化为新型平台业务链条,从而使新业务拓展融入用户社会关系建构过程中,以新型数字技术为支撑,以服务用户为核心,以开放平台为功能转型,巧妙设置议题参与社会热点、敏感事件,引导舆论,确保导向功能和传播效果,重塑主流媒体权威性。

服务功能方面。传统媒体逐渐融入数字化和智能化的时代潮流中,进化成包含媒体基因的各种数字化、智能化的产品、应用和平台,并与政务、服务、商务等行业融合发展。中共中央办公厅、国务院办公厅《关于加快推进媒体深度融合发展的意见》明确提出,探索建立"新闻＋政务服务商务"运营模式,这已为新型主流媒体平台化运营指明了方向。

政务服务是人们日常生活中的刚性需求,本身就有着庞大的用户群体。而且政府部门在长期政务活动中也积累了海量的用户数据信息,对于平台化转型的传统媒体而言,获得这些用户数据资源之后,就可以通过向其他垂直领域赋能,特别是与地方社区居民的需要紧密结合的垂直领域,如生活服务、社区服务等,将更多的资源聚合到平台上来。但是,数据资源的整合并非易事,由于各层面对融媒体内涵理解不透,对服务功能认知不足,数字化平台建设缺乏统一规划部署,许多部门各自为政自行搭建,造成技术对接、利益割据等方面存在诸多现实难题,政务部门与媒体平台之间云数据壁垒难以真正打破。此外,支付宝、微信等商业平台极力打造智慧城市,为用户提供生活缴费、交通出行、公积金查询、社保医保等便民服务,均积累了一定的用户数量。因此,与政务平台、社会化媒体服务项目的冲突以及基层用户的使用习惯,是影响县级融媒体打通服务群众"最后一公里"的重要因素。此外,有些部门公共服务自上而下开发,核心数据地方无法对县级融媒体中心开放,这些难题需要自上而下,协同政务、商务、公共服务等机构层层协调推动,最终在主流媒体平台建立网上数据库和办事入口,提供清晰的服务办事指南,而融媒体中心也要主动从人民的日常需求出发去思考问题,围绕党委政府中心工作需求,下沉到社区、街道、农村,延伸传播效果,优化政务平台服务内涵,真正实现用户在哪里,融合传播就延伸到哪里,引领服务就跟随到哪里,增加主流媒体的黏性和社会认同感。

二、人才支撑,筑牢新型主流舆论阵地根基

媒体的竞争归根结底是人才的竞争,随着移动互联网技术的发展,主流媒体的任务已经变成挺进互联网主战场、占领新媒体主阵地,与之相应的人才标准也在发生变化,原有传统媒体的人员队伍结构、团队建设体制等方方面面已远远无法满足现有需求,具有互联网思维,能够胜任全媒体流程与平台建设、全媒体业态与生态发展的专门人才成为主流媒体融合发展所最需要的人才。而事实上,大多县级融媒体中心人才队伍建设一直处于劣势。

一是人员结构不合理。融媒体中心员工大多由传统媒体转型,业务专业性和身份的限制,制约了编制内职工与外单位之间交流,他们普遍存在年龄偏大、知识结构老化、思维模式单一等现象,很多人对新的媒体传播趋势缺乏了解和兴趣,本领缺失与本领恐慌现象普遍;同时县级融媒体是最基本的单元结构,对于吸引传播人才本身就"先天不足",更不用说吸引那些具备互联网创新思维和实践能力,懂融媒体运营和传播的复合型人才,新鲜血液难以输入,导致在部分情况下出现有主题无人才策划、有策划无人才推动、有平台无人才管理、有项目无人才支持的窘境。

二是人才梯队建设不完善。当前,媒体在内容的生产、制作、设计、发布、传播等各环节不断变化,对媒体从业人员的要求也越来越高,需要一系列专业性强的人才。但在人员招聘考试中,往往"一考定天下",无法真正实现针对性优秀人才引进,而县级融媒体没有更多的人力物力去培养高端的融媒体人才。人才的缺失,导致一线记者力量缺乏,大多记者忙于应付平常工作,很少有时间静下心来研究业务。

三是运行机制缺乏活力,难以形成有效吸引力。大多县级融媒体中心隶属于公益一类、公益二类事业单位,在市场化运营方面受到巨大的限制。而眼下,各级主流媒体在技术浪潮的裹挟下与各个互联网平台进入了相同的赛道,属性的差异决定了其运作模式难以适应市场竞争。同时,由于网络与新媒体的冲击,传媒生态恶化,传统媒体平台的吸引力急剧下降,社会认可度和荣誉感偏低,仅靠以"情"感人已经无法留住人才,加上体制机制僵化、奖励激励差,职业尊严和新闻理想很难得到实现,员工工作积极性、创造力受影响较大,造

成人才流失情况严重。

　　新型主流舆论阵地"融媒体"以资源组合整合为目的,把传统媒体与新媒体的优势发挥到极致,使单一媒体的竞争力变为多媒体共同的竞争力,不断加强对人的适应能力、思维转变和创新能力提升需求。面对人才队伍建设困境,县级融媒体中心如何破题是一项急需解决并需要不断创新推动的长远课题,许多融媒体中心在不断探索中提供了很多好的借鉴模式,比如,对外精准增量,丰富引才渠道、优化引才方式,以期通过不断吸收新鲜血液来维持自身机构人才队伍的活力,来自新媒体公司、高等院校等机构的人才都成为各级主流媒体的目标人群;对内盘活存量,通过覆盖包括一线的生产、经营等团队,抑或是负责行政的工作人员的全员、全部门、全层级的岗位培训,改变传统媒体时代形成的滞后的资源配置方式。积极优化运行机制,推进人事、激励等方面改革,构建一种更加灵活、公平与合理的用人制度,以期真正实现用制度留人、用制度吸引人和激励人,为自身的长远、有序和健康发展提供充足的动能保障。

三、多维度融合,赋能内容创新壮大传播影响力

　　随着媒介融合及新的媒介发展形势的改变,随之带来的是媒体生产流程、传播方式的变革,随之业界出现究竟是"内容为王"还是"渠道为王"争论,其实二者之间并非对立矛盾,而是有机统一。媒介竞争终究还是内容竞争,多元的传播渠道需要优质的内容支撑,优质的内容需要多元的传播渠道。

　　多年来,传统媒体立足本土,立足传媒品牌,把内容生产作为安身立命之本,围绕中心、服务大局,讲好时代故事,生产了一大批精品力作,但整体传播效果并不乐观,主要原因在于我们没有找到新媒体与传统媒体表达的平衡点。从内容生产角度分析,表面上看,是我们的记者有的习惯了传统媒体"八股文"式生产模式,缺少时效和议题互动;有的一味追求新媒体的快、微,没有了深度与广度。但实际上是缺乏对互联网传播深层次的思维创新和内容融合生产创新。我们应深刻认识到,融媒体时代,对内容的评价已不仅仅是传统的 5W 要素具备的新闻事件,而是被赋能成为与理念、技术、平台、市场、用户等多维度融合的产品。

　　相对于传统媒体而言,首先是理念的改变,"互联网思维"包括自由、平等、开放、共享等理念,传统的"我说你听"式的新闻发布已经被移动互联网的交互性所覆盖。因此,需要进一步强化移动互联理念,努力适应受众特点、受众需要,在观念上理解和认可新兴媒体,在行动上主动借鉴和融入,内容话语体系上注重综合运用诸如数据图解、音频、视频、动画、H5 轻应用等手段,及时创

新传播载体、传播手段，充分运用微博、微信、客户端、直播平台、微视频等各种新闻生产和表现方式，进行分众化、多样化传播，实现多渠道宣传、全方位覆盖。

二是实现技术融合。众所周知，媒体传播的历次变革均由新技术的出现和应用推动，而今互联网、人工智能、物联网等新技术轮番上阵，正在媒体领域催发一场前所未有的变革。因此，要提升内容质量，就有必要将先进技术嵌入信息内容生产、传播的全过程，创新内容形式、完善产品结构、丰富产品业态，充分利用 5G 直播、AI 智能生产、音频、视频、游戏、AR、VR 等内容生产手段，充分利用数据处理的方法，判断热门新闻，依据数据的预见趋势，预见新闻，帮助客户集中对某一种新闻的关注，提高生产传播效率，丰富内容表达形式，让媒体的产品形态变得多元而又立体，从而有效扩大信息覆盖面，满足融媒体时代受众的多元需求。

三是实现平台融合。融媒体时代，平台不是孤立的个体，而是需要根据受众需求，实现跨界、跨区域、跨平台互动，把互联网世界中的通路互相连接起来，组成四通八达的社交关系网，触角伸到现实世界中的每一个角落。一方面要与政府部门、商业机构、多媒体广泛合作，根据他们的市场需求推动内容生产，实现多平台传播；另一方面要充分吸收其他平台优质内容产品，进行深加工和分发，进一步丰富自身平台信息需求，从而破除"信息孤岛"，让市民"一键"了解所有热点信息，并进行互动，阐明各种诉求，进而延伸传播效果。

四是实现用户融合。在媒体融合趋势下，新媒体传播的核心就是互动，媒体平台受众的多维度互动，不仅关系到媒体平台的热度，也关系到媒体自身的生命力。因此，在内容生产和传播过程中，内容与用户、用户与用户的互动贯穿始终尤为重要。应深度洞察受众的需求、态度、行为，一方面通过用户信息需求寻找新的报道角度，生产多维的信息内容；另一方面以受众感兴趣和容易接受的方式，通过议题设置、为用户开放内容生产平台等形式，开启多维度互动，提升媒体透明度、开放性，让新闻变得更有社交性，建立起多元化的沟通渠道，组成四通八达的社交关系网，触角伸到现实世界中的每一个角落，进而迅速提升传统媒体的影响力和吸引力。

五是实现传播融合。再优秀的内容，前提是你首先得被人看得到，然后你能够触达哪些人，并且感动哪些人，让他们乐于转发，这相当关键。所以，要充分利用多种媒体传播方式叠加融合，提高传播触达率，利用新型媒体社交属性，跟踪话题、设置议题、引导热点、形成爆点，提高社交传播能力；同时应加大内容的互相引流支撑，合理利用第三方媒体平台形成融媒矩阵，实现传播的差异化和个性化,真正收到 $1+1>N$ 的效果。

"所当乘者势也,不可失者时也",全媒体时代是个大趋势,新型主流舆论阵地建设是篇大文章,唯有顺应大势,在媒体融合发展变革中勇于创新,在创新中赢得未来,方能把握战略主动,在主战场抢得先机,成为主力军,而这将是一项需要不断探索与创新的终身课题。

"四驾马车"激发鹤山融媒发展活力

——以鹤山市融媒体中心为例

鹤山市融媒体中心　王　捷

县级融媒体中心建设实践,大都是以县级广电或报纸等机构为主要依托而组建。行业内大家都知道我国县级媒体发展滞后,存在着体制僵化、实力薄弱、观念陈旧、人才匮乏等诸多问题,导致县级融媒体中心建设面临诸多严重挑战。另外,加上随着新媒体的冲击,上级媒体资源挤压,本就赢弱不堪的县级融媒体中心在市场空间、创收竞争力上遭到严重削弱,生存空间进一步缩小。为避免再次走入传统媒体合力不足、士气不振、话语权削弱、影响力下降的窘境,必须抓住县级融媒体中心建设这个媒体行业系统性改革机遇,迅速探索出一条合适的路径,全面激发融媒体中心活力。

鹤山市融媒体中心 2019 年挂牌成立,并于 2020 年底完成广电网络改革重组。为快速适应媒体融合发展要求,鹤山市融媒体中心开始全面实行体制机制改革。经过两年多的运行实践,改革成效显著,队伍稳定有力,保障机制增强,效益逐渐增多,影响力、传播力不断提升,成为周边县市区融媒体中心建设、改革比较成功的案例,还被广东省委宣传部评为典型示范案例。究其原因,主要是紧紧扭住保障、考核、服务、创新"四驾马车"作为发展动力,并驾齐驱,全面激发鹤山融媒发展活力。

一、实行新的保障模式,保持稳定发展

改革必然经历阵痛,因此做好改革期间的保障尤为关键。以往,县级电视台事业发展和运营主要是靠有线电视收视费及广告经营收入来保障。广电网络改革重组后,网络分离,县级台优质资产被剥离,自收自支的县级台生存危机凸显,容易造成人心不稳,改革失败。在融媒体中心建设过程中,选择怎样的保障模式就成为考验决策者智慧的难题。

遍观全国诸多县市区的保障模式,主要采取事业一类或事业二类单位保障模式。其优劣也各有显现。事业一类单位保障普遍存在非编制员工因待遇

差而积极性差、在编人员"干多干少一个样"而导致单位整体活力差的现象,不利于文化体制改革、宣传事业整体推进。事业二类单位虽然存在一定的局限性,但总归还是有很大空间来激发活力。

2021年1月1日起,鹤山市融媒体中心选择采取事业二类模式运行。但为避免"后顾之忧",经多方调研和积极向上级争取,采取了一种更为稳妥的方式,特点是:实施事业一类单位保障、事业二类运作模式,经费纳入财政预算,实行收支两条线,由鹤山市政府下达和考核工作目标任务及经营创收任务。该模式下,鹤山市融媒体中心在编人员和事业经费参照公益一类经费标准供给,编外合同工和事业经费按照机关后勤经费标准供给。融媒体中心建设和改革期间,人员的基本薪酬支出有保障,员工无后顾之忧,改革不出纰漏,为鹤山市融媒体中心稳定发展、创新创造奠定了基础。

二、重定考核体系,保持竞争活力

虽然财政对人员基本收入进行了兜底,员工积极性得到保证,但是整个单位的财政保障经费与每年的运行经费相比,缺口依然较大。从员工角度看,待遇不降甚至提升,还需要靠自我创收来实现;从单位长远发展角度看,增强单位内生动力,不能走"等靠要"的路子,也必须"打铁还需自身硬"。无论从哪个角度来看,想要保运行稳定,保待遇不降,促收入提升,必须激发整个单位的"求生欲"。如何更进一步激发创业干事热情,保持长久的竞争活力?这就需要用"绣花"的功夫织密考核体系,发挥考核的作用,全面激发生产活力。

为此,鹤山市融媒体中心构建了新的树状考核运作体系。考核体系分三级,注重以工作量和实际贡献细化量化考核。在《鹤山市融媒体中心绩效考核管理办法》的总体考核框架下,制定了经营创收考核办法、奖励性绩效收入考核及分配两个二级考核办法,明确了实行全员绩效与经营创收业绩挂钩的考核模式,经营创收业绩完成量直接关系到部门及个人收入所得。

同时,鹤山市融媒体中心七大部室分别按照管理类、宣传业务类、广告经营类三大职能属性,制定第三级的考核细则,量化每个人的工作及收入所得。如《新闻采编部个性目标考核细则》,以积分制的方式考核,采编人员根据岗位职责,对工作量、稿件质量、图像质量进行打分考核,以此明确个人收入所得。另外,创收考核中又增加业务提成收入、制作收入等作为额外的奖励性绩效,实行多劳多得,让全体员工在基本薪酬所得的基础上能够有更多的收入来源。这打破了传统媒体以往"吃大锅饭"的思想,让想干事、能干事、干成事的员工脱颖而出,一方面不仅成功接轨市机关事业单位公共绩效考核,还避免了机关单位收入分配僵化的弊病，在体现个人价值的同时，实现了收入公平，让"干多干少不一样"。

该考核模式实行一年多来，鹤山市融媒中心干部队伍干事创业热情空前高涨，经营创收活力大大增强，经营收入逆势增长。2021年，在新冠肺炎疫情影响和行业趋势下滑的大背景下，各部室通力合作，鹤山市融媒体中心不仅完成了市政府下达的经营目标任务，还超额完成营收，营收同比增长25%。员工人均年收入也直接得到了提升。这不但解决了"吃得饱"的问题，也破解了"吃得好"的难题。同时，宣传队伍感觉有价值、有尊严，工作积极性、创造性得到巨大提升，宣传工作得到巨大促进。近两年，鹤山电台收听率稳居广东省县市级电台的第一位，全省电台第九位，在全国所有电台中收听次数最高排名第42位。"鹤山发布"微信公众号关注人数达50万，超过本地常住人口数量，常年居于江门市（区）政务微信影响力十佳榜内。鹤山融媒近两年获得国家级、省级优秀新闻作品奖项20多个。

三、注重多方创新，构建发展新动能

创新是发展的不竭动力。新时代媒体融合向纵深发展的大势下，中央高度重视县级融媒体中心建设，为县级媒体发展指明了方向，提出了要求，也带来了希望。县级融媒体唯有抓住大机遇，不断创新创造，才能保持生长动力，完成职责使命。鹤山市融媒体中心在建设过程中，始终保持创新，谋求持续发展。

（一）激励措施创新

主要体现在加大编外骨干补贴奖励上。因历史原因，县级融媒体中心采编人员待遇不高，特别是处在珠三角第三梯队的鹤山，相比近在咫尺的广、佛、深各市、区，待遇落差很大。此外，大多数培育成熟的优秀编外骨干不能入编，待遇与在编人员存在一定差距，心理存在落差。两大落差导致编外骨干积极性不高，极易外流。经过几年培养后，为寻找更高待遇和平台，人才纷纷外流，令人扼腕。经统计，2008年到2019年10年间，鹤山融媒体中心（电视台）共有31名采编播骨干先后离职，流向广州、深圳、江门等先进发达城市的大台和媒体，其中不乏毕业于中山大学、中国传媒大学、湖南师范大学、湖北大学、华南理工大学等名校的人员。为避免人才继续流失，融媒体中心于2020年设立编外骨干专项补助90万元，专门用于提高编外员工待遇，同时通过制定科学考评机制，奖励工作业绩排名在前15名的优秀骨干人员，让编内外采编岗位薪酬基本达到一致。

截至目前,外流人数逐渐减少,人员流动达到动态平衡,队伍基本稳定。从考核统计结果来看,在如今宣传任务日渐繁多的当下,鹤山市融媒体中心以现有的人员数量完成了以往双倍人数才能完成的工作量,编外骨干干事创业活力得到了极大增强。

(二)发展思路创新

作为县级融媒体中心,影响力和传播力在广度上肯定有天然缺陷,但是打开体制机制束缚、突破天然瓶颈还是"有机可趁"。

借势发展,壮大宣传服务平台。为全面贯彻落实习近平总书记关于推进媒体融合向纵深发展的重要论述精神,坚持移动优先策略,让主流媒体借助移动传播牢牢占据制高点,壮大主流舆论,鹤山市融媒体中心改变内容呈现方式,把鹤山电视、电台逆向融入微信公众号、移动客户端等新媒体平台,构建移动优先、分类小屏传播的融媒体矩阵,打造宣传服务平台。一是建强微信公众号"鹤山发布",牢牢占领主流舆论阵地,对外发布权威声音,在社会上形成了想看权威资讯、官方动态,上"鹤山发布"的共识。该微信公众号连续多年进入广东省区县级市最具影响力政务微信十强榜单,并进入广东政务微信50强榜单,常年雄踞江门市政务微信影响力榜首。二是做强做大鹤山融媒公众号,偏重于贴近民生、群众爱看的经济、本土人文类资讯,围绕增强经营能力,力争打造粉丝经济、流量经济。三是建好用活移动客户端"最鹤山"App,深入推进"媒体+政务""媒体+服务""媒体+商务",探索多元化应用服务新模式。目前已网罗全市58个镇街、部门入驻"最鹤山"App,为建立社区信息枢纽和便民服务平台打下坚实基础。

借力发展,抓传播载体创新。紧跟快直播、短视频潮流,借力上级媒体和商业平台打造直播和短视频报道精品,建立抖音号"鹤山发布""鹤山融媒",与时代同屏共振;与新华社、央视新闻、人民日报等上级媒体以及南方号等头部媒体、主流媒体沟通合作,建立本级号,如人民日报"鹤山融媒体中心",南方号"鹤山发布""微观鹤山",触电号"鹤山发布""微观鹤山",头条号"鹤山发布"等,借其影响力和传播力,扩大对外宣传影响,形成立体式传播体系。

借机发展,抓多元融合创新。紧紧抓住国家县级融媒体中心建设契机,以及中央、省关于深化拓展新时代文明实践中心的工作部署,加大推进融合力度和融合维度,积极拓展新时代文明实践中心、融媒体中心、"学习强国"学习平台、乡村"复兴少年宫"、扫黄打非工作站等"五平台融合",融通各类活动平台及资源,合力打通宣传群众、教育群众、关心群众、服务群众的"最后一公里"。

（三）技术手段创新

习近平总书记在十九大报告"坚定文化自信，推动社会主义文化繁荣兴盛"部分强调，要坚持正确舆论导向，高度重视传播手段建设和创新，提高新闻舆论传播力、引导力、影响力、公信力。从甲骨文记事到印刷术诞生到计算机信息化创博，历史上传播手段的创新都是与技术进步密不可分的。重视新技术赋能新闻宣传是创新发展的永续动力。

鹤山市融媒体中心紧跟技术发展趋势，持续推进平台融合和媒体融合智能化发展，构建完善智能化融媒体平台。建设完成融媒体中心调度指挥中心，引入"中央厨房"理念，构建新闻核心生产管理"云平台"，打造选题申报、素材采集、节目生产、全媒体分发以及采编播人员管理为一体的融合媒体业务系统。高清非编制作网络工程、新媒体制作网络工程投入使用。注重5G、AI、大数据、云平台等技术在媒体领域的运用，引入AI智能电台、智能主播等新技术。鹤山电台可视化工作、"新闻直播＋"工作常态化推进直播业务开展，拓展推进慢直播等。这一系列技术黏合，打造了"广播＋电视＋网络＋直播"多元并进发展模式，深化了鹤山媒体平台的融合发展。

（四）经营手段创新

融媒体中心持续健康发展的重要保障是经营创收。新形势下，必须通过经营保障宣传，通过宣传促进经营来获得稳健发展。为激发发展活力，鹤山市融媒体中心一直在探索经营手段创新。

做到"知己"。全面梳理自身经营创收工作中的不足与优势，全力适应当前媒体融合形势下的广告经营方式，寻找发力点。如，利用媒体公信力和影响力开办少儿培训业务。鹤山市融媒体中心把经营与培训工作相结合，加强与外部培训市场对接，线上开辟《花儿朵朵》《华夏国学》《粤语故事大王》等栏目，线下组织少儿主持、小演员等技能培训，既丰富了少儿精神文化生活，又拓展了新的广告经营路子。又如，发挥广东省广播影视协会、广东省广播电影电视协会县（市、区）广播电视专业委员会会长单位的优势，每年组织广播电视业务培训；整合县级台媒体资源，首创广东省县级台首个面向全国县区级广播节，组织优秀视听节目评选、召开业务交流高峰论坛、新闻培训与实践等，并以广播节为纽带创新打造县级电台联盟，内设节目交流平台，通过内容输出，盘活节目资源，增强区域间融合协作，为各融媒体中心优秀节目转化创造经济价值提供可能性，为处于生存夹缝的县级融媒体中心经营创收开拓出一条可行的渠道，让资源整合成为生产力。

做到"知彼"。加强与各单位各部门及广告客户的深度沟通,变"守株待兔"为"主动出击",变"寻找需求"为"开发新需求",精准发力做好广告宣传方案策划,拓展广告经营新渠道。同时,找准广告经营和新媒体宣传的结合点,把广告经营工作融入新媒体内容创新中,不断拓展出新媒体商业广告、新媒体软广告、线上线下的全媒体宣传包装策划打包服务等新的业务增长点。

四、抓实媒体服务,引发展不竭源泉

中国县级媒体是最基层、最贴近群众的媒体单位。建设县级融媒体中心的目的就是为了把党的声音传递到基层群众中去,夯实舆论宣传底盘。在新思想引领下,县级融媒体中心不仅仅只抓新闻宣传,做主流舆论阵地,还努力建成"综合服务平台和社区信息枢纽",做强做实服务。

围绕中心,狠抓宣传服务。新闻舆论工作是党的一项重要工作,是治国理政、定国安邦的大事。这就要求作为党媒的县级融媒体中心必须要在围绕中心、服务大局中找准坐标体系。鹤山市融媒体中心在宣传服务上,紧紧围绕鹤山市的中心工作,讲好鹤山故事,唱响主旋律,展示鹤山形象,壮大主流媒体声音。2021年,仅微信公众号"鹤山发布"全年就发布2900多条图文及视频信息,阅读总量达2000万人次。短视频《"警察蓝"绘就平安色!鹤山这个警察的故事,你听过没?》浏览量超62万人次,点赞量近3万人次,有力传播了鹤山社会正能量;短视频《鹤山地道美食——竹筒菜》等多个视频作品登上新华社客户端,总浏览量超400万。鹤山市融媒体中心不断做大主流舆论宣传增量,站稳了主流舆论宣传的地位,新时代新思想在鹤山大地得到落实。

围绕经营,优化政务服务。"媒体+政务"是大多数县级融媒体中心建设的主要措施之一。可以说,做好做优政务服务是处于媒体链最底端的县级融媒赖以安身立命的基础。

鹤山市融媒体中心在做优政务服务上颇为用心。全国很多县市都在策划推动融媒体中心与新时代文明实践中心融合共建。如何建,无迹可寻。鹤山市融媒体中心首创了与当地镇街合作建立融媒实践记者站,把宣传力量、平台下沉到村居社区,构建起"两中心"体制机制、人员、宣服及活动平台全方位融合的"鹤山模式",很大程度上为当地镇街在新时代文明实践站建设上面临的系列难题提供了解决办法。首创党史学习教育栏目《强哥讲鹤山党史故事》,用身边人讲身边事的形式,让当地党史学习教育飞入万千百姓家,吸引逾800万人次收听收看,市民群众文化自信得到提升,节目还被周边县市媒体引入落地。首创《食品安全睇真D》户外走访式直播,推出"战疫情,助复工"——鹤山

首届大型电视网络直播招聘会,助力复工复产等,亮眼的政务服务引来当地人社、教育、司法、应急等各职能部门争相前来进行政务合作,在带来社会效益的同时,也提升了融媒体中心的经济效益。

围绕职责,做实群众服务。党媒属性要求我们树牢宗旨意识,必须着眼民生,为民服务。如每天及时做好疫情防控政策措施、便民信息宣传;记者深入基层、群众之中,围绕"三农"、创文等民生服务开展报道宣传,反映百姓声音。开设《帮农带货》栏目,如举办"云上花开"直播等节目助力解决疫情影响下农民增收困境。着眼经济发展,为企服务,针对疫情防控期间工业品滞销的情况,开设《帮企带货》新闻直播等节目,助力企业营销和复工复产。近年来,鹤山市融媒体中心先后为业塔百奇公司、意邦奴服饰、中国黄金(鹤山)等十多家本土企业做好服务,助力发展,在当地得到社会各界一致好评。

综上,新时代的媒体融合以及县级融媒体中心建设各有各的路径探索,且各有各的特色,必须立足实际探索出适合自己的发展道路。如何让县级融媒体中心发展更有活力?鹤山市融媒体中心通过"强保障、重考核、优服务、勇创新"这几个具体实践走出了一条可借鉴的发展之路,并激发出相当强的生机活力。

好风凭借力 融合谱新篇

——记"重走青藏驼队路"融媒体合作项目的策划、执行与收获

湖州市新闻传媒中心　邱　晔　陆　立

一、背景简介

"重走青藏驼队路"融媒体合作项目的服务对象,是位于湖州对口支援地青海省海西州乌兰县的莫河骆驼场,其前身为新中国成立初期由中共中央西北局、西北军政委员会组建的"十八军独立支队""西藏工委驼运总队"和"西藏运输总队",这支光荣的队伍为和平解放西藏、护送十世班禅返藏、修建青藏公路、开发柴达木盆地立下了不朽功勋。前些年,莫河骆驼场的生产经营一度出现困难,企业大幅减员,债务负担沉重,老旧场房倒塌,红色资源得不到很好的保护和利用,骆驼存栏量也从建场初期的上万峰减少到最少时的四百余峰。

这一情况引起了浙江省援青干部的高度重视,一方面对莫河骆驼场红色资源开展抢救性保护,赓续红色血脉,一方面投入援青资金,引进社会力量,携手乌兰当地培育骆驼产业。湖州市新闻传媒中心获悉此事后委派首席编导团队赴青藏高原调研采访,启动"重走青藏驼队路"融媒体合作项目进行新闻报道与文化帮扶。

2021年是"十四五"规划的开局之年,我们隆重庆祝了中国共产党成立100周年、西藏和平解放70周年。项目正是以此为背景,贯彻党史学习教育要求,立足于西部地区独有的红色资源优势,依托浙江对口援助西部地区的相关工作,推出一系列回顾中国共产党百年光辉历程、展示新时代东西部对口支援与区域合作成果的新闻报道与文艺作品,并探索出一条央地合作、协同发展的媒体融合之路。

二、筹备与策划

（一）寻找合作伙伴

面对这样的重大选题，既无先例可循也非独木可支，需要借助外脑、引入外力，在合作中实现项目收效最大化。2020年10月，浙江电视台国际频道首先抛来了橄榄枝，派出摄制组配合拍摄、制作了专题片《驼背上的江南民宿》；中央广播电视总台中文国际频道《国家记忆》栏目也对青藏驼队的故事进行了报道，提供了联合深挖选题的可能性。基于这些有利因素，湖州市新闻传媒中心首席编导团队撰写了策划方案，并向中心编委做了汇报，想法得到了主要领导的肯定和支持。

◆ 浙江电视台国际频道《驼背上的江南民宿》

◆ 中央电视台中文国际频道《国家记忆·进藏驼队》

（二）组建核心团队

有了工作思路，人的因素就成了关键。依托央媒、省媒的业务资源，发挥湖州市新闻传媒中心的本土优势，打造了一支专业的融媒体创新团队，团队组织框架如下。

指导：中央广播电视总台
执行：湖州市新闻传媒中心
　　　乌兰县融媒体中心
核心团队：湖州市新闻传媒中心首席编导团队
合作伙伴：中央广播电视总台各地方站
　　　　　浙江电视台国际频道
　　　　　青海电视台柴达木记者站

（三）争取立项支持

2020年12月，"重走青藏驼队路"融媒体新闻行动在湖州市南太湖优秀文化人才引进与湖州市宣传文化优秀创新团队培育的项目框架下成功立项，拉开了为期三年的融媒体创新实践的序幕。

优秀创新团队拟入选名单

序号	领域	团队名称	带头人	创新项目
1	新闻传播	"重走驼工路 携手新时代"融媒体新闻行动创新团队	何盈	"重走驼工路 携手新时代"大型新闻行动

◆ 湖州市宣传文化优秀创新团队培育项目

2020年12月，湖州市新闻传媒中心与乌兰县政府达成莫河骆驼场文旅项目宣传推广暨"重走青藏驼队路"融媒体新闻行动合作协议。2021年5月，浙江省援青指挥部启动乌兰县爱国主义教育基地项目，要将莫河骆驼场打造成为在青藏高原乃至全国都有重要影响力的爱国主义教育基地。

乌兰县爱国主义教育基地项目
实施方案

根据浙江省"十四五"援青规划和浙江省对口援青 2021 年度项目实施计划表，其中乌兰县爱国主义教育基地项目由乌兰县委宣传部牵头实施。

◆ 乌兰县爱国主义教育基地项目

三、执行与采访

（一）纪录片及党课

2021 年 9 月，项目组引入国家级纪录片摄制团队，创作电视纪录片《天路驼铃归》。影片采用 4K 超高清数码格式采录，后期制作多个版本分渠道对外播出。目前 3 集系列纪录片已完成拍摄制作，于 2021 年 12 月在湖州电视台文化娱乐频道播出。央视版纪录片也将在 2022 年内搬上电视荧幕，并授权互联网新媒体对相关短视频进行二次传播。结合党史学习教育的要求，项目组还邀请专家学者以青藏驼队故事为蓝本设计了一堂实景专题党课，课程录制成影像资料后可在莫河骆驼场对外播出。

◆ 纪录片《天路驼铃归》

（二）融媒体新闻行动

项目组围绕莫河骆驼场红色历史与浙青两地对口合作做好宣传报道，以国家主流媒体为重点传播阵地，同时发挥互联网媒体矩阵的作用，形成立体、联动、精准的有效传播。

2021年9月22日至30日，项目组联合新华社、人民日报、青海日报等全国主流媒体组织了"重走青藏驼队路 携手共富新征程"融媒体新闻行动，从青海省海西州乌兰县莫河骆驼场出发，途经青海省海西州茶卡镇、德令哈市至西藏自治区那曲市、当雄县、拉萨市，行程2000多公里，平均海拔从3000米至4500米。沿途以现场直播、连续报道、专题等多种形式，追寻青藏驼队的历史足迹，缅怀驼队先辈的丰功伟业，记录驼队精神的薪火相传，走好共同富裕的时代征程。

◆ 报道团重走青藏驼队进藏之路

截至2021年10月15日，新闻行动共传播稿件737篇次，报道类型覆盖新闻网站、移动客户端、报纸、电视、视频网站、社交媒体等多种形式，其中新闻稿件有470篇次。这些报道展现了青藏高原地区日新月异的发展变化，体现了"驼队精神"指引下东西部对口支援合作结出的累累硕果，也展示了建党百年来一个丰富多彩、立体生动的中国形象。

四、收获和思考

（一）阶段性成果

截至2022年6月，"重走青藏驼队路"融媒体合作项目推进过半，取得了一些阶段性的成果。2020年，项目组联合浙江电视台国际频道创作了国际传播专题片《驼背上的江南民宿》，获得2020年度浙江省广播电视对外传播节目奖（金鸽奖）二等奖。2021年项目组创作的电视纪录片《天路驼铃归》参评浙江省纪录片"丹桂奖"。2022年电视纪录片《海西驼铃》在CCTV-10科教频道首播。

◆ 融媒体报道作品展示

◆ "金鸽奖"获奖证书

项目的出发点和落脚点,是对莫河骆驼场的红色资源开展抢救性保护,赓续红色血脉,推进东西部共同富裕。在浙江省援青指挥部与湖州市新闻传媒中心的合力推动下,莫河骆驼场历史陈列馆正式更名为"青藏驼队历史陈列馆",成功申报青海省爱国主义教育基地,成为青海省内开展党史学习教育、践行社会主义核心价值观的生动课堂;目前投资4200万元的莫河骆驼场民宿一期项目已经完工,驼场骆驼存栏量恢复到近1000峰,浙商投资的驼乳加工厂也已投入生产。

◆ 青藏驼队历史陈列馆

(二)经验总结

在传统的四级媒体机构格局中,地市级媒体处于央媒、省媒和县级媒体中间,身陷"内挤外压"的尴尬境地,自媒体的兴起又进一步挤压了地市级媒体的生存空间。"重走青藏驼队路"融媒体合作项目的成功推进,为打破原来地市级媒体"夹心饼干"的局限,借助外部资源、发挥比较优势、加快融合发展提供了创新思路和现实方法,那就是以"时代主题"为先机,以"团队搭配"为支点,以"合作共赢"为目标,以"策划布局"为龙头,以"内容生产"为基石,以"精准传播"为重点,以"标志个性"为灵魂。

(三)未来展望

随着地市级融媒体改革的不断深入,湖州市新闻传媒中心首席编导团队也以"重走青藏驼队路"融媒体合作项目为契机,在中心的统一领导和部署下创建了"潞村文化艺术工作室"。工作室成功入驻"世界丝绸之源"钱山漾遗址与"世界乡村旅游小镇"所在地——潞村,进一步用好、用足内外资源,生产文

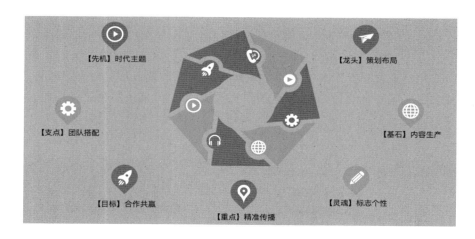

◆ 融媒体项目合作的七个要素

艺产品，提供智库服务，在合作中修炼内功、培育团队、孕育成果，打造超越本土格局与水平的融媒体合作高地。

从"丝绸之源"走向"丝绸之路"，以"丝绸之路"反哺"丝绸之源"，"重走青藏驼队路"融媒体合作项目又焕发出新的价值，延展出新的合作可能。守正创新，深化融合，这正是时代赋予媒体人的机遇与使命。

◆ 湖州骆驼桥与潞村"乡村之光"

乡村振兴，新媒体大有可为

——宁海传媒集团聚焦"艺术振兴乡村"

宁海传媒集团　黄浓珍

习近平总书记在浙江考察调研时强调，要在推动乡村全面振兴上下更大功夫。

2019年4月，宁海从文化、文明角度出发，以艺术家驻村、艺术提升品位、设计改变生活三大行动为载体，启动实施"艺术振兴乡村"行动。

2020年7月，宁海实施贵州省晴隆县定汪村的"艺术扶贫"行动，将艺术振兴乡村模式跨省嫁接，构建更高层次、更宽领域、更多协作的艺术赋能共富机制。

2021年，宁海通过与国内各高校艺术院系合作，整合各类项目、资金和资源，发动县内各地各部门力量，把这一模式向全县18个乡镇（街道）36个村推广，探索出了一条乡村振兴、共同富裕可复制可推广的新路径。

……

在这样的背景下，三年间，宁海传媒集团依托"看宁海"客户端，强化"用户思维"，有效运用新媒体手段，把握宣传时机，在"艺术振兴乡村"的沃土里挖到了"新闻宝藏"，也为县级新媒体助力乡村振兴提供了借鉴。

短视频，让新闻"活"起来！

随着人们逐渐从读图时代进入了视频时代，新媒体传播方式里最受人欢迎的应该是短视频，也成为人们获取信息的主要渠道。作为县级新闻单位如何借助短视频的巨大流量基础，满足受众的信息需求，成为新闻从业人员优先考虑的事。在"艺术振兴乡村"系列报道中，我们重点做到了三点，让短视频发挥了重大作用。

一、捕捉热点，让创新创意融入新闻制作

如何让短视频在新闻宣传中发挥出最大的优势？那就是要捕捉热点，提前让一些创意融入新闻的呈现上。

2021年3月份，宁海县委宣传部召开新闻例会，部署本月新闻宣传工作。其中有一条信息：3月底，来自全国各地的11所高校、19个团队将入驻宁海各村，与当地村民一起，对村庄进行设计改造，用艺术照亮"共富"路。

这则消息一出，瞬间就吸引了我们的目光。随后在不断走访、调研中，新媒体创作团队主动策划，围绕主题建言献策，对整个活动宣传方案进行了讨论、细化。比如，为了迎接南开大学吴立行教授团队入驻石门村，我们就向当地村干部建议用牛车。

为什么会选择牛车？因为在走访中，老一辈村民告诉我们，这是石门村旧时迎接贵宾的最高仪式。石门村位于宁海县大佳何镇石门岙，自然资源优厚，人文历史悠久，但是村庄集体收入较为薄弱，村民渴望发展，用最高礼仪欢迎，恰恰能表达村民对教授驻村的期待和对美好生活的向往。

3月31日，在石门村口，近百名村民敲锣打鼓，拉起"世外石门热烈欢迎南开大学吴立行教授团队驻村"的横幅，用一辆挂着红绸的牛车把教授迎进了村。当天，我们用《牛！教授艺术驻村，百姓拉着牛车"抢"进村》作为标题，剪辑制作了1分多钟的短视频。视频中并没有特别精致的镜头，全部采用记者的现场记录，通过捕捉现场，热闹的锣鼓声，拥挤的人群，一张张真挚的笑脸，一句句发自内心的话语，再加上配乐，剪辑成短视频，真实流露的情感直击人心，全村的兴高采烈溢出了屏幕。

唯有真实，新闻才最具力量，也最为动人，新闻短视频的制作亦是如此。所以，在短视频的呈现上，我们可以加点创意，借助不同的表现形式，让新闻活起来，同时要注重真实，更注重受众的感受，让他们能直面现场的冲击力。

《牛！教授艺术驻村，百姓拉着牛车"抢"进村》视频同步被人民日报客户端、中国网客户端、浙江新闻客户端、中国蓝新闻客户端、宁波日报、宁波晚报推送，引起了网友们的强烈反响和广泛讨论。推送后，浏览次数217460，点赞次数5863，分享次数8452。

二、亲历亲感，用细节呈现提升新闻温度

新闻线的前辈一直说：好新闻，关键是去现场。只有记者走在路上，记者

才是记者。短视频记者，更应该遵循这个原则。

与传统的大屏节目不一样，新媒体的短视频在叙事上更注重现场感，要借助现场同期、现场声音、现场画面等元素，尽力把真实发生的新闻事件原汁原味地展现给大家。做电视新闻的都知道，大屏节目在画面选择上，更注重画面的清晰、稳定、规范、美观等，进入新媒体时代，这些要求有了新变化，新媒体更在意一些有情绪迸发的现场场景，从而拉动受众情感的共鸣。

"艺术振兴乡村"系列，我们跟踪了三年，也做了三年，实现了年年做、年年新、年年火的原因，除了报道及时、内容真实、表现新颖外，更离不开现场细节的抓取，我们把镜头对准了老百姓，让参与一线、只会讲方言的村民自己发声，用细节打造有温度的报道。

"在村庄改造中，我们村民的热情和团结真的很厉害，我每次经过文化礼堂的时候，村民都排在那里，给我们做竹椅，进度太快了……"2021 年 8 月，《大艺术"＋"》访谈栏目采访了山东师范大学教授刘东峰，他给大家讲述了驻村毛洋的感人场景，跟着记者镜头，观众很直观地感受到了村民对村庄改造的参与程度。同样的，走访强蛟镇下渔村的时候，记者遇到了一个阿婆，她为了村庄改造，自愿把自家宅基地让出来修建停车场，面对镜头，她直言，"为了村里发展好，宅基地没了，我不心疼"……这些到位的群体访谈，真实而感人。再加上各村村民、村干部、乡镇干部、志愿者、教授团队自发学习、参与创作、无偿支持等角度给予了该系列报道全方位的展示，通过一个个身边的小故事串起宁海本土"乡村振兴曲"，引发了共鸣。

同时，在节目制作处理上，主创人员也是花了很多心思，制造了很多有意思的小细节，比如，每期视频的切入点都很小，可能是一个创意、一张照片、一个布偶；在主播的带领下，缓缓道来，让受众更好地了解报道的内容；有时候也会在结尾，对下一期的内容进行简单勾画，制造悬念，引起受众的兴趣和关注度。

三、深度挖掘，以组合报道打造"全线产品"

一说到短视频，大家第一印象肯定是"短"。比如说，我们在"直播宁海"抖音平台发布的短视频 70％以上时长都控制在 15～20 秒左右。这符合现在这个碎片化时代的节奏，但是很多好新闻又不是短短十几秒就能讲清楚的，怎么办？

我们要将新闻线索"吃干榨尽"，充分发挥媒体融合后的资源优势，对同一新闻事件进行全景式报道，推出组合式"全线产品"，产出的新闻产品包括：短视频、深度报道、评论文章、人物访谈、纪录片……

以石门村的报道为例。自从 3 月 31 日石门村的村民敲着锣、打着鼓，把南开大学艺术设计系副教授吴立行及其团队"抢"进村开始，昔日宁静的小山村成了"不夜村"。短短 9 天时间，在吴教授团队指导下，村民们的艺术创作激情被点燃了，一系列作品给山村带来了艺术的蜕变，更给村民的精神世界注入了新的动力。这个过程，我们除了做好动态报道之外，还对新闻的呈现方式做了创新，比如，在展现村庄变化的时候，我们让主播带领大家实地体验，木头、石头做的七彩"天安门"、竹子做的水循环、旧砖头搭建的风景墙等，既有实景，又有新旧图片的对比，还有村民的采访，让人很直接地感受到视频标题要表现的主题——《有"颜值"更有"品质"！宁海小山村的艺术范十足》。

在驻村的这段日子，主创人员与教授团队进行了深入的沟通、交流，并碰撞出了火花。"一个村庄要发展，主要源于它的内生动力。"吴立行教授的一句话，激发了我们创作深度访谈栏目《大艺术"＋"》的灵感。

宁海"艺术振兴乡村"第三年，如何让其提质扩面，如何让宁海的乡村更有活力、张力、生命力，我们需要广开言路，倾听能人的意见，《大艺术"＋"》访谈栏目就通过与来自全国各地的教授们的对话，聚焦宁海艺术振兴乡村行动，不仅给宁海乡村指明了发展方向，也为其他地方乡村振兴提供了经验。

等整个村庄打造结束，我们又借助《主播游宁海》这个旅游栏目，以这个网红村为起点，串联起该村所在乡镇的吃、喝、玩、乐的所有资源，引导大家来体验现代乡村最本真的生活，为促进当地的旅游经济提供了助力。

石门村、涨坑村、毛洋村、下渔村、力洋孔村……主创人员通过亲身体验、实地走访等形式寻找新闻线索，打破传统的新闻生产方式，借助不同栏目把新闻"吃干榨尽"，让新闻既有新意又有深度，同时，多角度、全方位的系列报道也巧妙地串起了宁海乡村"变"的过程，受到了各方肯定。

大专题，让新闻"融"起来！

媒体融合发展是一场重大而深刻的变革，必须由表及里，深入融媒体生产的每个流程和环节，不断推进机制创新，推动媒体和媒体人从"相加"到"相融"。在跟踪报道"艺术振兴乡村"的过程中，宁海传媒集团借助重大主题报道，开辟了"媒体融合"的一种新路径，让采编人员、新闻内容、宣传效果真正有效"融合"。

人员"融"起来。目前，宁海传媒集团新媒体部共有员工20名，其中创作团队只有3名记者、2名主播，如果全部依靠这几个人要完成一个长达几个月甚至几年的重大主题报道，难度可想而知。所以，集团编委会决定，由集团统一部署，打破科室壁垒，围绕同一个主题，集合所有新闻一线的力量，根据自身平台的特点分工合作，全力做好这件事。

每次参与"艺术振兴乡村"的主创人员主要有三路人马，根据各自的特点进行了分工合作。比如，宁海县委宣传部新闻办的工作人员对各村情况、活动安排、人员分配比较熟悉，主要负责联络对接、确定选题、外宣投送等工作，全媒体采访部记者则侧重于拍摄动态、记录现场、制作专题片等，而新媒体部用新媒体的方式（短视频、直播、H5、图解、新闻专题等），以挖掘背后故事、展现亮点、总结推荐、深度访谈等为主，三方人员都具备独自作战能力，必要时进行合作。由此，从小到大，以点到面，集团的整体报道涵盖各个层面，信息充足，风格多样，深入人心。

2021年在艺术驻村期间，我们还经历了台风"烟花"的"洗礼"。当时，"看宁海"客户端开启"24小时不间断直播"，我们这支队伍借助在村里采访的便利条件，深入一线，为广大市民带来了一场及时、全面、权威的融媒大直播，打了一场媒体融合宣传仗。

整场直播，"看宁海"观看量超30万，加上央视频、今日头条、浙江新闻客户端、浙江卫视中国蓝新闻等在内的上级媒体观看人数，整场总观看量达300万＋。在全省抗击台风"烟花"宣传总结座谈会上，被浙江省委宣传部评为优秀作品。

内容"融"起来。作为县级新闻单位，经过实践，我们发现，相对于传统媒体，在重大新闻事件下，新媒体的关注度更高，群众对于新媒体提供的关键信息需求量也就更大，重复翻阅的概率也更高。因此，集团领导在新闻策划上，要求不断变化新媒体的表现方式，特别是通过新闻专题的形式，让新闻内容实现有效融合。

举例说明，2021年，围绕"共同富裕"大主题，宁海传媒集团一方面统筹全集团近60名采编人员，进村入户，以各村打造为切入点，实现一次采集、多次生成、多元发布，全面展示宁海"艺术振兴乡村"取得的成效。同时，在图文、短视频、直播、H5、图解等基础上，还创新推出《大艺术"＋"》新媒体深度访谈栏目，通过和驻村艺术家们的对话，聚焦"艺术振兴乡村"行动。另一方面，整合所有宣传资源，电视、报纸、客户端、微信、抖音、微博……根据不同的受众和平台特性，选择适合的新闻报道，实时推送，实现时效与深度的结合、文字与影像的结合、内容与平台的结合，取得了很好的新闻宣传效果。

根据这些内容，在年底，我们又策划推出了新闻专题《从"艺"条路开始——乡村振兴宁海模式》。该专题采用国潮风，以青山绿水为背景，以手绘漫画为辅助，通过"起""涌""扩"三部分，串起了宁海在"艺术振兴乡村"中实现"共富路""大智慧""新空间"的整个过程，从点到面，提质扩面。整个专题主题鲜明、形式多样、设计独特，具有较强的传播力和影响力，不仅方便受众查阅相关报道，更是对新闻内容起到了一个展示、保存的作用。

效果"融"起来。媒体融合释放的"1＋N"的爆发力让正能量更强劲、主旋律更高昂。作为打通媒体融合的"最后一公里"，县级媒体在新闻的内容生产上，更应该注意创新创优，提升新闻舆论的传播力、引导力、影响力和公信力，切实提高社会治理的效能。

2021年至今，关于"艺术振兴乡村"的内容，我们共推出了"爱在毛洋""涨坑正传""石门村'赛马'记"等6个专题、专栏，图文、短视频、直播、H5等近500篇报道，总阅读量超200万。

这些系列报道受到了社会各界的高度肯定，并同步在各大中央、省、市媒体平台发布，稿件转发量、点赞数和评论数都十分喜人，为宁海实现"共同富裕"贡献了媒体力量。2021年7月，宁海的"开展艺术振兴乡村计划"被写入《浙江高质量发展建设共同富裕示范区实施方案（2021—2025年）》。

此外，我们相关的新闻作品连续在省市新闻奖中获奖。2019年度，《一个网红村的诞生》新闻专题荣获宁波新闻奖融合创新奖一等奖；2020年度，《二十四道拐上风景好——宁海对口帮扶晴隆24载纪实》新闻专题荣获宁波新闻奖新闻专题一等奖；2021年度，《从"艺"条路开始——乡村振兴宁海模式》新闻专题荣获宁波新闻奖新媒体一等奖；短视频《我在晴隆扶贫Vlog系列》荣获浙江新闻奖新媒体短视频系列三等奖……

在融媒体时代，信息形式多样化，人们接受信息的渠道也多种多样，单一传播平台不能对信息进行广泛的传播。我们需要将报纸、电视、广播、新媒体等资源，通过全媒体、全方位的传播，形成新媒体传播矩阵，这样才能为乡村振兴吸引更多的社会关注、增加更多的助力，从而吸纳多方社会资源参与乡村振兴，从而实现"共同富裕"。

江西省分宜县融媒体中心：
着力打造三个版本　改革融合发展立标杆

江西分宜县融媒体中心　黄传庚

一、基本情况

江西省分宜县贯彻落实习近平总书记关于"要扎实抓好县级融媒体中心建设,更好引导群众、服务群众"的指示要求,针对过去存在的"新闻宣传管理缺位、内部管理机制不活"等现实问题,于 2016 年 6 月率全省之先启动融媒体改革,整合县属 7 个媒体,成立分宜县融媒体中心,下设总编室、办公室和新闻采访部、编辑制作部、技术部 5 个职能部室,另组建融美文化传媒公司,升格为县委直属正科级全额拨款公益类事业单位,归口县委宣传部管理。2021 年按照深化事业单位改革要求,核定为县委县政府直属正科级全额拨款公益一类事业单位,内设机构更改或增设媒体运营部、影剧院服务部等 7 个部门,领导职数"两正两副"、股级领导职数 7 名,编制数 40 名。

分宜县融媒体中心改革融合发展,突出党建引领各领域全过程,确保融媒始终姓党,坚持改革不停步、融合不停止、发展不停歇,先后走过 1.0 版、2.0 版之路,正在打造 3.0 版。

二、主要做法

分宜县融媒体中心着力打造三个版本,根据不同时期的现实需要,各有侧重。

1.0 版促改革。形成投入小、见效快、可借鉴的"分宜模式",在全国范围得到 800 余家媒体单位复制与推广。以党员为主力,改革攻坚,探索机构融合先行、平台融合立本、保障延伸到位的"真改、真融、真用"新路子。建立融合平台。对接省级主流媒体,建成"中央厨房"、移动采编系统和舆情监控系统。再造生产方式。实行"人人见面、统一策划、统一调度",实现"一体策划、一次采集、多种生成、多元传播"。建设媒体矩阵。组建"乡村宣传员"队伍，推进"新闻＋政务＋服务"；打造独立客户端，集纳媒体平台，建立微信微博矩阵，集成全县微信公众号182个、县直单位微博34个；开设"问政"栏目。实行以岗定薪。打破体制内外限制，创新绩效考核，实行"同岗同责、同工同酬、优劳优酬"。增强造血功能。成立融美文化传媒公司，负责经营创收和人才引进，推动融媒体中心可持续发展。

2.0版促融合。实现舆论引导力和群众服务力"双提升"，成功承办首届全国县级融媒体中心舆论引导能力建设年会，夯实全国标杆、全省示范的地位。党员领衔，在平台赋能、技术支撑、内容生产、经营管理四方面升级打造，提升影响力、传播力等"四力"。提升平台承载力。将县广电中心大楼整体划归县融媒体中心，完善县融媒体大厦功能设施；引进"赣云"技术平台，建立本地媒资系统，打通一体化采编流程，实现全网融合生产。提升舆论引导力。构建"乡村宣传员＋网评员＋信息员"融合宣传大格局，打通服务基层群众"最后一公里"；组建"融创中心"，加快融创产品创作生产；改版升级《问政》等民声栏目，建立职能部门认领处置、督导问责工作机制；对接"赣服通"，实现民生事务在线办理，建设"指尖上的政务服务中心"。提升自我造血能力。将广场LED大屏、影剧院等国有资产委托融美公司经营管理，推动融美公司实体化。提升服务群众能力。突出移动优先导向，做到"群众在哪里，宣传思想工作就在哪里"；创建融媒体中心、志愿服务中心等"三中心融合"平台，调度3万余志愿者服务群众。

3.0版促发展。党支部瞄准"主流舆论阵地、综合服务平台、社区信息枢纽"目标，在县级融媒体中心建设方面继续"做示范、勇争先"，力争"保先稳位"。落实"优化体制机制、创新内容生产、塑强平台载体、提升造血功能"四方面12项改革任务。优化体制机制。实现"以岗定薪"向"以效定薪"转变；实行重要岗位竞岗、一般岗位轮岗、业绩考核待岗"三岗变动"；引进专业硕士研究生，培养"两微一端"领军人才。创新智能化生产。引进AI技术、5G技术等，融入日常内容生产，再造生产方式和考核流程；采取差异化生产，生产适销对路产品；成立内容生产攻坚组，项目化争先创优。塑强平台载体。展开与头部媒体合作，靠强联大做强媒体平台；以"画屏分宜"客户端为载体，完善"智慧城管""容宜办"植入窗口，打造群众离不开的掌上平台；开通"村主播"，服务数字经济"一号工程"，推动乡村振兴；开展"以媒助残"，精准服务群众。提升发展能力。引进社会资本，成立艺术培训中心；加强区域合作，拓宽经营范围；完善经营管理，增强发展活力。

三、改革成效

一是实现了融媒实力大提升。相比改革前，年均开办栏目 40 个以上，每周播发稿件约 700 篇（条），原创优质稿件增加 3 倍以上。加速媒体矩阵建设，旗下媒体拥有粉丝 89 万，是全县总人口的 2.6 倍。聘任员工年收入实现翻番，党员队伍不断扩大。

二是奠定了全国标杆地位。6 年来，分宜县融媒体中心改革经验做法被新华社《国内动态清样》报道，在 2018 年全国深化文化体制改革经验交流会上做典型介绍；入选"改革开放 40 年地方改革创新 40 案例""全国网信创新工作 50 例"，获得"改革开放四十周年全国百佳县级广播电视台""最具影响力的县级融媒体中心"称号，2019 年 1 件评论作品荣获中国新闻奖二等奖，2 个典型经验分别入选中宣部践行"四力"简报、2020 年宣传思想工作案例；入选国家广播电视总局 2020 年度传播机构类项目名单；2021 年荣获"全国先进基层党组织"，第九届全国服务农民、服务基层文化建设先进集体称号，入选中央网信办最新版《互联网新闻信息稿源单位名单》等。

四、经验启示

一是改革要真改。分宜县融媒体改革坚持以党的十八届三中全会《关于全面深化改革若干重大问题的决定》为指导，按照政企分开、政事分开原则，推动传统媒体和新兴媒体融合发展，在全省率先破局；同时以党支部为主力，组建"党员改革攻坚组"，确保各项改革任务落实到位。

二是融合要深融。分宜县融媒体中心媒体融合实现机构、人员、平台、技术直接相融，避开了"相加"过程，构建了"以体制机制融合为推力，培养全媒体人才；以平台技术融合为助力，完善全媒体功能；以创作生产融合为动力，丰富全媒体内容"融合格局。

三是发展要持续。融美文化传媒公司作为经营创收的主体，充分发挥媒体优势、人才优势，加速实体化生产，不断拓宽经营范围，完善经营管理，保持发展活力，确保可持续发展。

加快融合发展　构建新型主流媒体

九江广播电视台　江晓坚

随着舆论生态、媒体格局、传播方式发生深刻变化,新闻舆论工作也面临着新的挑战。新技术浪潮袭来,城市台在内部变革和外部竞争双重压力下,加快媒体融合的重要性、紧迫性更加凸显。近些年来,九江广播电视台认真贯彻落实中央的战略部署,推动传统媒体与新兴媒体融合,打造新型主流媒体,构建立体新型的传播体系路径,进行了有益的探索,取得了较为明显的成效。

传媒的核心是能不能影响人,影响了多少人,影响到人的程度有多深刻。这既是传统媒体的核心,新兴媒体的核心,也是融媒体的核心,是融媒体建设的核心支点。

一、转机制、搭平台、优内容

九江台现有媒介基本情况:新闻综合、农业农村、教育3个电视频道,综合新闻、交通音乐、文化旅游3个广播频率,九江视听网官网、九江广播电视报、"云上九江"App客户端(注册用户数与下载安装数50多万),"九江纵横""九江交通广播""视听九江"等11个微信公众号和8个视频号、抖音号(粉丝400多万人)。"云上九江"向今日头条、抖音、网易新闻、百度百家、一点资讯等第三方手机客户端发稿,月均阅读量达500多万次。

转变传统思维观念和思维定式,以互联网的思维和一体化发展理念,推动台内各种媒介资源、生产要素有效整合,推动现有的人才队伍、信息内容、技术应用、平台终端实现共享融通。

我台通过融媒体新闻中心平台实现了一体统筹、一体策划、一体采集、多种生成、多元传播,加快建设传播平台矩阵。构建网上网下一体、内宣外宣联动的主流舆论格局。建立以内容建设为根本、先进技术为支撑、创新管理为保障的全媒体传播体系。

1．创新机制

在现有队伍状况下，如何实现主力军挺进主战场？我台的做法是在体制一时难以改变的情况下，谋求机制转变。搭建九江广电融媒体新闻中心平台，这实际上是一个虚拟平台，通过云平台调度，打通了原来部门之间的壁垒，在不改变现有人员所在部门隶属关系的情况下，能有效调配人员力量，把广播、电视、网络、广电报的人力资源、新闻资源整合起来，达到人员的柔性使用效果，改变过去各媒体各自为阵的老套路，打通了堵点，实现了运行畅通。打出了一套"劲往一处使"的组合拳，一张全天候的立体交叉宣传网，实现了传统媒体与新兴媒体同频共振。台传统媒体与台新媒体中心现有的视听网、"云上九江"App 客户端，微博、微信公众号、第三方新闻资讯平台、网络直播、抖音七个传播主体，形成了"融媒体统筹、新媒体首发、全媒体跟进"的运行模式。

把"三变""四互""一评"工作纳入正轨。"三变"，即把实践中比较好的做法变成一个机制，把机制变成模式，再把模式变成今后的惯例。比如，融媒体的运作模式在协同作战中发挥了重要的作用，就将它形成一个长效的工作机制。"四互"，即各媒体节目每周互看、互评、互比、互学，促进了业务水平提升，也达到了传帮带的效果。"一评"，即开展每月节目月评，每次抽到哪期节目，哪期节目的当班播音员和主任也要参加月评旁听；同时把"评稿"纳入节目考评的范围，每期都评出最优稿和最差稿，与业务绩效考核挂钩。

2．一体统筹

成立了外宣报道组和全媒体报道组，统筹广播与电视、内宣与外宣、传统媒体与新兴媒体。全台采编力量全部进入台全媒体新闻中心调度工作微信群，分成协调组、编发组、视频组、时政组、特稿组、社会新闻组、公益宣传组、播音组 8 个专题小组，每天安排一名小组组长通过微信群统一策划、报题、审核、把关，实现了人力资源和新闻信息共享。

3．一体策划

一是策划各媒体的节目改版，做好优化资源配置，推进频率频道和节目栏目的供给侧结构性改革，解决同质化过剩供给问题，优化节目栏目。例如，2021 年将电视公共频道转为农业农村频道，服务乡村振兴，服务本地"三农"，念好农字经，深耕农业市场。二是每周召开例会，策划选题。新闻宣传做到紧扣主题主线，紧跟中心大局、紧贴广电特色。通过例会部署实现调度有方、推进有力、进展有序。2021 年围绕建党百年和党史学习教育，我台策划了"学党史·忆英烈 红心闪耀浔城"红色故事宣讲员大赛、"百名小记者讲百个党史故事"、"听党话跟党走,开启新征程"迎接建党 100 周年五一文艺晚会、九江广电全媒体主播党史宣讲"五进""寻访:致敬英烈"等十项活动。

4．创优内容

注重新媒体内容建设,始终保持内容定力,专注内容质量,扩大优质内容产能,创新内容表现形式,提升内容传播效果。"云上九江"App 近三年应对疫情,打造了九江广电"云上"系列——云上招聘、云上问诊、云上美食、云上旅游、云上课堂等。2021 年陆续推出了《看九江——慢直播》《新媒问政》《VR 看九江》。《看九江——慢直播》目前在庐山名胜风景区景点、永修吴城观鸟点、九江城区和县区交通要口等地设置 15 个全天候直播点,每个点位的摄像头定时轮流转换角度。网民还可通过慢直播了解相关要道车流信息,慢直播平台也成为城市发展与变化的宣传展示窗口,在外游子可以云看家乡,2021 年其点击量达 150 多万人次。

《新媒问政》通过台内传统媒体九江综合新闻广播《政风行风热线》栏目、九江视听网、两微一端等新媒体,广泛搜集网民意见、建议、诉求、投诉、咨询、反映,经过数据梳理分析比对和研判后,筛选出有价值的新闻线索,全媒体记者进行采访,涉及政府部门进行解疑、释惑、回应、回复,再由新媒体把政府部门的回复向网民、读者推送、刊出,从而形成完整的网络社情民意信息区块链。《新媒问政》平台有效搭建起党委、政府与网民沟通、交流的信息高速通道,及时权威回复网民关切,倾听网民心声,化解、疏导网民的情绪,更好回应网民的诉求,在网络时代起到发挥好主流媒体"风向标""压舱石""定海针"作用。

《VR 看九江》系列视频,运用最新 VR 技术带网友畅游九江的山水。打开视频,在视频播放的同时,通过手指推屏幕的方式任意改变观看视角,720度全景欣赏沿途风光,真正做到"云上九江"在手,掌览风光无限。

二、探索媒介融合与"新闻＋政务服务商务"运营模式

新闻宣传和经营创收,两手抓两手都要硬。围绕主责主业,紧贴市场、关注民生,探索"新闻＋政务服务商务"的运营模式,增强自我造血机能。

挖掘政务资源同样是考验媒体人的四力,即要有发掘主题的脑力、识别题材的眼力、挖掘富矿的脚力、创意呈现的笔力。只有这样才能与党委政府部门同频共振,找准坐标定位,把准对方的中心工作、工作重心,才可能促成合作成功。这点也再次印证了广电工作是政治性很强的业务工作,也是业务性很强的政治工作。

1. 全媒体背景下的栏目、频道频率政务合作

近三年,我台充分发挥政务资源优势,以合办节目栏目为平台做大总量,我台先后与相关部门和单位联合创办了一批"块头大、分量重"的新栏目。

《落实进行时》是由九江市委督查室、市政府督查室、九江市中心城区重大城建项目联合督察组与我台联合开办,并给予栏目开办专项经费支持的一档栏目。该专栏每周一期在电视新闻频道首播,同时在我台"云上九江"App进行播出。节目通过宣传先进、曝光问题、公开承诺,着力营造全市上下狠抓落实的浓厚氛围,有效促进各项工作落实,解决老百姓关心的问题,加快推进高质量跨越式发展。

在2020年的九江市《政府工作报告》中,两次提到我台创办的《落实进行时》电视专栏。其中,在回顾2019年工作时,报告中提到:开辟了《落实进行时》专栏,对工作落实发挥了促进效应。在部署当年工作时,报告提出:要继续办好《落实进行时》专栏,更多地把"进行时"变成"完成时",确保每一项工作都妥妥帖帖落地、实实在在见效。在2021年九江市召开的第一个全市性的工作会——优化营商环境暨"项目大会战"动员会上,九江市主要领导再次提到《落实进行时》等栏目,称其特色鲜明、效果明显,并要求继续加大力度、创新方式,争取做出品牌。

《落实进行时》栏目开播三年来,以"紧盯责任清单、突出效果导向、强化担当落实、促进作风转变"为宗旨,紧紧围绕省、市中心工作和群众普遍关心问题进行选题,栏目把政府落实工作的本质同媒体自身的特点结合起来,运用评论、讨论、追踪等灵活多样的形式,扩大宣传效果,营造落实氛围,切实把政府的想法变成广大干部的行动,把政府的压力变成广大干部的动力,把工作的推动落实变成广大群众的福祉。

为配合打赢三大攻坚战,先后开播了《脱贫攻坚第一线》《乡村振兴进行时》和《生态环境快报》电视栏目;为宣传好外地成功人士的创业故事,服务好招商引资工作,与市委统战部、市工商联联合开办了《东西南北九江人之今日浔商》栏目;为深入推进扫黑除恶工作,与市扫黑除恶专项斗争领导小组办公室联合推出了《扫黑除恶进行时》专栏;与市营商办合作,开办了《优化营商环境提质年》栏目;与市农业农村局合办农业农村频道,涉及两大业务版块,一是以农业农村局为核心辐射乡村振兴局、林业局、水利局等农口部门的合作,二是做好大农业的文章。

推出的这些合作栏目宣传方式均为全媒体报道,全方位立体宣传。社会反响热烈,实现了社会效益与经济效益双丰收。

2. 全媒体背景下的项目政务合作

抓发展就要抓经营，抓经营就要抓项目。我台主动争取政务资源，谋划推进重大项目，陆续推动了绿色发展示范区、农业农村局、卫健委、沿江办等一批超 100 万元的大项目落地。一是策划好项目。项目需要策划、包装。首先了解对方的需求是什么、对方在想什么、对方准备干什么，结合对方的工作实际主动策划。策划要上接天线下接地气，才能有针对性，才能做到有的放矢，抓到对方的痛点和痒点。要在各地政府工作报告中找策划、在各部门单位年初工作要点里找策划。二是洽谈好项目。洽谈项目一定要找准关键的人，找对了人就成功了一半，人脉也是最核心的资源。沟通过程中要始终把自己放在乙方的位置，以客户为中心来洽谈项目。三是服务好项目。服务项目同样很关键，只有做好服务，才有可能保住存量、争取增量，不能只想做一锤子买卖，需要树立人人都是服务员的理念。

例如，我台与本市各县关于绿色发展示范区的宣传合作项目，其背景是：2018 年 8 月，九江与湖北武汉、上海崇明岛一起成功入选长江经济带绿色发展示范区首批创建城市。推动长江经济带发展是以习近平同志为核心的党中央做出的重大决策，是关系国家发展全局的重大战略。近年来，九江各县（市、区）全面深入贯彻落实中央、省、市关于长江经济带建设的重要指示精神和安排部署，以九江创建长江经济带绿色发展示范区为契机，高起点、高标准、高质量打造最美岸线，努力实现"水美、岸美、产业美、环境美"。为更深入贯彻落实党中央推动长江经济带发展的要求，更好地宣传全市创建长江经济带绿色发展示范区和打造最美长江岸线、最美修河岸线、最美鄱湖岸线的成果，我台策划推出创建长江经济带绿色发展示范区全景式大型系列新闻纪录片。

本系列新闻纪录片和推广活动全景式记录赣北大地上这场波澜壮阔的历史进程，全面展示在各县委县政府的坚强领导下，各县上下以"敢教日月换新天"的气概、"不破楼兰终不还"的劲头，真抓实干，攻坚克难，聚焦绿色发展取得的丰硕成果。并通过中央省市媒体、央视频、"学习强国"等新媒体平台密集推送，全面推介各县的典型经验和典型做法。

大型全媒体系列新闻纪录片以风光片的画面、故事片的情节、政论片的高度，高度浓缩、全景式扫描，分别制作 30 分钟、8 至 12 分钟、1 分钟多个版本对外发送。

项目制作中：持续推送，把精彩片段/花絮先期释放到"两微一抖"平台，吸引流量，保持项目持续热度，为项目正式推出蓄水。

项目推出时：策划特别节目，充分做好预告，利用全媒体矩阵做好相关推送。第一集推出当天,用一场绿色环保行大型直播作为播出预告;整个系列在推出当天做好电视、广播、新媒体客户端、视频号、抖音等全方位预告;专题报道在我台《九江新闻》栏目重点播出的同时,在九江广电全媒体矩阵集中推送;新闻纪录片浓缩版作为各县形象宣传片在我台电视新闻频道黄金时间段滚动播出。

项目推出后:做好全网分发,实现全国覆盖。传统电视重点向央视《新闻联播》《江西新闻联播》推介各县绿色发展专题报道;新媒体端重点向"央视频""学习强国""江西发布"推介各县特色经验和做法;整理节目里的"干货",做好相关拆条、再编辑,在新媒体端进行二次分发推送,实现全网分发。

为承接好合作项目和大型活动,近两年我台相继成立了文创中心、视频制作中心、小记者活动中心,实行"中心＋频道频率"的运行模式。

3. 全媒体背景下的文旅、教育等事业、产业合作

九江市作为我国中小学课本中出现最多的"课本城市",是国家历史文化名城。李白、白居易、苏东坡、黄庭坚、周敦颐、朱熹等历代名家在九江留下了一万多首诗词歌赋。《望庐山瀑布》《题西林壁》《归去来兮辞》《琵琶行》《石钟山记》等名篇佳作已经成为中国传统文化的经典印记,所以九江市的历史文化可谓一座富矿。为更好地"以文化为旅游赋能,以旅游传播中国文化",2022年我台与市文广新旅局全新推出本土诗词文旅全媒体专栏《跟着诗词游九江》。栏目通过梳理九江旅游资源,以"古色、绿色、红色"为主题,从诗词切入带出相应旅游点,发掘诗词背后的故事和文化。

对我市荣膺国家历史文化名城新闻发布会、2022庐山国际名茶名泉博览会开幕式、"悠然庐山 自在九江"九江城市文旅品牌发布会、陶渊明的浔阳诗酒情等文旅活动我台均进行网络直播,全媒体宣推。

疫情好转后,为加快旅游市场复苏,我台与岳阳台共同推出"江湖牵手共赴山水之约——感悟中华文化享受美好旅程""5·19中国旅游日"大型直播活动,携手发力,促进两市文化旅游的深入交流与合作,以实际行动推进九江高标准建设长江经济带重要节点城市。

"5·19中国旅游日"当天,九江和岳阳通过线下活动、线上直播互动方式,展示两地历史文化元素,传承中华文化。共同推介对方的城市,探索旅游区域合作新模式。活动中,九江的庐山、石钟山、浔阳楼等景区景点与岳阳的幕阜山、君山岛、岳阳楼等景区景点成为现场的主角,湖对湖,山对山,楼对楼,九江和岳阳地缘相近,人缘相亲,两城互相发出邀请,发布优惠措施,极大地调动了两地市民的旅游热情。通过我台"云上九江"App收看直播的网民有110

万多,宣传效果达到预期。

2021年我台将原九江电视三套重新定位更名为教育频道,与九江市教育局合作,目前先后开办新闻类栏目《九江教育》,访谈类栏目《教育局长谈双减》《双减大家谈》《教育思想大讨论》等。传统媒体与新媒体同频共振、互融共促,达到很好的宣传效果,有力推动了工作。

通过实行媒介融合与"新闻＋政务服务商务"运营模式,近三年在疫情状况下,我台经营创收仍逆势上扬,不断创新高。

三、推进市县联合,实现相融共赢

在网络时代"参与文化"语境下,置身其中的不同主体需要以开放、包容的心态相互融合补充,而越是融合,越能应对媒体边界日渐模糊,以及"所有人对所有人"传播带来的巨大挑战。因此加速融合,包括与县级融媒体平台的融合都十分必要。

1. 上下融

对外讲好九江故事,传播好九江声音,是九江市台、县融媒体中心的共同责任。就全国、全省而言,市级台发挥着承上启下的重要作用,一是在宣传方面加强联合。我台每周召开选题策划会,紧紧围绕党委政府的中心工作,在不同阶段,精心策划一批选题。各县市区主动加强与《九江新闻》的对接,掌握选题方向,共同唱响主旋律。二是在创新方面加强联合。《直通县区》是我台与县区合作的一个重要载体。如何把这档节目打造成精品节目,如何通过发挥"云上九江"App、"九江纵横"微信公众号以及县级融媒体等平台的作用,进一步加大内容创新的力度,市县在共同探索。这对把握舆论宣传工作的主动权,让正能量更强劲、主旋律更高昂将起到重要的促进作用。三是在经营创收上加强联合。市级台并非到县里去抢县台的广告资源,而是通过联合,共同把盘子做大,实现利益共享、共赢发展。

2. 内外融

包括对内整合和对外整合两个方面。内部整合方面,市台搭建了全媒体平台,建立起了统一指挥调度机制,但是还要纵深推进媒体融合。县级融媒体也同样面临着人力不足、业务不精等突出问题,因此,加快整合步伐,是市县面临的共同难题。外部整合方面,有人认为,广电不是权力部分,没有资源。其实不然,主流媒体有平台资源,有内容资源,只要充分发挥好主流媒体的优势,再整合一些外部资源,就能实现很好的发展。

3. 双屏融

新兴媒体一定要依托传统媒体才会有发展,而传统媒体又必须依靠新兴媒体提升影响力。我台也是通过重点建设"云上九江"客户端,不断完善平台功能,推进优质内容生产和高效传播,下载量不断增多。同时将传统媒体的内容资源、创作生产优势输送至移动客户端,大小屏互联互通,相互引流,通过多屏连结受众的融媒传播方式,不断提升传播力、影响力。市台的新媒体资源相比县级要丰富,市、县可合作共享。

九江市、县两级也越发认识到必须凝聚合力才能做大做强。2021年5月,九江市广播电视媒体融合协作会应运而生,这是一个由九江市广播电视媒体自愿组成,集行业性、专业性和产业性于一体的媒体合作组织。媒体融合协作会的核心理念是联合、整合、融合、共赢。宗旨是服务文化传媒产业发展,促进市、县广播电视媒体在文化传媒领域的交流与合作,提高市、县广播电视媒体文化传媒产业项目的经营价值和效益。通过媒体融合协作会实现会员单位资源整合、信息互通、市场共赢。

这些年来,我台按照中央关于加快推进媒体深度融合发展的总体要求,积极适应全媒体时代发展大势,做到坚持正能量是总要求、管得住是硬道理、用得好是真本事,不断推进媒体融合,加快从相加阶段迈向相融阶段,努力将传统媒体建设成具有强大传播力、引导力、影响力和竞争力的新型主流媒体。

长兴县融媒体中心：
践行"媒体＋公益"实践路径探析

长兴县融媒体中心　徐利利　秦　莉

新闻媒体拥有正确的政治导向、思想理念，拥有广泛的传播基础和受众基础，因此以"媒体＋公益"形式组织开展公益活动，能够引起更多受众关注，获得更好的互动参与度，从而引导并集聚社会各界人士为爱发声、向善而行。

长兴县融媒体中心一直以"践行社会责任、传递正能量、弘扬新风尚"为目标，发挥媒体优势，提升服务能级，加强与社会公益组织的协同配合，策划开展各类公益活动。其中，大型融媒体公益活动"送给亲人"已连续举办八季，惠及群众上万人次，大型对农公益活动"帮扶在行动"已连续举办近 30 场次，惠及群众上千人次。

一、强化"协同"公益，增强持续力

近年来，媒体逐渐从公益事业"报道者"转变为公益活动"参与者"。长兴县融媒体中心作为全国县级融媒体中心的"样本"，充分发挥自身媒体优势，整合各类资源，巧借外力，形成合力，推动"媒体＋公益"活动项目的持续深入开展。联合县委统战部、佛教协会等单位成功举办八届"温暖腊八粥"公益活动，施粥点位从一开始的 2～3 个增加到 30 个，施粥份数从上千份增加到了 30 万份，获得了百姓好评，取得良好社会反响。联合爱心商家和爱心人士连续举办四届"爱心年夜饭"公益活动，以吃一顿饭、送一份情以及发放新年大礼包的形式，带给近百名困难群众一份节日的温暖和欢乐。

与此同时，长兴县融媒体中心在探索媒体公益路上，积极融入社会公益组织的力量，形成了"媒体＋志愿者"的模式。中心与乡镇部门、村（居）社区、社会组织联动联建，形成各方协作、广泛参与的格局，使公益活动由阶段性向经常性转变，促进公益活动健康有序开展，累计已有 100 多家单位、10 余家社会公益组织、600 多户爱心商家长期参与到媒体公益活动项目中来。

图 1　志愿者们给交警　　　　　图 2　"爱心年夜饭"活动，给外来
　　　　送腊八粥　　　　　　　　　　　　民工子弟送爱心

二、推动"常态"公益，增强精准力

公益活动是为了有需要的人解决实际困难，必须对症下药，精准对接。为此，长兴县融媒体中心坚持需求导向、问题导向和效果导向，聚焦帮扶、扶老、爱幼、救灾等领域，将公益活动项目细化到季、月，内容延伸到场所、到服务对象。每年3月聚焦妇女群众举办"爱的下午茶"等公益活动，给坚守基层一线的妇女群体送去别样关怀；6月聚焦青少年，举行"爱的呵护"等公益活动，走进当地民工子弟学校、农村学校等，给孩子们带去知识"礼包"；9月聚焦老年群众，关爱"夕阳红"公益行，走进福利中心、老年活动中心。尤其是每年炎炎夏日的"一杯水"公益活动，自2012年7月发起以来，已经走过10个年头，"一杯水"公益行动也从一开始覆盖城区9条主要街道的22个爱心凉茶点，到如今覆盖全县城区、乡镇（街道、园区）主次街道、商场、市场等地的百余个爱心凉

图 3　爱心商家领取清凉物资　　　图 4　环卫工人在爱心休息点
　　　　　　　　　　　　　　　　　　　　喝上解暑茶水

153

茶点,面向群体更是从单一的环卫工人到建筑工人、公安交警、综合执法队员、外卖小哥等户外高温工作者,正如当地百姓评价:"一杯水"公益行动,已经不单单只是一场公益行动,更体现了长兴媒体的责任与担当,也体现了长兴这座城市的温暖。将公益活动项目与新闻宣传相结合,各具特色的公益活动,让长兴县融媒体中心的公益活动更加贴近服务对象的内在需求,凸显成效。近年来,已开展各类公益活动上千余次,参与志愿者3000余人次,服务困难群体、弱势群体上万人次。

三、打造"品牌"公益,增强影响力

随着媒体公益活动的深入推进,一大批受群众欢迎的公益活动项目应运而生。特别是新冠肺炎疫情发生以来,长兴县融媒体中心第一时间响应、迅速行动,于2020年2月成功发起"送给亲人"第一季大型公益活动,为医院和卡点、隔离点等一线抗疫人员送上食品和物资,活动持续75天,每晚不间断,累计慰问执勤点共1500多个,慰问一线执勤人员超5000人,参与的爱心商家达100家,累计送出爱心商品2万件以上,金额达60万元,参与爱心奉献志愿者累计超1000人次,该活动获得了社会各界广泛响应,赢得了很好的公益口碑。结合结对山区群众需求,策划开展第二季爱心捐衣活动,每个周末"送给亲人"志愿服务团队走进街道、社区(村、居)、学校等地开展现场捐衣活动,短短一个月时间共举办12场现场捐衣活动,近500名市民参与,收获旧衣物10余吨。截至目前,"送给亲人"公益活动已经连续举办八季,上百户爱心商家、企事业单位参与,惠及群众上万人次,其形式和内容也得到了进一步延伸和丰富。

图5　给防疫人员送上暖心物资　　　　　图6　给山区贫困学生送温暖

"送给亲人"公益活动自发起后,一呼百应、爱心云集,已成长兴家喻户晓的一个公益活动项目"金品牌",先后荣获"长兴榜样"提名奖、长兴县志愿服务

一等奖、湖州市志愿服务银奖、浙江省品牌公益活动称号等荣誉。

四、探索"线上"公益，增强辐射力

除开展各类线下公益活动外，近年来，长兴县融媒体中心越来越多地探索开展线上公益活动，借助中心"两微一端"平台推出了"帮扶在行动"媒体助农、读书打卡、圆梦微心愿等公益活动项目，吸引了众多"网民"志愿者参与，进一步扩大公益活动辐射圈，打通了志愿服务"最后一公里"，实现了服务群众"零距离"。特别是"帮扶在行动"媒体助农大型公益活动，以"长兴鲜"线上平台为销售主渠道，通过主播带货以及联合全县的生鲜平台、电商达人等助力帮扶。爱心买家可通过直播链接或"长兴鲜"微信公众号进行下单认购。同时，中心立足自身的媒体特点，在高度的社会责任感和使命感下，以线上线下结合的方式，特别策划推出了"帮扶在行动"系列活动，从2018年至2020年，历时3年，连续推出四季，助农销售总额达260万元，有效解决了农户的燃眉之急，减轻了疫情带来的经济损失。此外，与当地街道合作推出圆梦微心愿公益活动，以"线上征集、线下圆梦"的网络形式，征集到困难群体的"微心愿"114个，最后成功圆梦88个。

与此同时，长兴县融媒体中心将原有在本地电视端小有名气的民生栏目"小彤热线"搬上移动端，结合移动端反应快速、影响范围广、易传播等特点，聚焦民生热点、百姓关注，推出的爱心认购、寻人等公益活动，引起了强烈的社会反响，帮扶了一批人，解决了一批民生大小事。6月11日，"掌心长兴"客户端推出《帮帮张美花：3000斤玉米滞销，期待您的爱心认购》报道后，广大爱心人士和企业纷纷伸出援手，仅仅几个小时3000斤玉米就认购一空，说明"媒体＋公益"的形式，能够快速地激发和带动整个社会的正能量。

五、深化"新闻＋"公益，增强助推力

熟悉公益活动的人都清楚，任何一个能够真正帮助到被帮扶群体的公益活动，背后都离不开媒体的助推。新闻能够在最短时间内，用最有代入感的表达方式，唤醒受众心中的善念。不少人认为，离开了新闻，公益变成了无源之水、无本之木，人们心中的善念也没有机会得到激发化为善举，真正付诸行动去帮助那些需要帮助的人们。

在新媒体时代，受众的阅读习惯变了，参与公益活动的方式和理念也变了，更多的人追求点滴善行汇聚公益大能量，所谓"众人拾柴火焰高"。为此，

155

图 7 "小彤热线"爱心认购   图 8 帮助种植户解决销售难题

长兴县融媒体中心持续发挥媒体优势,增强"新闻＋"公益意识。2022 年 4 月 13 日,长视新闻、掌心长兴视频号、长兴发布等媒体平台集体发声,报道《长兴 3 岁女孩急需换肝活命,请您献爱心为生命接力》后,受到社会各界广泛关注,短短 7 个小时募集善款 23 万余元,帮助小沁卓成功完成肝移植手术。又如通过媒体公益力量,为突发疾病的长兴 27 岁姑娘沈慧娟募集近 18 万元,用于疾病以及后续康复治疗。这些案例是长兴县融媒体中心进行深化"新闻＋公益"的有益尝试,打开了一扇社会责任和媒体品牌传播双赢的大门,拓展了新闻信息服务的深度和广度,也助推了媒体深度融合。

"作为县域融媒体中心,我们有使命、有责任弘扬新时代的公益精神,让公益声音被更多人听到。"长兴县融媒体中心在公益路上将继续发挥媒体的责任和担当,以"四季公益"为主线(一季一主题),持续推出"接地气、有温度"的公益活动项目,让公益活动内容更丰富、形式更新颖、服务面更广、参与感更强、体验度更好,推动形成全民公益、人人公益的良好社会氛围。

11:04 ✈   ‹‹‹ 4G ⚡

✕   ···

长兴温度，一场7小时超额完成的爱心接力！

长兴发布 2022-04-13 23:45

昨天
3岁女孩小沁卓急需换肝救命的
求助信息牵动了长兴人民的心
长兴传媒集团及时采制推出
《长兴3岁女孩急需换肝活命
请你献爱心》对生命接力报道

11:12 ✈   ‹‹‹ 4G ⚡

✕   长兴发布 ›   ···

还记得小沁卓吗？

此前，小沁卓急需换肝的消息
牵动了无数长兴人的心
今天，从小沁卓爸爸那里传来好消息
小沁卓成功完成肝移植手术
目前在ICU进行术后观察
小沁卓爸爸发来感谢视频

图9、图10 发挥融媒公益力量，帮助弱势群体

内外融合 上下联通：
邳州市融媒体中心的"融"字文章

邳州市融媒体中心 徐希之 赵 源

内部深融 握指成拳汇聚"大力量"

融合发展是一场媒体的自我革命。媒体融合不断深化，但以内容建设为根本不能变，发挥舆论"压舱石""定盘星"的作用不能变。邳州市融媒体中心始终以内容建设为根本，不断转型升级，整合广播、电视、报纸、客户端、微信等媒体资源，通过持之以恒的探索，构建了"两台一报一网、三微一端多平台"传播矩阵，催化融合质变、放大一体效能，集聚"握指成拳"的倍增传播合力，推动媒体深度融合高质量发展。

一、追求表达的鲜度

真正实现从媒体"相加"到"相融"，首先要面临和解决的是采编人员的转型问题。培养能力，首先要转变思维方式，这是媒体融合工作的核心。

邳州银杏湖是当地重点打造的旅游景区，每到春天马鞭草、天人菊、金鸡菊盛开，游人如织。记者采写了一篇报道《银杏湖景区马鞭草盛开，美如"花海"》，在这篇报道中记者先是出镜，描述了当下银杏湖的各种美景，然后采访了市民感受，最后交代了园林旅游部门如何打造色彩城市、花园城市惠及市民的新闻背景。就传统方式来说，这是一篇中规中矩的新闻报道。但在以传播力为重要指标的融合内容生产中，仅仅"中规中矩"显然是远远不够的。新媒体小编在对素材进行重新梳理过程中发现了一个美女网红在花海中直播吹唢呐的镜头，虽然这个镜头只有短短的几十秒，但这正是提升新闻传播力所需要的那个"吸睛点"。于是编辑将这段镜头剪辑成了一个短视频，同时配以图文，创作了一篇题为《美爆！邳州网红花海里吹唢呐，喊你赴一场紫色浪漫之约！》

的新媒体作品，推出之后传播效果得到大大提升。试想如果记者最初就有这个意识，有目的地拍摄一段完整的素材，再以短视频的方式呈现出来，传播效果一定会更好。由此，我们认为媒体融合背景下，内容要素中有没有吸引人关注的点，是提升新闻传播力的重要前提，而全媒体记者编辑转型的重中之重，则在于适应媒体融合新要求，提高"一次采集、多种生成"的能力。

媒体融合更是内容生产方式、传播方式的革新。近年来，邳州市融媒体中心主动适应舆论环境变化，打破传统定式，勇于创新形式，充分运用新技术、新应用，引导采编人员积极探索应用短视频、直播、H5、VR、AR 等数字技术手段，创作更多具有本地特色、感染力强的融媒产品。中心按照跨体制搭配、兴趣化组合、项目制实施的原则，成立了融媒实验室，60 多名有志于融合创新的人才参与其中，瞄准前沿技术，研发适合移动端传播的产品。融媒实验室创作推出的网络视听节目《逗是这个事》，用邳州本土方言演绎，以情景故事为主要表现形式，以诙谐幽默为主体风格，选取疫情防控、文明素质、交通安全、反诈防诈等社会热点题材，记者小编自导自演，主播员工出演角色，每集一个现场演绎的小故事，每期一个寓教于乐的主题，由于彻底改变了传统灌输说教式的方式，再加上具有浓厚的地域特色，取得了良好的社会效果，平均点击量常年保持在 10 万＋，节目打造的"逗号""苏苏""大实"等角色也成为当地极具知名度的"网红"。

二、追求引导的力度

习近平总书记在全国宣传思想工作会议上指出，要扎实抓好县级融媒体中心建设，更好引导群众、服务群众。实现传统媒体与新媒体的融合贯通，主要目的就是为了进一步巩固基层主流舆论阵地，打通"引导群众、服务群众"的"最后一公里"。

《有融有度》是邳州市融媒体中心开设的一档融媒体话题类栏目。节目以热点新闻引出话题，引导受众参与话题互动讨论，让受众发声，让观点碰撞，让思想融通，让引导有度，最终实现小屏带大屏、大屏通小屏、多屏联受众的目的。记者在调查中发现，邳州不少施工围挡背后，隐藏着环境脏乱差、违建偷建、承租营利、项目推进迟缓、地块闲置等诸多问题和乱象，这些乱象经围挡掩盖后失去监管，长期无人问津，施工围挡俨然成了"遮羞布""挡丑墙"。2021年 11 月，融媒体中心记者制作了"聚焦围挡背后乱象"系列专题，节目在新闻频道《有融有度》栏目播出的同时，还在新媒体平台设置了话题互动专区，引导用户针对节目中曝光的诸多乱象进行讨论发声，并精选部分评论内容在后续节目中展示，主持人及嘉宾进行现场回复、点评，实现传统媒体和新媒体平台之间的交错互动、彼此影响，最终达到传播效果的增值。节目推出后，在社会上形成强烈反响，并引起了当地党委政府的高度重视，责令相关责任主体逐一排查、迅速整改，并举一反三，深入查找作风建设中存在的"庸懒散、浮拖谈"问题，最终围挡乱象得到了彻底整治，受到市民的拥护和好评。

疫情之下彰显媒体担当。2020年春节疫情来袭，邳州全民居家隔离，邳州银杏融媒策划推出的系列短视频《一样的邳州，不一样的空城》，通过"空城"这一主题，引发抗疫共鸣，激发全民参与、全民战"疫"的力量，微信公众号阅读量24小时突破10万，全网观看量达到100多万人次。《两个人的婚礼，一场没有硝烟的"战役"》《希望脸皮更"厚"一点的邳州援鄂女护士》《探访医学隔离观察区，这位小姐姐瞒着父母上了疫情防控最前线》《与病毒赛跑的疾控人员》等作品记录的战"疫"人物事迹，通过广播、电视、微信公众号、抖音等平台传递，如点点萤火，汇聚成抗疫星河，鼓舞了人心士气，为疫情防控阻击战取得阶段性胜利作出了突出贡献。

三、追求贴近的温度

人在哪里，新闻舆论阵地就应该在哪里。媒体融合大局中，主流媒体有一个共同的目标，那就是向着用户贴近、贴近、再贴近。新闻产品贴近的温度，直接决定着媒体与受众的距离。

如何让新闻更有温度，邳州的答案是"走转改"。无论媒体传播格局如何变化，新闻战线"走转改"活动都永不过时，而且还要坚持常态化实践。县级融媒体中心离基层最近，与百姓最亲，最要立足街头巷尾、田间地头，抓住百姓所需所求、所喜所忧，创作更多接地气、暖人心的作品，这样才能在中国四级媒体链的最底层找到价值感、存在感。近几年来，邳州市融媒体中心相继在采编人员中开展了"树工匠之风、铸工匠之魂""深化走转改""走基层·强四力"等系列新闻行动。"俺村振兴我担当"融媒新闻行动用记者亲身参与体验的第一视角，真实记录基层乡村治理工作的"原生态"，《陈滩村的"拔河振兴法"》《甘当"老黄牛"奋蹄耕耘新农村》《山上村的绿色突围之路》等作品在故事化的矛盾冲突中，真实刻画了新时代的优秀村支书在带领乡亲们振兴乡村的实践中，直面困难、敢做善为的生动事迹和可贵担当，作品取材农村一线，直面基层矛盾，带着泥土的芬芳，充满浓郁的乡村气息，先后获得了省市级优秀新闻作品表彰，是邳州市融媒体中心"走转改"的精品力作。

《搭把手》是邳州新闻频道的一档帮忙类民生栏目，致力于帮助百姓解决困难和诉求,深受观众喜爱和信赖。如何让这一传统新闻栏目和新媒体平台互融互通,更好地发挥服务群众的价值,提升品牌影响力,邳州银杏融媒充分利用新媒体平台做好"融"字文章,吸引用户在手机客户端"互动社区"反映问题、提交诉求,接到问题后小编第一时间跟帖回复并发起讨论,并将具有采访价值的新闻线索提交"搭把手"记者跟进采访,记录解决问题的全过程并及时在互动社区反馈,针对遇到的各种问题进一步引导用户提出意见、参与讨论。节目播出之前还会在互动社区提前预告,将新媒体平台的数据导流到传统媒体平台,用新媒体的用户反哺传统媒体的收视。这些贴近性的举措有效实现了传统媒体和新媒体"你中有我、我中有你"的互联互通、良性循环,也更好地打响了媒体品牌,树立起了主流媒体的影响力和公信力。

外部互融　区域协同奏响"大融合"

作为"主战场"上的"主力军",县级融媒体中心不仅要"低头干活",做活内部融合文章,还要"抬头看路",做到外部融通。通过积极整合区域媒体资源、政务资源、人才资源等,不断探索"融媒＋"业务,打造区域协同融合发展新模式。

一、构建主流舆论"一张网"

随着移动互联网的快速发展,各地各单位政务微信遍地开花,但由于缺少专业的运营团队,常出现开而不用、用而不实的状况,成了一堆摆设,甚至有的因为信息发布不准确、运维管理不规范,造成不良社会影响。

2018 年以来,邳州市融媒体中心加快与当地政府部门的融合,依托"邳州银杏甲天下"手机客户端,推出"银杏号"政务信息发布平台,各单位把政务公开、信息发布、宣传报道的出口转移到了"银杏号"发布平台,通过银杏融媒提供的供稿平台上传稿件,进入融媒体编审流程,媒体和相关单位双重把关后发布。目前共有 25 个镇(区、街道)、125 家企事业单位入驻,基本实现全市政务部门单位全覆盖。此举大大提高了政务信息发布的质量和精准度,有效推动全市宣传舆论工作拧成一股绳、形成一张网,构建起全市一体化大宣传格局。

二、共谋精品创作"新突破"

在整合各类信息资源的基础上,邳州市融媒体中心积极作为,以数据为支撑，强化业务协同联动，赋能"新闻＋"内容生产，共谋精品创作新突破。

2021 年，为迎接建党 100 周年，邳州市融媒体中心联合市委宣传部、组织部等五部门，成立了"E 起学党史"工作室，依托融媒体平台，创新内容形式，全力讲好红色故事，弘扬伟大建党精神。工作室策划推出了包括 7 场宣传活动、6 个主题专栏、8 组系列报道的"768"融媒体产品。其中，《云邳州唱小康》以红色歌曲合唱 MV 形式，生动展示经济社会发展成果，寄托人民群众对美好生活的共同向往；《亲爱的党，我想对您说》发动不同年龄段的基层党员群众以 Vlog 形式向党深情表白，用质朴热忱的心里话表达对党的无限忠诚和热爱；《主播说党史》由邳州融媒 10 位主持人以情景表演、朗诵的形式现场讲述邳州红色故事，传承初心始命，凝聚奋进力量；《百年百秒话初心》短视频选取党领导的革命、建设、改革伟大实践中邳州涌现的英雄楷模、先进人物和模范典型，以榜样的力量激励邳州人民勇担使命、不断前行；全民学党史"百日擂台赛"新媒体互动产品通过线上线下结合、媒体联动，共吸引 80 万余人次参与党史学习线上答题，掀起邳州"百万人学百年党史"的热潮。丰富的内容和多样的互动形式让"E 起学党史"迅速成为邳州开展党史学习教育的特色品牌，系列主题产品 2021 年全网累计阅读量突破 1500 万，有力推动了党史学习教育走深、走心、走实。

三、打造融媒发展"生力军"

县级融媒普遍面临采编力量不足、生产能力不强等现实问题，媒体融合发展离不开人才队伍建设。邳州市融媒体中心在融合发展中积极整合借助社会资源，施行"一专一特"融媒人才培养计划，除打造全媒体采编队伍外，还组建了一支 170 多人的融媒特约记者团队，为融合人才队伍建设增添动力。这些特约记者有的是相关单位的通讯员，有的是摄影达人，有的是自媒体人。他们身处行业及基层一线，离新闻现场更近，获取新闻线索更方便。特约记者一方面可以及时上报新闻线索，另一方面经过培训后可以通过统一供稿平台提交新闻稿件及图片、视频素材，成为助力邳州融媒的有生力量。据统计，2021年，银杏融媒全平台平均每月采用特约记者提供的线索和供稿达 230 余条，其中新媒体平台采用量占总发稿量 35％以上。

摄图是内容传播的重要一环，特别是对于新媒体来说，图、文是不可或缺的两大要素。但受人力等条件制约，全媒体记者自拍的新闻图片往往无法满足需求，于是"约图"成为银杏融媒与特约记者之间的密切往来。2021 年汛期，邳州各地遭遇暴雨，为快速报道各地灾情及防汛情况，编辑部向特约记者群发出了约稿通知,不到一个小时就征集到了来自各地防汛抗洪一线 150 多张新闻图片,有效补充了新闻素材的不足,提高了报道的时效性。"我拍创文新变化""晒年味""最美秋色"等主题图片征集也是为特约记者量身定制的活动,极大丰富了银杏融媒的媒资库,也架起了主流媒体与社会力量融通合作的桥梁。

短视频作为一种蓬勃发展的信息传播形态,具有短小精悍、内容丰富、传播速度快等优势,不仅赢得广大受众的青睐,也成为媒体融合时代传统媒体转型升级的重要抓手。县级融媒体发展短视频新闻,必须有充足的视频信源,仅靠记者的力量很难及时抓拍到第一现场的优质素材。为解决这一问题,邳州市融媒体中心集聚社会力量和社会资源,充分发掘特约记者及广大网友的力量,让他们积极参与到短视频生产创作中去。注册用户在"邳州银杏甲天下"手机客户端可自主上传视频,经编辑选材并进行二次加工,编委把关审核后发布。这一机制促发了媒体与用户在内容生产及传播中的有效互动和良性合力,极大调动了社会参与热情,也有效提升了媒体的社会影响力。《我命令你立刻把钱退回来!》《喂,110 吗? 我想闯个红灯》《洗澡时警铃突然响,"蓝"朋友顶着泡沫出警!》等新闻短视频,场景真实、画面生动,内容极具正能量和感染力,这些宝贵的视频素材均由热心的网友提供,经编辑加工推出后迅速成为爆款产品,并被中央省市等媒体全网转发。

向上联动　汇智借力构筑"大平台"

媒体融合是一项复杂的系统工程,邳州市融媒体中心在融合的进程中,一方面实现平台互通、内容相融,充分调动区域内的资源,另一方面还积极拓展外部互通渠道,借助外部平台去实现汇智、借力,最大限度提升内容生产质量和对外宣传广度,不断提高自身的影响力。

一、联动上级媒体提升传播力

邳州市融媒体中心积极与央视、省市媒体对接,利用一切可以协作、联合的机会,共同进行协同内容生产。在这个过程中,双方会在选题确立、方案策划、内容采编上不断进行思想碰撞,开阔编辑记者眼界,提升策采编发能力,同时放大宣传效果,提高邳州市融媒体中心的影响力。

2020 年 12 月 14 日,"学习强国"平台"邳州市融媒体中心"县级融媒号正式上线。邳州市融媒体中心整合了旗下优质资源，根据地方特色，开设了"今日聚焦""邳州印象""银杏视频""文明实践""融媒动态"等多个栏目，以图文、视频、图集等多种形式，全方位展现邳州政治、经济、文化、社会、生态建设等方面的突出成绩，讲邳州好故事、传播邳州好声音。截至 2022 年 2 月，该融媒号已发布相关新闻 336 篇。其中，微视频作品《梦里的海峡思念》还荣获"学习强国"平台"我爱我的祖国"微视频、摄影作品大赛优秀作品奖。

作为全国广播电视媒体融合先导单位，邳州市融媒体中心不断深化移动优先，在做强自主传播平台的同时，加强与上级媒体的互通，先后入驻了"央视新闻＋"，新华社"现场云"，人民日报"人民号"，江苏广电"荔枝新闻"，"我苏"客户端等中央、省市级媒体，还开通了"邳州银杏甲天下"头条号、抖音号、网易号、百家号、企鹅号等，拓展了传播渠道。

2020 年 6 月，由于受疫情影响，邳州大蒜农产品出口受挫，蒜农面临卖蒜难的困境，邳州市融媒体中心联合央视客户端共同策划推出了一档直播节目，邳州市委书记和央视记者一同实地走访，以现场讲述的方式，推介邳州大蒜的"前世今生"，为邳州大蒜作品牌代言，收到良好的效果。2020 年 8 月，新华社联合各地县级融媒体中心打造的联动项目《千城早餐》上线，通过原汁原味的早餐地图，展现全国各县、区百姓餐桌背后的民俗故事和小康生活原生态。邳州市融媒体中心积极参与，成立了专门的摄制团队，最终制作完成的《邳州人吃不够的盐豆炒鸡蛋》短视频，经新华社官方账号发布后，取得了良好的社会反响。2019—2020 年，邳州市融媒体中心在江苏省广电局开展的"共享 联合提升"行动中，积极牵头并联合兄弟台做好《传承》《红色记忆》《我和共和国同龄》《亲历》等联办栏目，精心策划制作一批主题突出、内容精良的专题片，其中《传承》被评为全省县级广播电视节目共享平台最佳栏目奖，《红色记忆》被评为最受观众喜爱栏目奖。

二、联合区域媒体提升影响力

为了深化媒体融合，拓宽广度，挖掘深度，扩大传播范围，邳州市融媒体中心与徐州广电台达成战略合作，共同提升区域传播力，构建淮海经济区融媒矩阵。2021 年上半年，徐州市、县广电"双联五看"新闻行动正式启动，邳州市融媒体中心与徐州台共同策划推出了五集系列报道"双联五看邳州篇"，两台记者一同聚焦邳州看产业、看平台、看环境、看民生、看五风，用心聆听发展声音，讲述邳州干群只争朝夕的奋斗故事和精神特质，全方位展示邳州发展成就，报道一经推出，引起社会广泛关注。

2021 年,邳州市融媒体中心还联合徐州市辖区内新沂融媒、铜山融媒、睢宁融媒、沛县融媒、贾汪融媒、丰县融媒打造七城融媒区域联动体,利用各自的新媒体平台组建直播矩阵,形成强大宣发合力。2021 年 10 月,新疆货车司机买买提·努尔东和曼苏尔·帕塔尔践行承诺,8 天 8 夜跨越 4700 公里,为徐州市沛县受伤货车司机赵序磊免费"代驾"的故事火爆全网。2022 年 1 月 12 日,新疆若羌县的红枣销售遇到困难,七城融媒体中心与徐州广播电视台、徐州日报、我苏网、扬子晚报、新疆日报联合开展公益助农直播活动,短短两天销售红枣 12000 斤。两地人民相互援助、水乳交融的动人真实故事感动了众多网友,成为一段佳话。2022 年 1 月 20 日,"金虎闹春幸福来——2022 徐州市七城融媒百姓春节联欢晚会"举行,七城融媒体中心主持人齐上阵,各地富有特色的节目轮番上演,将传统春晚玩出新"花"样,并通过七地新媒体直播矩阵同步直播,总点击量突破一百万人次。

整合是一种智慧,整合更是一种力量。通过区域协作和媒体联盟,进一步发挥了集聚效应,扩大了受众覆盖,有效提升了县融的影响力,实现了社会效益和经济效益的双赢。

三、联手高校名企提升生产力

媒体融合发展不论进阶到哪个层次,都脱离不了技术、人才和规制三种力量的博弈框架。如何弥补人才和技术力量的短板,最大限度开发人的潜能,实现人力资源利用的最大化,这是县级融媒体中心亟需攻克的难题。在推进媒体融合过程中,邳州市融媒体中心牢固树立开放的思维,立足更高的站位,充分利用一切优势资源,为我所用,多方携手,开展多元化、社会化协作,为问题解决寻找答案,为融合发展探路先行。

向高校借智,开拓融合思维。大学院校人才集聚,他们站在理论的前沿、行业的高端,拥有宝贵的智力资源。我们积极和中国传媒大学、南京大学、南京师范大学等高校对接,创立银杏融媒学院,在媒体融合、技术开发、理论创新、人才培训、产品孵化等方面开展合作,并以此为载体,加强和学界的协作交流。目前,银杏融媒学院已开设管理咨询、新闻采编、经营创收、新媒体运营四大类 20 多项课程,实行每周一场内训,每月一场外训,每年一场区域性学术研讨会,有效提升了员工的技能素质、知识视野和思维观念,为深入推进媒体融合打下了坚实基础。

向名企借力,研发互动产品。技术是驱动媒体变革的重要力量,传统媒体与新媒体融合发展的过程,"内容""渠道""受众"等要素的变化都需要新技术、新平台的应用和支撑，而这些，恰恰是县级融媒体中心的弱项。邳州市融媒体中心经过考察，与南京一家科技公司开展深度合作，双方共同进行媒体融合应用的需求调研和技术开发，并在此基础上，打造了一款贴近自身实际需求的手机客户端，不仅实现了舆论引导功能的强化，而且有效打通了与县域各级政府部门间的数据壁垒，真正实现数据资源与城市建设的联通共享，为"融媒＋"的拓展提供了良好的支撑，客户端的有效用户数已突破 120 万。

向下联接　精准发力服务"大用户"

内外融合，让信息传送更有效；上下联动，则在提升影响力基础上，更为精准地服务更大范围的用户。

一、始终强化互动性

互动性是新媒体的独特优势，增强互动性是互联网思维的重要体现。在媒体融合工作中，邳州融媒坚持以用户思维为核心，始终在内容、形式、需求上强化与终端用户的互动和沟通，提升媒体平台价值。

坚持策划引领，在内容上追求互动。2021 年，邳州融媒体中心策划推出《银杏融媒会客厅》人物对话栏目，以邳州人关心关注的热点话题为切入口，聚焦社会现象，深挖背后故事，分析背后原因，并邀请当事人和嘉宾、网友现场对话、畅谈感受。9 月份，邳州籍残奥运动员在东京残奥会上一举夺得 19 金 1 银，银杏融媒会客厅邀请六名邳州籍残奥运动员教练员来到演播室，以《我命由我不由天——对话邳州残奥冠军团》为主题，与观众分享比赛经历，挖掘冠军成长故事，展示残疾运动员挑战极限与命运抗争的拼搏精神和追逐梦想为祖国荣誉而战的绚丽人生，引发受众的强烈共鸣。

坚持多维转换，在形式上追求互动。邳州融媒体中心利用自身优势和资源，积极探索多层次、多角度、多平台、多场景融合式报道。2021 年 9 月 2 日，第八批在韩中国人民志愿军烈士遗骸回国，部分参加过抗美援朝战争的邳州老兵通过电视直播镜头，见证了这一历史性时刻，共迎战友回家。银杏融媒采访了 88 岁高龄的抗美援朝老兵赵开兰，并结合他的叙述制作了 H5 互动产品"我们不会遗忘"，对抗美援朝那段波澜壮阔的历史进行全景回顾，向长眠于朝鲜战场的志愿军烈士致敬。近期，国内部分地区疫情出现反复，针对部分群众存在的侥幸心理，利用侠女闯江湖的动画形式，创新制作了"抗疫小剧场之侠女闯江湖系列"H5 融媒产品,总阅读量超过 50 万人次,有效助力常态化疫情防控。

坚持分屏联动,在需求上追求互动。始终将增强用户黏性摆在重要位置,邳州银杏融媒旗下所有的栏目上线之前,都会在电视、报纸、手机客户端和微信公众号等平台,提前发布节目主题预告,开设互动专区,无论是节目播出前、播出时还是播出后,用户都可以随时随地与节目组互动,收集用户意见建议,满足用户实际需求。《政风热线》《搭把手》等品牌栏目,年度累计设置互动主题达 200 多个,收到用户意见反馈 1 万余条。也正因为这样,才能长期在群众中树立口碑,赢得认同。

二、始终深化服务性

服务群众是新闻舆论工作者肩负的神圣使命。全媒体时代,党媒内容生产要坚持"以人民为中心"和"以人为本做新闻",牢牢树立"用户第一"意识,提供最能满足他们个性化阅读需求的资讯和精神食粮。邳州市融媒体中心充分发挥自身功能,以"融媒＋服务"做好地方党委政府密切联系群众、服务群众的桥梁纽带,推动融媒融合向纵深发展。

为进一步深化新闻内容的贴近性、服务性,2019 年至今,邳州市融媒体中心组织记者先后开展了"融媒记者园区行""融媒记者社区行""融媒记者村村行"等系列活动,新闻工作者走村串巷进社区,当好政策解读的"宣传员"、解决困难的"服务员"、社区群众的"联络员",面对面倾听百姓"急难愁盼",解决百姓诉求。随着新能源汽车的普及,许多小区居民反映买来新能源车,但安装充电桩却很困难。2021 年 10 月份,记者调查了城区五个小区的上百户居民,了解到新能源车充电桩安装过程中存在职能部门之间推诿扯皮、不愿担责、服务缺位等问题,记者将这一问题曝光后,持续跟踪解决过程,最终联络推动市房产服务中心、国家电网邳州公司、消防中队、小区业主四方代表召开协商会,现场达成解决方案,得到了居民的高度赞扬。2022 年春节,邳州市出台多项优惠政策,吸引更多在外务工人员返乡创业就业。全媒体记者联合市人社局、民政局等相关部门单位策划推出了"直播带岗"行动,对创业就业扶持政策进行详细解读,请用工单位现场推介岗位,接受求职者咨询,单场直播点击量达到 3 万人次,促成求职者与企业意向签约 200 多人次。邳州银杏融媒还开通了《违建随手拍》《我当城管》《我当网格员》《创文热线》等网络互动平台,收集社情民意,畅通民生诉求,形成了融媒体中心网上接单→相关部门调查处置→结果反馈→网上回复的良性运行模式。

三、始终优化到达性

舆论宣传工作是社会治理的重要内容和手段,只有把群众的认同感和满意度作为最根本的衡量标准,不断创新方式方法,丰富传播手段,才能把舆论宣传工作做到群众的心坎里。

为拓宽有效渠道,让信息服务更精准地送达用户,邳州银杏融媒专门开发了社区梯影终端,在居民小区、车站、医院、商超、写字楼等处的电梯里安装投屏终端,以动图、动漫、短片等视频形式,精准传递党的政策和党委政府决策部署,内容涵盖最新政策解读、民生实事发布、文明习惯养成、安全生产提示、法治宣传教育、防疫知识普及等方方面面,传播形式灵活生动、易于接受,内容丰富易懂、实用性强,成为银杏融媒打造的一个传播新阵地和服务新平台。目前,梯影终端已投入到了城区 300 多处点位,覆盖人群近 20 万人。在推动媒体融合过程中,邳州市融媒体中心还启动建设了首批融媒工作站,将媒体融合工作向乡镇延伸,向基层下沉,切实发挥主力军、主阵地、主战场作用,为基层社会治理和乡村振兴赋能。

结　语

媒体融合是过程,做强主流舆论是目的。优质内容始终是媒体的立身之本,媒体融合的效果最终要靠内容去体现,靠作品去检验。邳州市融媒体中心将以做出丰富、优质并富有传播力的内容作为媒体人的不懈追求,继续深化改革创新,推动内部深融、跨界互融、区域共融,不断完善具有地方特色、协同高效的全媒体传播体系,推动媒体融合工作走深走实。

融媒体背景下县级电视旅游节目
的发展路径探索

——以宁海传媒集团《乐游宁海》栏目为例

宁海传媒集团（宁海县广播电视台）　杨　眉　侯德勇　余婷婷

近年来，随着信息技术的不断发展和网络技术的日趋成熟，微信、微博、抖音、快手、移动客户端等融媒体移动传播手段，已然成为文化旅游推介发展的又一新方式。那么，在融媒体的冲击下，县级电视旅游节目该如何在旅游市场中分得属于自己的一杯羹呢？这值得我们共同探讨。

一、县级电视旅游节目的现状

在网络技术发展的过程中，各类新兴媒体同样得到迅猛发展，尤其是移动网络技术得到普及以后，我们获得信息的手段发生了翻天覆地的变化。据笔者对宁波大市电视旅游节目的调查发现，虽然各大电视台都曾开设电视旅游节目，如宁波台的《阿拉旅游》、宁海台的《乐游宁海》，但是，在融媒体形式下，县级电视旅游节目中存在的一些弊端逐渐暴露，自主选择差、节目质量低、制作周期慢，直接导致县级电视旅游节目收视率锐减、创收下滑。

表 1　宁海传媒集团 2016 年—2020 年电视旅游节目冠名收入情况

年份	2016 年	2017 年	2018 年	2019 年	2020 年
电视旅游节目 冠名收入	15 万元	15 万元	15 万元	15 万元	15 万元

从表 1 可以看出，2016 至 2020 年电视旅游节目冠名收入保持在 15 万元，表面上金额没有变化，但是近年来物价飞涨，钱已没有以前值钱了。说明广告商也充分认识到电视媒体的影响力和受众度不断减弱的现状，因此个别台已经停止开办县级电视旅游节目，比如奉化台，县级电视旅游节目的发展便陷入瓶颈。那么在融媒体背景下，县级电视旅游节目病症何在？又该如何突围？

二、县级电视旅游节目存在问题的原因分析

（一）内容同质化

由于县域内旅游资源有限，节目内容大都是这三方面的：自然景点、人文景观、旅游节庆。翻开 2020 年宁海传媒集团《乐游宁海》栏目播出情况总表，我们可以清楚看到，2020 年《乐游宁海》共制作播出 25 期，其中自然景点 12期、人文景观 6 期、旅游节庆 7 期。特别是重大节庆期间，内容同质化问题尤为突出。宁海每年三四月份的蛏子节，浙江台《宁海：春暖好时节 蛏子正肥美》、看宁海客户端《长街举办蛏子开挖仪式》、宁海新闻《宁海长街的蛏子又开始上市了》、乐游宁海《长街蛏子开挖啦》、西瓜视频《宁海海鲜鲜天下，长街蛏子更美味》等，各大媒体报道内容大同小异，无法突出各大媒体特色。出现县级电视旅游节目同质化的原因有很多。

1. 受众需求分析不够，针对性不强

所谓"物以类聚、人以群分"，不同年龄段、不同文化层次、不同收入等的人群或是家庭，可以说，只要是不同的人，就会有不同的喜好。在当今选择过多、消费者至上的年代，想"一锅端"，做出人人都爱看的电视旅游节目，显然已经不可能了。只有根据不同的目标观众群，打造不同风格的电视旅游节目，才能获得市场和观众的认可。

2. 县内旅游资源有限、制作成本受限

县内旅游资源有限，旅游开发又需要大量资金，地方政府支配财力有限。再加上县级电视台由于经费问题，导致内容局限于县内旅游资源，应适当拓宽视野，争取挖掘县外资源，丰富节目内容。此外，缺乏专业化的制作团队，以及财力、物力、人力投入少，也是县级电视旅游节目同质化的原因之一。

3. 视野不开阔，"旅游"概念理解狭隘

从狭义上来说，电视旅游节目就是指围绕旅行活动，介绍旅行资源，以展现地域文化和推动旅行为目的的电视节目。从广义上来说，电视旅游节目还包括电视风光片、电视纪录片、电视综合类节目中显现的旅游版块等，是以挖掘旅游资源、记录旅游生活、传播旅游文化、拓展旅游业为主旨的电视节目。电视旅游节目部门应重新定义"旅游"，现在的旅游不是传统意义上的吃喝玩乐，而是要实现"大旅游"。

（二）手段单一化

对于电视专题节目来说,常规的表现形式有很多:谈话型、主持人＋演播室讲评＋短片、体验报道式、介绍＋访谈式、走访发现式、纪实式、介绍式等多种多样的类型。但是县级电视旅游节目表现手段过于单一化,常见的就两种:

1. 单片专题旅游节目,此类形式主要是由早期风光旅游专题节目演化而来的。《乐游宁海》第 47 期《去最美村落许家山 听石头讲故事》,用的就是这种类型。

2. 主持人外景加演播室互动式旅行节目,这类节目主要兴于 20 世纪 90 年代。在此基础上,有些旅游节目摘掉演播室的环节,直接采用外景主持人自助旅游的形式,把沿途风情介绍给观众,例如《乐游宁海》第 53 期《春天 去胡陈吧》。

（三）传播单向化

线下景点与线上节目关联度不大,无法通过线上节目把观众吸引到线下景点中来。电视节目播出了就没有下文了,电视旅游节目为了播出而播出,电视旅游节目的播出并没有给景区带来应有的热度,这和最初开办旅游节目的初衷不一致,因此商家满意度低。相反,抖音、快手、短视频都在打造一个个网红打卡点,而传统电视旅游节目则鲜有热点。原因是制作团队没有紧跟融媒体形式,融媒体意识和观点不强,策划时没有使用融媒体手段。

三、县级电视旅游节目的路径探索

电视媒体是一种综合媒体和现场媒体,声像动静相统一,现场感很强,利于大范围地传播信息。在 2016 年之前,电视媒体的确有自己的传播优势,也的确是公共传播的主要媒体。但是,2016 年之后,在融媒体移动互联网时代,电视媒体种种弊端凸显。观众获取资讯的渠道越来越多,电视已不再是观众唯一的选择,县级电视旅游节目面临巨大挑战。

在融媒体移动互联网时代,电视媒体既要充分利用新兴媒体发布快、传播广的新发优势,又要有效发挥传统媒体报道深、分析透的核心优势,坚持传统和新兴并重,统筹媒体发展,推进媒体融合,实现互融互通,才能使得电视节目在海量的节目中脱颖而出,一举获得观众、市场的认可。因此,对怎样创新县级电视旅游栏目,宁海传媒集团《乐游宁海》栏目做了一些探索。

2008 年 3 月 14 日,宁海传媒集团开办电视旅游节目《旅游天地》,以电视这个平台,走节目与旅游相结合的路子,助推宁海县旅游产业的发展。随着新兴媒体不断发展,文化产业要发展要繁荣,电视旅游节目必须改革创新,2011年12月5日《旅游天地》创新升级。

2016年2月19日,习近平总书记在党的新闻舆论工作座谈会上发表重要讲话:"要推动融合发展,主动借助新媒体传播优势。"①经过前期的准备,2018年5月16日,运用融媒体手段,全新电视旅游节目《乐游宁海》上线。

宁海传媒集团《乐游宁海》栏目面对新的形势,积极调整,使得栏目有了一定的突破。

（一）融媒体时代"内容为王"

1. 彰显地域化

为了让人们能在过剩的媒体信息中关注到县级电视旅游节目,就需要县级电视旅游节目有着自身的一些特色,突出"差异化",亮出自身的特色,这样才能吸引观众。宁海县是《徐霞客游记》的开篇之地,5月19日是《徐霞客游记》的开篇之日,这就是宁海县独有的旅游资源。宁海凭借这一独有的资源,徐霞客开篇地、徐霞客开篇日等相关内容的节目多次被央视以及海外媒体采用。此外,宁海紧紧抓住地域特色美食,令宁海的特色美食走出宁海。2022年5月22日,宁波电视台《初夏水果上市 果农喜迎丰收》播出的就是宁海独有的白枇杷。2022年6月3日,央视CCTV10科教频道《味道》栏目播出宁海端午特色美食蛏子、五黄烤猪、横包粽等。

2. 着眼县域外

不局限于县内资源,把眼光打开,瞄准县域外的旅游大市场。善于运用"互联网＋"思维,不断尝试各种融媒体手段,保证线上线下的联动。宁海传媒集团和县文广旅游局合作,线上开展有针对性的上海专题推介宣传,线下主打上海特色游。《乐游宁海》第66期报道的就是栏目带领市民游上海特别节目。市民跟着主播踏上一段特别的主题探索之旅。这样满足了观众和主持人亲密接触的愿望,一方面拓展了栏目本身的创收渠道,另一方面也丰富了栏目的内容。栏目播出后,旅行社上海游订单直线上升。

3. 认清"大旅游"

随着社会经济的发展,人们出游的动机和目的更加复杂化、多样化和追求个性化,在人类价值取向、消费意识等呈现多元化、个性化的情况下,吸引人们

---

① 推动媒体深度融合 做大做强主流舆论［EB/OL］.（2019-05-23）. http://www.cac.gov.cn/2019-05-23/c_1124531934.htm.

眼球、满足人们旅游需求的不再是单纯的自然风景和人文景点,旅游资源也出现了多元化、多层次和全面的发展趋势。大旅游产业的大资源观不仅包含传统的自然旅游资源和人文旅游资源,也包括环境旅游资源、生活旅游资源和产业旅游资源在内的社会旅游资源。翻开《乐游宁海》的节目单,我们可以发现,节目内容在养生、美容、运动、健康、自驾攻略等方面也有涉及。

(二)融媒体时代"手段为新"

对电视旅游专题节目来说,常规的表现形式丰富多样,不要局限于某一种。

1. 比赛式

宁海传媒集团《乐游宁海》栏目,联合各大媒体,开展"最上镜导游"评选活动,比赛全程在《乐游宁海》栏目播出。通过比赛,评出"最上镜导游"后,最上镜导游作为宁海旅游形象代言人,参与《乐游宁海》节目拍摄。这也是一种新的尝试,对于看惯了传统电视旅游节目的观众来说,新的节目形式增加了栏目的新鲜感,引起观众对栏目的持续关注,掀起了一波热潮。

2. 直播式

2016年被称为"网络直播元年",从技术和形式上来说,目前直播早已不是什么新鲜事,"在一定程度上是借他人之眼看世界"。旅游节目的大量内容都可以用视频直播的方式呈现。2022年在望海茶开采时节,《乐游宁海》栏目就大胆采取直播连线的方式,记录茶园的风光和茶道的工艺等。县级电视旅游节目的在线直播更能体现旅游的优势,观众一边领略自然风光,一边还能聆听人文风俗的介绍,看节目犹如实地旅游。同时,观众也能及时将自己当下的感受在直播平台上与主持人进行互动。此外,直播过程中,还可以邀请现场参与者畅谈亲身感受。

3. 多点式

宁海传媒集团有"看宁海"手机客户端,"宁海新闻"微信公众号、微博公众号,同时还在今日头条、抖音等第三方平台开设官方账号,形成了比较完整的传播矩阵。《乐游宁海》节目未播出前,在宁海传媒集团各大官方平台多点式、"轰炸式"全媒体渠道宣传推送节目预告,确保市民信息接收到位。据相关平台统计,推送预告的节目收视率上升10%。

4. 互动式

《乐游宁海》栏目利用融媒体手段,在县级电视台各大官方平台上征集观众最想要去的旅游目的地。再根据热门程度,逐一安排节目录制,带着观众去他们最感兴趣的地方旅游,这不仅解决了内容局限的问题,也挖掘了一部分潜在用户。

(三)融媒体时代"技术为先"

融媒体是技术媒体,融媒体是互联网时代的产物,因此需要应用各种互联网新技术,这些技术应用包括以下三部分。

1. 启用融媒体指挥中心

为了适应移动互联网时代媒体融合的需求,目前,由宁波报业集团及其下属派联信息技术有限公司牵头的宁海传媒集团融媒体指挥中心正式启用。该平台具备集约、集成、高效的特点,打通了"报、台、网、微、端"各种资源,实现了新闻产品的"一体策划、一次采集、多种生成、多元传播、全天滚动、全网覆盖"。在最新的一期《乐游宁海》节目中,利用媒体指挥中心,让不能到达宁海开游节开幕式现场的观众在第一时间观看了开幕式的盛况。

2. 打造融媒体虚拟演播室

虚拟演播室技术就是利用色键抠像技术更换视频背景,再用由计算机制作的二、三维场景替换被色键抠除的蓝箱背景,利用计算机三维图形技术和视频合成技术,根据前景摄像机的位置焦距等参数,使三维虚拟场景的关系与前景保持一致,通过色键器合成,使前景中的人物、道具看起来完全处于计算机生成的虚拟场景中,呈现立体的演播室效果。《乐游宁海》栏目放弃主持人以往室外出镜的做法,选择融媒体虚拟演播室,合成的画面比之前的更丰富,也避免了室外出镜受天气限制的缺陷。此外,利用虚拟演播室技术,还可以进行大小屏互动,随时连线第一现场。主持人在演播室主讲,连线在第二现场直播的记者,让节目有很强的参与性、互动性。

3. 提供个性化需求服务

2022年5月20日,来自宁波地区涉及电商、食品等多个领域的10余位主播和"一起富"网络公益助农志愿服务队,把直播间搬进一市镇九龙枇杷基地,向全国推介"宁海白"枇杷,由《乐游宁海》栏目进行现场直播。为了满足外地观众购买白枇杷的愿望,利用融媒体技术,在直播时直接将购买链接挂到直播间屏幕上,满足外地观众个性化需求服务。据统计,此次直播共卖出白枇杷3000余单,销售额约40万元。

融媒体时代,对传统媒体尤其是电视媒体来说,存在极大的挑战,同时也面临新生的机遇。电视旅游节目只有不断突破自我,不断发掘创新,不断与其他媒体融合,才能取得更大的发展。总之,在融媒体背景下,县级电视旅游节目要想从海量的信息中脱颖而出,必须全面分析自身的优点与弊端,积极采取有效措施克服自身的弊端,积极拥抱新媒体、融媒体,尽可能地满足旅游行业中各个主体的需求,只有这样才能使县级电视旅游节目枯木逢春,焕发出新的生机,得到广大观众的认可。

探索县级电视台少儿节目在
融媒背景下如何创新发展
——以宁海台《太阳花开》为例

宁海传媒集团（宁海县广播电视台）　余婷婷　王晓丹　杨　眉　侯德勇

"融媒体"这个概念来源于媒介融合的理念，最早是由美国学者尼葛洛庞帝于 1978 年提出的。"融媒体"不是指某个独立的媒体，而是一个把广播、电视、互联网等相互整合的一种模式，具有高时效、碎片化、互动性、开放性等特点。融媒体时代，电视少儿节目形式多样、层出不穷，少儿获取娱乐与教学内容的形式与渠道更为丰富，更为便捷。而传统少儿电视节目面临节目缺乏吸引力、传播方式固定、广告创收模式单一等困境，须在节目内容、互动模式、传播渠道、经营发展等方面进行创新优化，如此才能应对融媒体背景带来的机遇和挑战，实现电视少儿节目创新突破发展。

一、我国县级台少儿节目发展现状

（一）少儿电视媒体的节目缺乏吸引力

目前，县级台普遍存在节目吸引力不够情况，其中重要的一点原因就是少儿电视节目质量不高。很多县级台的少儿电视节目制作资源匮乏，少儿内容单方面依赖学校提供；部分县级台的少儿电视媒体只侧重于动画片的播出，很少进行少儿专题类节目的制作。长此以往，导致少儿电视节目受众流失。

（二）少儿电视节目与新媒体融合发展黏性不够

传统电视少儿节目，传播渠道单一，少儿节目在制作上仍旧停留在电视观众收看为主的理念，内容单一，时间过长，没有充分结合新媒体短平快的特点进行传播。而且，即便是通过新媒体渠道传播的节目内容也只是电视节目的重播，没有真正创作出适应融媒体时代传播的少儿节目来。

（三）少儿电视节目广告创收模式单一

当下一些县级台少儿电视节目的生产和少儿频道的运营多为传统广告模

式、节目收费模式等,很容易造成"小富即安"的短视印象。宁海台2004年创办的《太阳花》栏目,当初与县教育局进行了单一合作,依靠一年支付一次广告费的方式维持节目运转,由于少儿电视节目广告投入比例小,市场影响力逐渐减少,节目无法延续发展。

二、县级台少儿电视节目发展瓶颈的原因

(一)少儿电视节目策划缺乏创新

随着网络电视的普及,少儿节目的数量越来越多,其内容与形式也更为丰富多样,但是很多县级台少儿电视节目缺乏创新意识,同质化问题较为突出,导致少儿电视节目普遍乏味陈旧、缺乏吸引力。宁海台的《太阳花》少儿专题节目,以校园新闻、现场活动为主,内容丰富,精彩不断,曾办得红红火火。随着新媒体的出现,大众视角逐渐开始转向网络平台,而电视少儿节目仍旧按部就班,节目形式、制作手段缺乏创新,导致受众流失,最终停播。之后,电视台改换播放动画片、电视剧或者其他影视作品来填充少儿电视节目数量。

(二)少儿电视媒体的传播跟不上短视频传播速度

近些年来,随着移动互联网技术的突飞猛进,信息传播进入新媒体时代,抖音、快手、腾讯微视等短视频App也相继问世,用户可通过手机、平板电脑等智能移动终端拍摄15秒至60秒的短视频分享到短视频平台,也可通过各类智能终端观看其他用户录制的短视频。但电视节目版块单一,例如少儿电视节目《太阳花》一期完整的节目只有一个版块,时间长达15分钟,无法适应短视频短而快的传播方式。而且,短视频能够借助移动互联网进行传播,可以进行移动传播、互动传播和定制传播,电视媒体的传播方式则为固定传播、单向传播和线性传播,难以实现互动传播。因此,电视少儿节目想要适应融媒体时代,增加互联网各平台黏性,就要从节目时长、质量、创意策划上下功夫。

(三)县级台少儿电视节目制作与运营产业链脱节

县级台少儿电视节目之所以无法持续发展和进步,一方面是因为地域平台小、推广范围窄等因素;另一方面,大多运营者认为少儿电视节目只要做好节目输出、保质保量,按部就班地播出就行,忽略了它本身是一种产业链,只有做强做大节目,构建品牌价值链,才是发展新出路。

三、融媒体背景下县级台少儿电视节目的创新发展

融媒体时代,县级台少儿节目开通融媒体传播渠道,交互式的媒体发展成

为网络媒体高速发展的必然趋势。传统电视媒体要想在融媒体背景下获得持续健康发展，就必须顺应融媒体发展趋势，充分借助传统媒体与新媒体相融合所创造出的更为强大的生命力，实现融合发展，促进少儿电视节目的丰富与优化。

（一）找准节目定位，创新节目形式

融媒体背景下，少年儿童的主观能动性被充分激发，其不再是单纯被动地接受信息，而是主动选择自己想要获取的信息。所以，少儿电视节目要充分了解少儿的兴趣爱好，对少儿电视节目进行准确清晰的定位，以此为基础丰富节目内容，树立节目特色，打造节目品牌。时隔15年，宁海台再次续演《太阳花》少儿电视节目，更名《太阳花开》，充分挖掘本地资源，分析当下少儿思想活跃、视野开阔的个性特点，将栏目定位于面对3～12岁儿童，为不同年龄层的儿童设置专属的少儿节目，合理分配娱乐与教育的比重。为适应当下融媒体传播方式，节目内容创新策划了《嘚吧嘚说新闻》《一起读书吧》《秀 Time》《小脚丫走宁海》《你好老师》六大版块，有针对性地优化少儿节目内容。

（二）利用媒体融合，拓宽传播渠道

在把内容品质放在首位的同时，少儿节目内容传播方式采取"电视屏＋网络视频＋双微运营＋多平台分发"，让目标客户能够通过多种渠道获取感兴趣的内容，使少儿电视节目产生更大的传播力和影响力。《太阳花开》栏目除了满足电视端少年儿童的收视需求，栏目内容还可以在"看宁海"客户端进行重复点播，六大版块以短视频形式在"直播宁海"抖音号、"宁海新闻"微信公众号等多平台同时推出，增加节目内容的曝光率。每年开展的"庆六一"活动进行线上线下同步直播播出，充分利用融媒体优势扩大栏目影响力。通过融媒体平台，拓宽自媒体合作，使编播不再局限于记者编辑，让更多家长、其他用户参与进来，增加节目互动性，拓宽传播渠道。

（三）开拓发展县级台少儿电视节目产业化

少儿电视节目从开始创意阶段到内容生产结束，都要紧紧围绕互联网思维去运营传播，坚持"网络生存、移动优先"的传播理念来打造融媒体产品业态和服务类型。县级电视台应积极与少儿相关产品、教育机构等强强联合，共同举办少儿节目，进而提高活动影响力。《太阳花开》策划之初就提出节目即产业的理念，冠名商、学校、机构都与栏目的运营密不可分。栏目还以竞赛类活动带动产业，例如，《太阳花开》策划进行的《我要上电视——小主持人大赛》《我要上春晚——主持人大赛》等活动，让更多少年儿童参与到活动中来，从中衍生出少儿主持人培训产业,增加社会和少儿电视节目的黏合度,实现品牌效应与销售共赢;以公益活动助力产业发展,例如,在《太阳花开》栏目一年一度的"太阳花开,筑梦未来"公益助学活动中,栏目赞助商与孩子们一同走进乡村,开展书画拍卖捐赠活动,通过这样的方式提升节目价值,以节目的品牌效应来获得品牌客户的支持。

四、结语

在互联网快速发展的时代,媒体只有顺势而为进行融合发展才能具有竞争力,而在融媒体的大潮中,每个传统媒体都面临着转变理念、更新思维、改革改制的考验。县级台少儿电视节目只有不断提高节目的创新力,跟上融媒体时代步伐,走出一条适合自身发展的融媒体生存路径,才能够不断推动少儿电视节目的发展,推动传统电视行业的整体前进。

县级融媒体中心建设的关键是"全媒"人才

——以新泰市融媒体中心改革情况为例

新泰市融媒体中心（新泰市广播电视台）　张　莉

一、全媒体人才队伍建设是媒体深度融合应有之义

无论从国家政策层面，还是从主流媒体自身发展需要来看，都必须加强全媒体人才队伍建设。

从国家政策的引导方面来看，《关于加快推进媒体深度融合发展的意见》明确要求，要大力培养全媒体人才，实行更加积极、开放、有效的人才引进政策，提高主流媒体人才吸引力和竞争力。要优化人才队伍结构，把更多熟悉新媒体的中青年优秀人才充实到关键岗位，充分释放人才活力。从这一表述中能看出，国家层面已正式将全媒体人才队伍建设纳入媒体深度融合的目标和任务中。

从主流媒体深度融合中的人才需求来看，多年的实践证明，打造全媒体人才队伍，是适应媒体新业态发展、推进传统媒体成功转型的重要基础。媒体的融合转型，经历了复制、相加、相融、深融几个阶段。在媒体介入互联网初期，传统媒体做出的电子版、网络版，只是将其内容复制过来，社会效益和经济效益都未达到预期效果。进入相加阶段，媒体经营者虽然意识到互联网跟纸媒不一样，但并没有意识到互联网之于纸媒的变革性意义。随着社交媒体的出现，专业媒体生产的原创内容一方面被社交媒体大量转载，另一方面受制于固有思维的影响，专业媒体并没有在互联网环境中显示出专业优势。随着全媒体时代的到来，伴随智能手机的出现、媒介技术的发展，人人都有机会进行内容生产，大量信息被网络用户的讨论和转发推到平台上来。所以，传统媒体无论办电子版、网络版或后来的手机报，收效都不大，传播质效受到影响。

但是，我们同样需要厘清，媒介变革、生产模式的转变，并不意味着"新闻已死"。新闻自成为专门的职业开始，就承担着维护社会公共性和社会公益性的职能。所以，新闻生产不论是从社会结构需求上，还是维护自身职业合法性

上,都应不断寻求解决模式,进行积极转型。这些年,从中央到地方主流媒体通过对内培育人才、向外引进人才或与专业公司合作,形成了一支从事新媒介内容生产和连接用户进行有效传播的队伍,构建了全方位的主流媒体传播矩阵,赢得了竞争优势。可以说,全媒体人才是媒体深度融合不可或缺的力量,对于推进媒体深度融合发展、构建全媒体传媒体系具有关键和核心意义。

二、全媒体人才培养面临的新挑战

全媒体时代,媒体竞争从某种程度上说已成为全媒体人才的竞争。从2020年9月中共中央办公厅、国务院办公厅印发的《关于加快推进媒体深度融合发展的意见》明确要求加大全媒体人才培养力度,到同年10月党的十九届五中全会审议通过的《中共中央关于制定国民经济和社会发展第十四个五年规划和二〇三五年远景目标的建议》,明确提出实施全媒体传播工程,做强新型主流媒体,标志着国家推进媒体深度融合发展的步伐进一步加快,也反映出全媒体人才在媒体深度融合中的重要性,凸显了大力培养全媒体人才的必要性与紧迫性。主流媒体要紧盯短板,探索推进全媒体人才队伍建设的方法路径,培养一支专业、高素质的全媒体人才队伍。

全媒体时代,主流媒体所需要的全媒体人才综合要求更严、复合标准更高,不但要熟知各种传播技能,更需要有全媒体思维、懂全媒体运营。

网络传播内容多元凸显新闻传播意识形态属性的重要性。当前,我国主流媒体在意识形态领域发挥着十分重要的作用。但不容忽视的是,很多影响力较大的新媒体平台,是从民营互联网公司衍生出的商业媒体,发挥着媒体功能,社会责任重大。全媒体时代,主流媒体肩负营造良好的舆论氛围、掌握舆论引导权的重任,全媒体人才的培养必须坚持正确政治方向、舆论导向、价值取向,保持党的新闻舆论工作的优良传统。

媒体深度融合需要全媒体人才具备复合知识结构。媒体深度融合意味着媒体组织架构、体制机制、生产流程、人员素质方面的深刻调整,全媒体人才必须尽快适应新的媒介环境,突破传统媒体界限下的分工思维,不仅要擅长新闻采集,还应适应智能媒体的生产、分发及交互模式,丰富新闻内容的呈现形式,在全媒体业态的各个层面和环节发挥关键作用。

三、县级融媒体中心急需全媒体复合型人才

当前,县级融媒体中心建设如火如荼,但一个不容忽视的短板是,人才不

足问题正在影响着县级融媒体中心的深度融合和纵深发展。主要表现在以下三个方面：一是人才队伍老化，二是高层次人才缺乏，三是队伍不稳定。一些县级融媒体中心在运行机制、薪酬体系、人员引进培养等方面缺乏灵活性和竞争力，对优秀人才的吸引力不足。

队伍建设及人才问题，业已成为制约县级融媒体中心发展的一大瓶颈。充分发挥人才这个第一资源作用，培养和造就一支结构合理、优质高效的融媒体人才队伍，已经成为促进县级融媒体发展的当务之急。

新闻内容的生产和发布需要人才，平台的搭建和技术的创新需要人才，经营的拓展和管理的提升也需要人才。传统媒体整合之后，当前融媒体中心的核心问题是存在人员总量过剩与人才相对短缺并存的状况。传统媒体不缺做内容的人才，但是跨界型、复合型人才严重短缺，尤其缺乏数字开发、产品设计、用户体验方面的人才，以及市场化经营和管理方面的人才。

县级融媒体中心"一次采集、多种产品、多媒体传播、多终端评估"的传播格局，对从业人员的业务技能提出了更高的要求，产品的策划、采集、生产和传播，需要更多一专多能，在各个环节都兜得转的人。移动化、可视化和智能化的传播趋势，更离不开相应的技术保障人才。推动新时代媒体深度融合发展与人才队伍建设紧密相关，应着力建设一支既理解新闻传播规律，又熟练掌握新媒体技术，政治坚定、业务精湛、作风优良、党和人民放心的融媒体人才队伍。有专家认为，当前融媒体建设最需要的是以下三类人才：一是拥有前沿传媒理念的先导型人才，二是熟练掌握新媒体技术的创新型人才，三是"一专多能"的复合型人才。

组建县级融媒体中心的人才队伍大都是原来的县级广播、电视、网站等宣传部门的工作人员，县媒的机构改革、部门整合、人员调整，加上对未来的焦虑，多少会让员工心理上产生波动，对工作产生一定消极影响。而且，他们一般对各自的新闻采编发流程、原来的新闻制造业务较为熟悉，对其他媒介传播渠道比较陌生，要做到各种媒体样样精通属实很难。对此，县级融媒体中心要用好存量，发展增量，高度重视全媒体人才队伍的培养，加强对一线采编播制人员教育、培训，增强他们对融媒发展的信心，帮助他们树立全媒型新闻传播理念、主动适应媒体融合发展，激励他们在新闻一线干事创业，担当作为。县级主流媒体的新闻工作者要内练本领、外树形象，增强脚力、眼力、脑力、笔力，贴近基层，深入群众，用好手中的相机、话筒和笔头，在不同媒介形态中生产出不同形式的新闻作品。

四、县级全媒体人才培养的路径

县级媒体全媒体人才的培养,需要从人才队伍的本身、人才队伍的成长环境等方面进行综合定位与设计,才能确保全媒体人才能力通"全盘"、素质更"全面"。下面以新泰市融媒体中心为例剖析如下:

新泰市融媒体中心(广播电视台)自 2019 年 11 月 7 日揭牌成立以来,统筹兼顾,全力培养一批政治过硬、本领超强的全媒体人才队伍,切实让党的创新理论"飞入寻常百姓家",积极为讲好新泰故事、传播新泰声音贡献新闻力量,目前已成为融广播、电视、报纸、网站、移动客户端、微信、手机报、手机台、微博等为一体的综合媒体平台。先后荣获"山东省县级广电融媒体主流影响力奖""全国县级广播电视系统十佳广播电台""全国县级广播电视系统十佳电视台""改革开放四十年全国百佳县级广播电视台第十名",以及"山东县级融媒平台协作奖"等荣誉。2016 年 11 月 7 日和 2021 年 12 月 15 日,中心党委书记、主任葛涛同志作为全国唯一的县级媒体代表和山东省唯一的县级媒体代表,两次受到习近平、李克强等党和国家领导人的亲切接见。

(一)以人为先,激发内生动力

过去的媒体管理体制下,采编人员"吃大锅饭"现象盛行;另外,在编人员与编外人员的薪酬绩效是两种不同的分配方式,而大量的工作又是由编外人员承担,时间一长,挫伤了编外采编人员积极性。采编队伍的稳定性、忠诚度、归属感不断降低,高端人才引不进,优秀人才留不住,存量人才带不动,低效冗员出不去,制约了媒体发展。人才队伍建设是媒体深度融合的关键,为妥善解决好"人"的问题,新泰市融媒体中心自成立之初便大胆探索、先行先试。

一是实现人才年轻化。结合深化事业单位干部人事制度改革,我们积极向市里争取政策,自主招聘学历高、专业对口的合同制人员。同时优化选人用人机制,在保持总量相对不变的前提下,实行优胜劣汰。截至目前,中心 35 岁以下的一线工作人员达到 130 人,大专及以上学历人员占到总人数的 92%,年轻化、专业化、复合型人才优势凸显。这些 85 后、90 后大学生知识面广,熟悉新媒体平台和网络传播的特性,走上工作岗位后迅速跟上了媒体转型的步伐,逐渐成为运营微信、客户端等新媒体平台的主力军。

二是人才培训不遗余力。近年来,财政资金每年拿出四五十万元,采取专家培训、轮岗交流、考察学习等方式,培养新闻采编、播音主持、短视频制作、工程技术等各类实用人才,补齐媒体融合专业人才短板。截至目前,培训人员

400 余人次。此外，利用职称评定调动全员干事创业积极性。按照在编人数统计规定，我单位副高级职称人数不能超过 6 人、中级职称人数不能超过 30人。经过积极争取，我市人事部门给予职称名额倾斜，目前中心 84％ 的员工获得了各种专业技术职称，其中正高级职称 1 人、副高级职称 29 人、中级职称 59 人、初级职称 108 人，编外一线编辑记者获得职称的有 85 人，岗前培训实现 100％，有效夯实了人才基础，打造了"一专多能"的全媒体人才队伍。

三是搭建年轻人发展舞台。大力推进采编人员薪酬绩效改革，优化考核方式，所有编外人员的待遇组成是基础工资加上奖励性绩效，以工作实绩为依据，通过积分制考核体系进行二次分配，用量化评分实现奖勤罚懒、递增考核、多劳多得，实现了"用实干论英雄、凭成效取薪酬"。打破制度壁垒，打破编制限制，实行竞争上岗。选拔了一批能力强、干劲足、敢创新的编外合同制人员，担任部门中层正、副职岗位，打通非在编年轻员工晋升渠道。打造融媒体名人队伍，深挖单位人才潜力，培养了一批本土正能量网红、明星。此外，任用年轻人挑大梁，组建短视频生产团队、无人机团队，推动成立新泰市互联网协会、摄像协会，着力提升年轻人员的事业心、归属感、忠诚度，充分释放人才创新创造、服务社会的活力。

四是以"名记工作室"为切口，加强全媒体人才队伍建设。新泰市融媒体中心率先在全国市县媒体启动名记者工作室建设，培育"名记者""名编辑"，打造"名栏目"，打造融媒体名品牌。名记者工作室成立后，围绕全市中心工作、重大主题、民生热点，及时策划推出深度类、专业性的融媒体专题报道，创新表达方式和产品形态，打造融媒体精品。目前，由牛丽丽和赵振命名的"丽振工作室"正在试点运行，他们两个深耕媒体十多年，历经"打磨"，一起采访讲述了几千个新时代为幸福生活而奋斗的奋斗者的故事，创作的专题作品获奖无数，并使得《天下新泰人》栏目走出新泰，走向全国；除日常宣传报道工作之外，名记者工作室还要承担对上发稿、短视频拍摄制作、直播带货助力乡村振兴、拓展"媒体＋"增加创收等任务，打造新媒体时代的主流媒体"网红"，做区域发展观察家、智囊团、服务员，以"上接天线，下接地气"的融媒体精品，在经济社会发展中发挥媒体的传播力、影响力、引导力和服务力。下一步，中心将继续打破论资排辈的传统做法，不限年龄、性别、职称、职务，在各个部门推行"名记者工作室""星级工作室"，同时给予工作室一定的自主运营权、资源使用权等，为有特长、有潜力的年轻人探索新的成长模式、提供新的成长舞台。通过打响记者个人品牌，把观众转为黏合度极高的粉丝，无论对于新媒体平台还是记者个人，都是一个极为重要的尝试，让采编队伍更好地焕发生机与活力，快速锻造其成为能够适应移动传播、迸发创新活力的轻骑兵和突击队,成为引导新闻舆论的重要抓手。

实施"名记"培育工程,致力于优化人才队伍结构,培养一批具有融媒体采编运营能力的全媒型、专家型生力军,带动形成一批灵活作战的创新团队,这是落实习近平总书记关于"努力成为全媒型专家型人才"讲话精神的重要举措,也是新泰市融媒体中心自我突破、改革创新的强烈需要。利用组建融媒体工作室这一"小切口",做好"大文章",实现"大逆转",充分挖掘内部人力资源潜力,整合现有资源,打破条块分割,加快流程再造、转型升级,向媒体融合发展展开新一轮冲锋。

（二）瞄准"活力",做好体制机制创新文章

机制活了,不但让人才流失问题得到有效解决,采编人员的存在感、荣誉感、幸福感也得到极大增强。在这样的管理模式中,如何有效推动在内部控制中的赋能授权,建立一套全面的支持机制,成为实现媒体融合发展效果最大化的关键。中心突出机制创新,探索事业体制、企业管理,实施"融媒中心＋国有公司"运行模式。2021 年 3 月份,注册成立了挂靠于新泰市统筹城乡发展集团有限公司,由我中心管理运营的国有企业——新泰市杞人优添文化传媒有限公司,经过团队重建、流程再造、产品重筑、绩效重构等一系列改革后,于2022 年 1 月份开始正式运营,这项改革遵循中央关于推进媒体深度融合的部署和对融媒体中心建设的具体要求,企业方式运营抓住"打通"这一关键,进一步打破职务、职称、身份界限,打通招聘制优秀年轻员工晋升渠道,实行分类绩效考核,将考核结果与绩效工资、评先选优、奖励激励等挂钩,作为职务调整、岗位变动的重要依据,激发全员竞争意识和爱岗敬业精神,增强中心发展的动力和活力,从而全面破解人才选用屏障、队伍融合壁垒、传播限制层级、评价考核梯次等问题,推动"团队统一、指挥统一、流程统一、运营统一",实现人员线、指挥线、产品线、渠道线的应融尽融。同时,这也是一次顺应社会主义市场经济规律、适应互联网运营需要的深层次变革,为全面发展"新闻＋政务＋服务＋商务"的新型主流媒体的运营模式创造了良好的制度条件。中心致力于通过融媒这个文化事业激活文化产业,再由文化产业滋养融媒事业,减少政府投入,最终实现融媒体中心自我造血的可持续化发展,大力拓展"媒体＋"多元业务,积极参与经营文化创意类、电子商务类、商务会展类等产业项目,注重培育和开发直播带货、直播大活动、电商等创收领域,采编和经营"双轮驱动",让蛋糕越做越大,让雪球越滚越大,确保中心经营收入逐年提高。2022 年 6 月底,非传统广告收入占比达到 80% 以上,从而形成企业与中心良性互补、共同壮

大的良好局面。

随着中心媒体人员、业务融合流程再造不断优化，采编人员把更多时间和精力放在内容创新和精品打造上，"内容为王""产品为王"已成为媒体品牌的核心竞争力，不断探索全媒体融合传播模式，各媒体平台按照"新媒体坚持用户思维，做'新'内容，传统媒体坚持精品思维，做'深'内容"的思路，深耕本土新闻，推出符合各自传播特点、群众喜闻乐见的新闻作品，从而实现"既做'好看'的媒体，又做'有用'的媒体"。针对互联网高速发展的趋势，中心倡导移动优先战略，建立起立体多样、融合发展的现代传播体系，目前媒体平台有新泰新闻综合频道、乡村频道两个电视频道，调频广播 89.6 兆赫，《泰安日报·今日新泰》，"杞人优添"网站，"掌上新泰"App，"新泰通""新泰广电""新泰融媒"3 个微信公众号，并在"新华社""闪电新闻""抖音""快手""微信视频号""微博"等平台开通"新泰融媒"账号 10 个，着力打造"一台、一报、一广播，一网、一端、三微、十账号"等"多端一体"的融媒体矩阵。截至目前，新闻综合电视频道五档自办新闻栏目全部实现日播，日播时长达 3 小时，"掌上新泰"App 总下载量达 23 万，《新泰通》等微信公众服务号订阅量达到 40 万，中心所属各媒体平台受众量、影响力、美誉度均大幅提升，为宣传展示新泰搭建了有温度、有深度、有广度的桥梁。2021 年，得益于中心内容生产的不断优化、精品稿件的不断创作，对央视供稿实现新突破，其对省台广播、电视、融媒体发稿共计4259 件，继续保持同级融媒体中心领先地位，实现全省广播宣传八连冠，连续五年荣获全省融媒体宣传第一名、全省电视宣传一等奖。

结　语

说到底，全媒体人才队伍建设问题既是一个理论问题，也是一个实践问题。县级融媒体中心作为主流舆论阵地、综合服务平台、社区信息枢纽，其功能和作用的发挥，需要一支坚强有力的人才队伍。如何留住现有人才，引进急需人才，培养优秀人才，成为促进融媒体中心发展的一个重要课题。尽管各地县级融媒体中心的实际情况不同，体制机制不同，我们认为，人才队伍建设应该始终坚持以下三个导向，即突出问题导向——重在找到适合自己的人才队伍建设的路径和方法，切实解决实际困难和问题；突出目标导向——更好地引才留才用才；突出效果导向——为高水平推进融媒体中心建设提供人才支撑，才能在融媒体时代的竞争中续写辉煌。

以体制机制改革为抓手 推进媒体融合发展

——以武义县融媒体中心 2021 年媒体融合实践为例

浙江武义县融媒体中心　吴　融

武义县融媒体中心是媒体融合以来我省较早成立的县级融媒体。自2019年3月成立以来,武义县融媒体中心以体制机制改革为抓手,融媒体中心建设稳步推进。2021年,武义县融媒体中心积极顺应媒体融合发展的新形势新要求,大步推进媒体深度融合,形成了以广播、电视和武义报为基础,新闻网站、微博、微信公众号、视频号、抖音号、新闻客户端全方面覆盖的立体传播网。2021年武义融媒抖音号、"V视武义"视频号总播放量达近7000万。新媒体作品单篇阅读量2万＋以上的有240多篇;阅读量10万＋的作品有70多篇,5万＋的作品近100篇,18篇作品阅读量过百万。中央、省市主流媒体平台共刊发我县相关报道3701篇(条)次。其中国家级508篇(条)次,省级1640篇(条)次,市级1553篇(条)次。2019年以来,获得市级以上各类新闻奖近百项,其中国家级荣誉2项,省级8项,市级80多项。《杂交水稻之父袁隆平情牵武义40年》等新闻作品先后获得国家级大奖,市新闻一等奖以上数量连年创新高,并实现了浙江新闻奖的获奖突破。新媒体爆款从少到多,增幅明显。10万＋以上的爆款年均增长400％,1万＋以上的爆款年均增长10倍以上,融媒抖音号百万以上爆款已成常态。

一、2021 年媒体融合工作实践

为优化资源配置,推动媒体融合改革向纵深发展,武义县融媒体中心通过进一步完善管理体制、运营机制,深入实施媒体改革,加快新闻骨干团队建设,促进干部成长、提升采编水平、激发队伍活力,扎实打造舆论传播主阵地。

一是建章立制做导向。建立了固定的党委、编委周例会制度,建立党委会报题、事先沟通机制,完善公司重大事项报告党委会研究机制,做到重点事项集中讨论、集中解决,提高办事和工作效率;建立个人及部室工作周报晾晒、月小结、季"晒拼创"制度,激发全体员工干事激情和效率,打造"敢打敢拼"的融媒精神；规范了"实习生管理制度""重点稿转发制度"等，规范人员管理，强化工作纪律，整顿干部队伍作风，建设融媒铁军。

二是薪酬改革增活力。在县相关部门的支持下，中心事业编人员绩效考核可以比普通事业单位增加20%。为了让采编一线员工各得其所、各展其才，我们修订完善融媒体中心绩效考核管理办法（试行），改进外宣奖励细则，打破编内人员和编外人员的身份差别，用一把尺子量人才、评业绩，绩效考核部分实现了"同岗同责、同工同酬、优劳优酬"，促进全方位提质。办法推出以来，采编一线员工月度绩效考核拉开了差距，多则逾万，低则为零，极大调动了人员的工作积极性和创造性。

三是人才培养强实干。制定了AB岗工作制度（试行），优化内部管理结构，实行一人双岗双责，变一支队伍为"两支队伍"，保证工作效率，培养人员能力，完善新闻工作队伍管理体系；推出新媒体岗位学习实践锻炼制度，进一步推出新媒体的龙头带动作用，打造采编播全面发展的全媒体型采编队伍；实行重点工作"揭榜挂帅"制度，针对重点选题、任务，以"揭榜挂帅"形式组建工作专班，集中破解难题，拓展了思路，锻炼了队伍。2021年，相继以"揭榜挂帅"形式解决了全县招商宣传片摄制、党史学习教育PPT制作等重点难点工作；举办了2场"朝发杯"新闻创优竞赛和"做有策划的新闻"业务大练兵活动，以对外宣传、重点推文、传播力指数榜为"练兵场"，打造策采编发全面发展的全媒体型采编队伍。1～4季度，中心通过竞赛采制的新闻有350多条，近一半新闻在省市媒体平台刊播；开展"匠心永相传'四力'共成长"的采编业务师徒结对，中心班子、编委、采编部室中层及骨干记者编辑出任结对导师，共有35对80余名采编人员结对，推进以老带新，薪火相传。

四是"党建＋"组合出击。2021年，中心结合党史学习教育，全面推进"融媒先锋"党建品牌建设。组织青年党员职工，积极参加"红耀武川·党史青年说"武义青年理论宣讲大赛，荣获大赛金奖。同时注重新闻攻坚，以党员职工为骨干成立重点报道、对外宣传两支"融媒先锋队"，承担服务县委县政府中心工作和做强对外宣传工作等急难险重的宣传任务。2021年5月，浙江卫视《浙江新闻联播》头条连续播出标题为《下山脱贫3.0版》《深化新时代后陈经验》的两篇报道。年度承担的全县重大表彰、庆典、签约活动有10多场，党员干部发挥了中流砥柱作用。党建对外宣传在金华地区位列第一梯队。

五是转型升级促经营。积极探索"媒体＋"项目，如"媒体＋产业"，推出"媒体＋活动""媒体＋教育""媒体＋会展"等。2021年，中心所属全资公司智汇公司以跨界合作形式实现经营额2158.6万元，同比增长15.5%。探索国资控股混改企业。2021年6月28日,由融媒体中心下属武义智汇文化传媒有限公司控股的浙江北岭科技有限公司正式成立,主营数字化、信息化、智能化项目和新型建筑服务,全年经营额近4000万元,拓宽了媒体多元经营渠道。

二、存在的问题

对照县级融媒体中心建设标准,通过几年的实践,我们发现在媒体融合发展过程中还存在以下几个问题。

1. 新老观念融合问题。从融合的三个阶段(你是你,我是我—你中有我,我中有你—你就是我,我就是你)来说,我们已经到第二阶段,但从传统媒体人到新媒体人的转变中,很多采编人员包括骨干成员,还停留在“以自我为中心”的习惯,自己的稿件、视频以自己满意为标准,心中没有受众,放不下传统的优势、经验和思维定式,很难用互联网思维想问题,用新媒体的规律办事。

2. 采编队伍能力问题。采编人员两极分化,队伍断层现象严重。一是人员多人才少。广播、电视、报纸、新媒体各平台总计采编人员100余人,大多数是刚从学校毕业的年轻人,真正对新闻采编业务有理解、有情怀、有能力的综合型人才不多。二是流动快业务弱。初步统计,近两年辞职、考入公务员、事业及国企编制的员工达到了36人,目前一线采编人员从事新闻工作经历基本不到3年。新闻策划能力弱、新闻意识弱,围绕中心工作策采优质稿件能力不够。三是对名校名专业人才吸引不够。2021年组织了几次招聘,也赴部分名校专门招聘,但高素质人才应者寥寥,平台吸引力不够。

3. 新闻产品运营问题。主要表现在新闻主题策划还是围绕报纸、电视做文章,稿件刊播即任务完成,新闻产品后续运营缺失。对于新媒体,内容刊播只是运营工作的开始,但是前期记者和策划方案,仅停留在为新媒体部门供稿,没有在供稿前谋划热搜话题设计、网友互动设计、小视频制作、多平台分发、连续推文安排等方案,新闻产品运营工作还没有符合用户需求、传播需求和社会需求。

4. 媒体经营拓展问题。目前经营创收主要来源是乡镇及机关部门等政府部门,私营企业因整体经济规模、外向型经济居多等因素导致广告投入量不高。同时,电视、报纸等传统媒体广告收入逐年下滑,经营创收渠道亟待进一步拓展。

三、未来的努力方向

下一步,武义县融媒体中心将紧盯全省县级融媒体中心第一方阵的目标,继续保持改革创新的精神状态,通过敏锐眼光和独特视角,展现山区县共同富裕美好图景,讲述山区人民创造幸福生活的奋进故事,为武义发展凝聚力量、展示形象。

1. 聚焦内容,夯实主职主业。围绕县委县政府中心工作,坚持做好新闻导向管理、主题报道、对外宣传、舆论监督、公益宣传等主职主业,培育、打造"共同富裕看武义"等重点品牌栏目。一是内容为王,注重精品意识。通过联合上级媒体共同策划、共同采编等途径,创新广播、电视、报纸及新媒体报道形态,积极推进新闻创优,提升优质宣传内容生产能力,全力冲击省市甚至中国新闻奖。二是策划先行,做强主题报道。围绕高质量发展共同富裕示范区、争当山区 26 县跨越式发展共同富裕排头兵等宣传重点,深入挖掘我县推进"共同富裕"的发展思路、成功经验和鲜活典型,讲好大背景下的鲜活故事。三是强化外宣,靶向重点平台。以国家级、省市级主流媒体为重点,通过定期组织新闻选题分析研判,确定发力方向。同时整合对外宣传力量,加强供需对接,挖掘武义工作亮点,及时上送新闻报道,扩大武义影响力。

2. 技术创新,打造新媒"爆款"。持续探索创新,依托掌上武义 App,选取地方特色新闻资源,运用群众喜闻乐见的形式,生产传播优质"爆款"内容,提升新闻策划能力;以短视频为突破口,重点做强做优微信"武义发布"、视频号"V 视武义"及融媒抖音号内容,力争形成粉丝数超 30 万的新媒体传播矩阵,提升新媒体传播力指数;主动借鉴吸收最新的技术手段和表现形式,整合各种媒介资源、生产要素,推出图解、数说、问答、弹幕等公众喜闻乐见的新媒体呈现方式,最大化地增加新闻流量。

3. 拓展渠道,赋能产业营收。立足集团化营收、精细化管理思路,提供特色宣传服务和文创、策划服务。一是挖潜广播增收。上线运行"AR＋5G"智慧广播系统,开设交通类、服务类直播节目,做强优质节目 IP,带动车载广播广告创收。二是扩面营收资源。拟在部分镇街、联盟开设分中心,下沉适当的人力、物力,全面对接镇街需求,提供有针对性的"新闻＋服务"。三是拓展营收渠道。利用新成立的北岭公司,开拓数字化改革、智慧城市等服务业务,争取经营渠道、方式有新突破。

4. 优化机制,提升队伍水平。以全媒体运行机制改革为目标,处理好媒体运转各要素关系,提高传播体系的整合效率。围绕行政、采编、经营区块职能,优化人力资源配置。修订完善融媒体中心绩效考核管理办法,突出工作绩效,最大程度实现"同岗同责、同工同酬、优劳优酬"。

2022 年第一季度,我们继续保持改革创新的精神状态,媒体融合工作中主题宣传方面又取得了新实践新突破。围绕 3 月 15 日武义众人抬车救女童新闻事件,展开全媒体主题宣传。该视频新闻第一时间在"武义融媒"抖音号、"V 视武义"视频号上推出,当晚播放量达 100 万＋。通过中心采编全网推送,成为全国媒体联动传播的暖心新闻爆款。据不完全统计,人民日报、央视新闻、新华社、中新社、浙江卫视、美丽浙江等 20 多家央媒、省媒主流媒体纷纷转发关注,总点赞量超过 1500 多万,评论数 70 多万,转发量 140 多万,阅读量达到 10 亿次,成为我县媒体融合改革标志性事件。在后续报道中,我们围绕"满街尽是'抬车人'""满街寻找'抬车人'""满街赞扬'抬车人'"等进一步深入挖掘、延伸主题,全媒体联动,再掀舆论高潮,让文明武义成为全网点赞关注的热点,被业内专家称为全国新媒体联动传播的"现象级新闻爆款"。

观点的鲜活感 语言的网络感 形式的融合感
——新媒体评论《朋友提拔不应只恭喜》创作体会

金华广播电视台　　陈建飞

如果说新闻报道是讲故事,那么新闻评论就是讲道理。讲道理要注重方式方法,要把道理讲深、讲透、讲活。新媒体评论就是借助新媒体手段更加深入、更加透彻、更加鲜活地讲道理。

新闻评论讲道理是就事论理,以理服人,本质是做人的思想工作。人的思想千变万化,十分复杂。试想,让人心悦诚服地接受一个观点会有多么不容易,而一篇评论先要吸引人来阅读,继而又要让人来认同观点,显然是难上加难。

本人撰写的《朋友提拔不应只恭喜》一文首发于 2021 年 11 月 26 日的"无限金华"客户端(由浙江金华广播电视总台主管主办),2021 年 11 月 30 日《浙江日报》观点版全文转发,11 月 30 日《重庆日报》理论版摘要编发,人民网全文转载,同时被众多自媒体转发。截至 2021 年 12 月 31 日,在"无限金华"客户端点击量为 21913 次。应该说,这篇千字文引起了一定的社会反响,取得了一定的传播效果。前不久,该作品还获得浙江新闻奖一等奖(新媒体评论)。

好的新媒体评论观点要有鲜活感

评论承载的是思想、表达的是价值、传播的是主张。思想价值的高低多少,决定评论传播的深度广度,决定评论的引导力与影响力。

不久前,著名作家刘恒在一次访谈中谈到写作时这样说,如果还讲那些四平八稳的故事、似曾相识的故事,或者是不疼不痒的主题,你写它干什么? 毫无意义。

这段话对于写新闻评论同样适用。作为对新近发生的新闻事件所发表的议论,一篇新闻评论主要靠独特的见解吸引受众。道理谁不会说! 如果见解新颖、观点独到,能给受众以思想启迪,对工作有启示指导,评论就成功了一半。如果尽说一些毫无新意的老话、味同嚼蜡的空话、"上下同粗"的套话,说得没什么新意,没什么实质作用,这样的文章不会有吸引力,更不会有传播力,当然也谈不上引导力。

作为一名党的新闻工作者,要坚持辩证唯物主义和历史唯物主义,既要用马克思主义基本原理分析阐释问题,更要注重用党的创新理论特别是习近平新时代中国特色社会主义思想观察认识当今世界、当代中国,运用矛盾分析方法找准问题、抓住关键、阐明规律。在评论观点选择方面,要善于从细微处发现大趋势,从正常合理处窥见端倪异动,要避免陷入"假争议"的泥潭,而注意关注和思考"真问题",进行"真讨论",切不能动辄从只言片语出发,进行价值观攻击。

新媒体评论突破传统媒体播出周期的制约,可以即时评即时发,创作播发灵活,时效性更强。但讲得快只是好评论的一个方面,新闻评论的核心竞争力仍然是观点鲜活。2021年是浙江省县市集中换届年,一批又一批领导干部走上新的工作岗位。在换届选举工作开展之际,"微信群道贺连连、朋友圈恭喜一片"现象十分普遍。这种只走形式不走心的祝贺,缺了一点朋友之间的实在与君子之交的坦荡。曾几何时,人与人之间的真诚与信任远去了,很多人的眼里只有目的和利益。

针对朋友提拔恭喜连连这一"人人眼中有,个个笔下无"的现象,笔者及时作出评论、亮出鲜明观点,明确提出:做一个讲原则、讲界限、讲规矩的挚友、益友、诤友。文章选题言当其时,视角体现新颖性,论点切中当时浙江省上下换届热点,有着鲜明的针对性和指导性,符合社会主义核心价值观要求,更有人所未及之新意。拙作最终能成为浙江新闻奖两个新媒体评论一等奖之一,观点是取胜的首因。

好的新媒体评论语言要有网络感

"宣传思想工作是做人的工作的,评论更是要直接与读者对话、引导受众思考、进行有效说服。自觉承担起新形势下宣传思想工作使命任务,做到'统一思想、凝聚力量',评论必须发挥关键作用。"原人民日报社副总编辑卢新宁曾这样界定评论功能。

作为新媒体评论,面对的受众主要是广大网民,所以要抓准论述的问题,让网民切实感兴趣；要多用亲切自然、朗朗上口的大白话，少讲冠冕堂皇、拿腔拿调的摆谱语。

有一种现象被称为"知识的诅咒"。大概的意思是，你以为你表达了，你以为沟通清楚了，实际上别人根本不知道你真正的意思，或者曲解了你的本意。

"知识的诅咒"就像一座巴别塔，使得不同行业的人谁也听不懂谁。诸如一个汽车专业人士也许认为 ABS（防抱死制动系统）、ASR（防滑系统）这些词汇每个人都会明白，更不要说什么"涡轮增压""最大扭矩"了；一个搞经济研究的人，很可能滔滔不绝地说着"在岸人民币"和"离岸人民币"、"PMI（采购经理指数）"，而没想到大众压根不明白他在讲什么。

因此，打破"知识的诅咒"就必须用谁都听得懂的语言，尤其是专业人员要用通俗的方法来向大众说明问题。比如对于一些深奥的经济学知识，用诸如"天下没有免费的午餐""别杀死那只下金蛋的鸭子""二鸟在林不如一鸟在手"这类的语言，别人就很容易理解。

《朋友提拔不应只恭喜》一文口吻亲切，娓娓道来，如春风细雨，似细水静流，颇有烟火气息和情感韵味，体现了较强的网感。如文章开头即是一句对仗工整的概括："微信群道贺连连、朋友圈恭喜一片"；第二段，则引用了陈毅诗句："友谊长积累，彼此共甘美"；文章中段还提出："不要想着当雨露均沾的盟友，不能想着做狐假虎威的损友，更不能是背着干无法无天勾当的恶友。"这些句子都好记易读，言简意赅，且富有哲理，比较适合网络传播。

文章还较多地引用了古诗古句，如："益者三友，损者三友。友直，友谅，友多闻，益矣；友便辟，友善柔，友便佞，损矣。""千里之堤，溃于蚁穴。""黄金万两容易得，人生知己最难求。"增强了可读性。

"网言网语"哪里来？多读书、多积累，多调查、多发现都是必由之路。写评论也需要深入基层一线，亲自到现场去，用脚步丈量祖国大地，用眼睛发现中国精神，用耳朵倾听人民呼声，用内心感应时代脉搏。其中还包括要深入践行网上群众路线，在群众聚集的网络上去发现评论选题、采撷评论语言。

好的新媒体评论形式要有融合感

众所周知，新闻评论是对新闻事件、热点话题、社会现象等进行事实分析和说理的，需要理论思辨作支撑，把道理讲深、讲透，也需要注重方式方法创新，把道理讲鲜、讲活，从而达到沟通心灵、启智润心的作用。

中国人民大学新闻学院新闻系副主任、副教授唐铮指出:技术已经不是媒体进行内容生产的工具或者辅助力。在一定程度上,新技术和新技术所搭建出来的平台,已经成为内容生产的基础性底层架构,甚至是根本性生存土壤。因此,需要从顶层设计的角度对媒体现行的生产机制进行根本性的调整,并考虑新技术给媒体运行带来的影响。

作为近几年新兴起来的一种评论形态,新媒体评论既要讲政治站位,也要讲新媒体传播规律,不能写得干巴巴的,没有生命力,要主动"追随"受众阅看习惯的变化,以用户为中心持续创新内容呈现传播方式。高明的新媒体评论对观点的表达不是赤裸裸的直陈,而是必须发挥文字、视频、图片、声音等兼备的媒介融合优势。这已成为新媒体评论的显著特点。从某种程度上说,这也是新闻评论在与时俱进适应媒体融合发展大势。观察这两年获浙江新闻奖的新媒体评论,大多为采访型评论、现场类评论、调查式评论,极少是纯文字的评论。现在有些新媒体评论已开始尝试运用 3D 特效、动画模拟、增强现实、无人机航拍、虚拟演播室、数据可视化等新技术手段,调动各种表现手法,形成了多样化的融合节目形态。

2021 年,本人撰写了一组"居家隔离"系列评论,参评浙江新闻奖新媒体评论奖,获得二等奖。事后有评委在一次会议上点评这组评论说,观点鲜明,切合实际,指导性强,文字也很干净,但网感差了点。确实,这组评论虽然发布于"无限金华"客户端,但只是用了文字这种表达形式,过于单一。

《朋友提拔不应只恭喜》吸取了上次的教训,在内容呈现上,把说理融入视频、漫画等多种表达形态之中,力求在评论形式上能够丰富些,更多地体现新媒体特性。但在这方面,该文显然还有很大的提升空间。

当然,一切创作技巧和手段都是为内容服务的,优秀的新闻评论需要做到思想内容和表达技艺的有机统一。技术是媒体内容所依托的底层架构,内容是媒体生产出来的核心价值。对新时代的党媒新闻工作者来说,不一定要会技术,但是要懂技术——知道技术能实现什么,能依托新技术生产出更适宜其特征、更能发挥其优势的内容产品。相信随着新技术的不断发展,内容和技术的分工差异还会不断扩大,内容与技术哪个"轮子"的受力偏了,媒体这辆车都走不好。所以这也要求新闻工作者要抱有终身学习的决心,时刻与新技术同步。

看孝昌生活号:服务受众的"连心桥"

孝昌县融媒体中心　彭宏伟　李健初

"看孝昌生活号"是孝昌县融媒体中心官方号,于2022年1月8日开始正式运营,现有粉丝11.8万。"看孝昌生活号"紧紧围绕党委政府中心工作,按照"关注孝昌民生、贴心服务大众"的平台定位,结合孝昌本土新闻热点,采取记者现场出镜"一句话说新闻"或现场声采访模式,重点在民生帮忙、社区服务、政策解读、美丽乡村建设等方面倾力服务受众,取得显著成效,广受社会好评,被亲切誉为服务受众的"连心桥"。

对标需求　搭建服务受众"连心桥"

每年春节过后,孝昌工业园区企业就会面临"用工荒",与此同时,广大人民群众却因为信息不畅找不到合适的工作困在家里无事可干。民生无小事,就业就是最大的民生。"看孝昌生活号"在调查走访过程中,敏锐地发现了这一问题主要是因为信息到达不精准所致。于是,"看孝昌生活号"积极与县内重点大型用工企业联系,开展"春风行动""云就业"线上招聘会,通过线上岗位推介、在线互动答疑、网上带您逛厂区等方式,让企业和人才精准对接,架起企业与人才沟通的桥梁,帮助1.6万群众找到了心仪的工作岗位。

"谁有滞销农产品,我们来帮您!"帮助农民朋友销售农副产品,是"看孝昌生活号"的拿手好戏。2月23日,"看孝昌生活号"后台收到求助信息,一位菜农种植的大白菜因天气影响严重滞销。了解这一情况后,"看孝昌生活号"记者第一时间赶往花园镇晏河村菜农徐世华的蔬菜基地,现场发布了多条大白菜滞销的信息。随后,帮忙联系当地财政、公安、市场监管等多家机关食堂,开展"爱心助农"团购活动,当天销售大白菜1000多斤。武汉一爱心商家看到《晏河村徐世华的放心菜滞销求帮助》视频后,私信"看孝昌生活号",请求帮忙采购1万斤大白菜,记者随即前往蔬菜基地帮忙采购,并现场进行采访报道,在抖音号、新媒体、电视、电台等全媒体平台进行了广泛宣传。这条暖新闻,经全媒体平台传播后,总浏览量达到 1500 万+。2022 年以来,"看孝昌生活号"通过直播带货、公益助农等形式,对全县特色农产品进行宣传推介,为农特产品的销售牵线搭桥,通过关联孝昌融媒体中心"惠农商城"平台,累计销售农产品 48 万单 1800 余万元。

"看孝昌生活号"用心倾听、用心发现,以实际行动助企纾困、助农增收,帮助群众解决就业难、农产品销售难问题,得到了群众的认可点赞,赢得了群众的口碑。

关注民生　解决百姓身边"烦心事"

"看孝昌生活号"始终关注民生,树牢为民情怀,主动担当作为,反映群众呼声,监督职能部门,促进社会和谐。

民生帮忙是"看孝昌生活号"每天的"重头戏"。看似家长里短、鸡毛蒜皮的小事,其实是一个家庭的大事,甚至是许多矛盾纠纷的触发点。"看孝昌生活号"后台有海量的私信留言,对于网友提出的问题,如果容易解决,民生帮忙记者就直接联系相关责任单位及时解决;如果有难度,就将问题第一时间提交到相关责任单位,请他们协调解决,并在线上回复。县一初校外路灯不亮,经过县开发区、供电公司、城管局、关王社区一起协商,迅速解决,解除了学生家长的后顾之忧。

建立每周舆情专报制度,及时汇总网络舆情信息,以融媒内参的形式,推送相关责任部门或信访局、营商办、重点项目服务中心等重点部门,敦促涉事责任单位快速回复,促使问题尽快解决,并将所有问题最终处理结果直接报送县委、县政府、县委宣传部主要领导。适宜在平台上展示的,也在平台上进行实时报道。2022 年以来,解决这样的"烦心小事"220 余件。

"通过你们的'看孝昌生活号',我们了解了不少有用的信息,很实用……"眼下,不少孝昌市民在茶余饭后,会加上一道"菜",浏览"看孝昌生活号"推送的融媒体作品,获取自己所需的信息。

从正式运营至今,"看孝昌生活号"累计发布寻人寻物、停水停电、招工求职等便民信息 400 余条,累计浏览量 5700 万+,真正成为让党委政府放心、人民群众信赖的媒体平台。

着眼治理　共绘网上网下"同心圆"

"读者在哪里，受众在哪里，宣传报道的触角就要伸向哪里，宣传思想工作的着力点和落脚点就要放在哪里。"如今，受众都在移动端，都在短视频平台上。"看孝昌生活号"和孝昌融媒体中心着力打造互联网众创空间，建设MCN孝昌园区，充分网罗网红、大V为我所用，共绘网上网下同心圆。在刚刚落幕的"平安杯"短视频大赛上，我们以"订制＋回购"的方式，吸引全国各地网红、大V踊跃参加，创作各类短视频300多个，全网播放1.2亿＋，营造了浓厚的平安创建氛围。通过参加主题活动，让网红、大V们不仅有了一定的收入，还有强烈的归属感，更主要的是引导他们从网上来到网下，感受到了孝昌的发展真实脉搏，从而正确发声，引导舆情，汇聚宣传正能量。

"看孝昌生活号"十分注重广泛推介社区治理好经验、群众身边暖心事、邻里和睦文明礼让好风尚，让煦暖春风时时吹进百姓心田，让居民心中处处充盈幸福感、获得感。

3月17日，"看孝昌生活号"收到寻找救人好青年的新闻线索，一位女士在小区骑电动车不慎摔倒，一位年轻的小伙从此路过，迅速扶起伤者骑着电动车将她送往医院，并现场垫付了3000元医药费后默默离开，被救女士希望通过媒体找到这位好心人当面表示感谢。了解这一情况后，"看孝昌生活号"记者迅速前往医院对被救女士进行采访，第一时间发布了短视频《寻找救人的好青年》。随后，记者根据采访了解的情况，来到事发小区，调取了当时的监控录像，随即发布了《救人好青年已找到，就是他》。两个视频发布后引发广大网友关注，并积极提供线索，记者在大家的帮助下，很快找到了好心青年黄瑞，并现场对其采访报道。为传播正能量，树立典型榜样，记者将黄瑞的先进事迹向县委政法委、团县委作了报告，申请对其进行了"见义勇为"表彰。通过这一系列短视频报道，救人好青年黄瑞家喻户晓，人人称赞。

4月14日，"看孝昌生活号"发布《拾金不昧！孝昌好心人公路上捡到6000元现金，张贴海报寻失主》的视频内容，不到一个小时浏览量10万＋。失主看到视频后，马上联系"看孝昌生活号"以及好心人武文山，一同前往季店派出所领取丢失的现金。"看孝昌生活号"随即发布了《6000元失而复得，失主现场感谢好心人武文山、季店派出所和看孝昌生活号》，视频一经发布，引发广大网友对好心人武文山的点赞和好评，大家纷纷说，这是最好的正能量，让人很钦佩,值得学习!失主也为"看孝昌生活号"送来写有"百姓媒体,为民服务"的锦旗表示感谢。生活号随即发布了《农民工不慎遗失现金,媒体助其找回》的视频报道,再次引发广大网友对媒体和"看孝昌生活号"平台的点赞。

"看孝昌生活号"不仅是每篇正能量新闻故事的记录者、传播者,也是新闻事件的发掘者、推动者,通过宣传一个个英雄榜样,传播一座城市的大爱与正能量。

权威发声　打造干群联系"新纽带"

有为有位,让官媒成权威。"看孝昌生活号"第一时间权威发布政务信息、新闻资讯、民生热点,及时引导网上舆论,积极回应市民关切,诞生不久就成为服务群众的"新纽带"。

面对新冠肺炎疫情,"看孝昌生活号"发挥反应快速的优势,精准发布疫情防控相关知识、信息、公告、指令等权威信息,减轻了广大市民的心理压力,缓解了紧张焦虑情绪,杜绝了部分群众的侥幸心理,助力全县疫情防控大局。

2月28日,网传孝昌出现一例密接患者,"看孝昌生活号"第一时间与县疫情防控指挥部联系,确认是不实信息,遂及时发布消息辟谣,引导舆论,稳定了居民情绪。

清明节期间,策划制作了一系列疫情防控情景剧,其中《村干部硬核喊话》浏览量84.8万＋,倡导居民不离孝、不返孝、就地过节,为助力疫情防控起到了较好的引导效果。

4月13日,孝昌县主城区开展扩面核酸筛查,"看孝昌生活号"第一时间发布主城区92个免费核酸检测点信息,引导居民就近有序参加核酸筛查;同时跟进报道各个检测点的实时检测情况,让群众安心放心。

五一假期,"看孝昌生活号"发布了一系列网上看孝昌的"云旅游"视频,全方位、多角度展示孝昌人文历史、城市风貌、自然风光,让市民足不出户游览孝昌的湖光山色,"品尝"孝昌的特色美食,充分展示了孝昌的良好形象。

今后,"看孝昌生活号"将与孝昌融媒官方矩阵一道,加强传播手段和话语方式创新,用群众喜闻乐见的形式,推出更多有思想、有温度、有品质的融媒精品力作,以更强的传播力、引导力、影响力、公信力,让主旋律唱得更响,让正能量传播更广。

走近去融进去 接地气鼓士气
——以"媒体眼"聚焦城市基层治理

义乌市融媒体中心　林晓燕

"高举习近平新时代中国特色社会主义思想伟大旗帜,忠实践行'八八战略',坚决做到'两个维护',在高质量发展中奋力推进中国特色社会主义共同富裕先行和省域现代化先行。"刚刚结束的省第十五次党代会总结成就、展望未来,为全省擘画发展蓝图。

环境优美、生活便捷、文化繁荣、精神富有……每个人心中都有自己对美好生活的理解与向往。共同努力创造幸福家园,也是义乌市民的共同期待。

作为一名本地主流媒体的记者,如何让宣传报道接地气、冒热气,成为人民群众喜闻乐见的"好故事""好声音",是新时代新闻工作者孜孜以求的目标。"记者的作为,就是推动社会进步。"这是《传媒评论》中专访《浙江日报》原总编辑江坪一文中用的标题。这位资深媒体人在文中提到:"年轻记者要走出去,要开阔眼界,更要用新闻推动整个世界的进步,要为推动构建人类命运共同体贡献力量。"

列夫·托尔斯泰曾说过,一个人若失去热情,终将一事无成,而热情的基点,正是责任。走近基层一线沉下心融进去,多挖掘一些有看点、有亮点、有热点的新闻素材,既能准确表达群众心声诉求又能有效推进政府工作。可以说,这是新形势下这份职业赋予我们媒体人的责任。

稠城街道是义乌的中心主城区,也是本人跟了十多年的连线镇街。作为一个下辖 13 个社区的街道,做实做好社区治理不仅是其重心工作之一,还关系到整个义乌的城市基层治理。这两年,本人聚焦稠城街道基层治理工作,积极深入各社区小区,走街串巷,力求采写出一批"有意思"且"有意义"的新闻报道。

关注"微网格"——
小网格有大格局

"不好意思,我现在不在办公室,正在走网格""每个网格员都有自己的一亩三分地,守土有责"……在平常的采访中,经常会听到有关"网格员"的表述。什么是网格员,网格在基层治理中到底发挥着什么作用?

这两年,记者时常深入到不同社区的不同网格,和网格员一起爬楼道、走街巷,到一线去"捉活鱼"。

"这下好了,困扰我们多年的漏水问题终于解决了。"社区网格员小王接到词林社区拉链街的楼女士的电话时,我们俩正在小区垃圾分类投放点"翻垃圾桶"。挂断电话后,小王简要说了事情由来——

楼女士家住四楼,房子已有 20 多年历史,前段时间的雨水天气导致厨房漏水越来越严重,关键是她也不知道问题出在哪。抱着试一试的心态,她就在微网格群里向所在单元的楼栋长说了这件事。对方问了些相关情况后,马上向网格员反映,后者又反馈到社区网格长那里。

社区了解情况后,马上让"橙心帮"服务队负责人带上水电工,第一时间到了楼女士家中。经过一番检查,发现问题的源头是隔壁楼栋房子总污管严重漏水,根据现场估算,维修费用大概要一万多元。当天晚上,网格员、楼栋长先后敲开隔壁楼栋相关业主的门一一说明情况。最终,大家答应对有关维修费用进行合理分摊。

一户业主、一个楼道、一幢楼宇……在词林,每个微网格里,就有一个微信群。这是稠城街道通过"微网格"开展基层社会治理的片段之一。

近年来,稠城大力推进城市有机更新,在大拆大建的同时,为精准精细地服务好居民,街道有效整合各方资源,积极构建"微网格"管理体系,将基层社会治理的触角延伸到每个小区、每栋楼、每个单位、每家每户,确保辖区群众能够"看得见网格,找得到干部,解决得了事"。

疫情防控、环境整治、安全生产、矛盾调解、民生服务代办……如今,稠城街道已将各项工作融入"微网格"社会治理的骨架中。为深入推动该项机制的运行,街道还制订了稠城街道网格化管理工作考核办法。

说起微网格治理,还要提一提稠城街道的"有事找社区"基层治理机制。2020 年下半年,稠城接到在全市率先试行"有事找社区"服务群众工作机制,通过"家门口受理，零距离服务"，致力于为居民办好每一件"琐碎、棘手，却很关键"的社区大小事。

"全面整合社区网格工作人员、支部党员、群团志愿者、驻区单位、社会组织等各方力量，形成'上门受理—联系解决—实时反馈'工作闭环机制，推动'有事找社区'成为干群共识。"据了解，该机制试行后，各社区通过"两问大家访"、党员联系户机制、网格员上门巡查、平台受理四种形式，实现家门口一站式受理民生实事。

那么，受理居民诉求后，如何推进事项办理并确保时限？稠城街道推出了"12345"群众办事服务机制，即坚持服务居民一种理念，打造线上线下两条渠道，落实每周一议事、一评议、一公开"三个一"会商，组建社区网格、党群志愿、社会组织、准物业等四支服务队伍，对受理的居民事项按即时办理、自治协商、联合解决、上报攻坚、解释疏导五个类别分类办理。为确保实效，将该机制纳入社区考核体系，各社区之间每月开展"红黄旗"竞赛，在服务群众的质效上进行比学赶超。

通惠社区携手物业，对通惠门小区 13 幢 3 楼的污水管道进行更换和加粗，解决了困扰居民数月的烦心事；江滨社区在百米小巷安装了集照明、充电于一体的智慧灯杆，附近居民再也不用担心走"黑路"了……自该工作机制全面推行以来，稠城街道各社区一批群众关注的烦心事、操心事、揪心事得到了有效解决。

这两年，本人围绕稠城的"有事找社区""微网格"采写了不少报道，除了本地媒体外，还被"学习强国"、《浙江日报》、"人民日报客户端"等采用刊发。

关注"未来社区"——
让数字遇见美好生活

"数字"不仅是一种经济形态，更是一种生活方式，深入每个角落，影响每个家庭，惠及每位市民。2021 年上半年，全省 2021 年未来社区创建名单公布，义乌宾王社区位列其中。根据市里和街道的部署，义驾山是未来社区主要场景所在地。

当时，对于"未来社区"这个概念，无论是记者，还是居民，都是一知半解。义驾山虽是一个老旧小区，但由于地理位置等原因，近年吸引了众多网络订餐经营户入驻和外来人口集聚，商业氛围浓郁，打造了我市首个"网络订餐规范经营示范区",有效推动了夜经济发展。

从规划布局到动工建设,再到上线应用,关于宾王未来社区建设的过程,文字表述寥寥几句便可,具体工作中的各种困阻和不易,只有经历者才明了。由于是首次接触这个项目,时间紧、任务重,"摸着石头过河"的稠城街道以群众的获得感和幸福感为出发点,在文化设施、内容供给、人才队伍等领域积极探索、勇于尝试,通过线上线下的齐头并进,努力让更多群众在义驾山这个未来社区主场景遇见"向往的生活"。

这期间,记者也曾多次去实地看建设进度,也曾受邀参加过相关碰头协调会。

功夫不负有心人,终于宾王未来社区迎来了向大众正式揭开面纱的时刻。2021年7月30日晚,备受关注的"稠城未来生活节"在宾王社区义驾山小区正式启动,包括3D打印体验、潮玩生活集市、儿童科学实验课在内的众多活动吸引了众多居民驻足参与,积极展现了"数字"对城市生活的改变和提升。

经过多部门合力推进,如今,这里已率先形成公共服务中心、幸福学堂、智慧健康站、生活工坊及"低碳生活·环保+"等五大智慧生活场景。经过街道社区的共同努力,社区已在公众号"融荣宾王"、"浙里办"上线社区管家、星空书屋、线上调解、微心愿等二十几个应用,辖区及周边居民可以通过手机获取健康、教育、生活、停车等线上服务。"将人本化需求付诸实践,将居民需求与社区服务相连,将居民与美好生活的距离拉近,营造繁华与宜居交融的生活场域,让生活的烟火气徐徐发散。"这是稠城未来生活节举办的初衷,也是方向。

稠城未来生活节启动当晚,记者正坐在角落里喝着未来社区的手工咖啡,一位大妈上前来打招呼,"我认识你,之前好几次在这里见过你,刚开始还以为你也是街道工作人员,后来听他们喊你'林老师',一打听,才知道你是记者。""你们记者辛苦的,看你大热天还常跑来现场采访;也很了不起,宣传得这么好。现在这一带人气越来越旺,关键是我们得到了切切实实的便利和实惠。"

原来,这位健谈的大妈姓王,是土生土长的义驾山人。在聊天中,她简要罗列了自己当天的大半天生活轨迹——早上7点打开手机上的"家头条"看看有没有什么新鲜事,吃完早餐收拾下再送小孙子去社区的"幸福学堂"学书法,路过隔壁的"健康智慧站"进去测个血压,顺便咨询一些健康知识。时间差不多了,准备去词林菜市场买菜,先拿出手机通过"社区公交"查看公交车位置。等菜买好就去接孙子回家,吃完午饭收拾厨房的时候发现家里水管破裂了,马上向"云管家"求救,维修工很快上门,5分钟不到就把问题解决了。

"环境好,设施齐,办事方便,文明程度高,能让大家住得舒心干得开心,有获得感、幸福感和安全感。"这不仅是记者笔下的未来社区，也是很多居民心目中"未来社区"的样子。

关注"小区党建"——
从居民中来到居民中去

2022年4月3日上午，稠城街道通惠社区卿悦府第一党支部成立。据悉，这是义乌城市有机更新回迁房小区首个党支部。

成立当天，记者受邀到场参加全程活动，印象最深的应该是社区组织部分支部成员和小区居民代表举行的首次"议政会"环节。该环节的主题是，聊聊"我要什么样的小区"。原本以为，这就是走个过场形式一下，坐个三五分钟就结束了。

没想到，现场气氛很热烈，大家聊得很接地气。"我们小区老人多，要在精准服务上下功夫。拿出行来说，就不是很方便，公交车就只有19路经过。""电梯口经常有电瓶车停着，既妨碍进出又不安全。""一到换季，家里要洗晒的衣物棉被太多，能不能考虑在楼顶开放一个晾晒区？"……不知不觉，一个多小时过去了，采访本上已写了好几页。

"当前稠城将社会治理和服务重心向基层下移，紧盯'小切口'做好'大文章'，积极探索党建引领小区微治理之路。支部建在小区上，党建赋能时代，是担当，更是美好。"在稠城街道相关负责人看来，社区是城市基层治理的基本单元，小区是社区的细胞，是基层治理的"神经末梢"，关系着基层治理整体效能提升。

卿悦府第一党支部成立后，先后组织开展了几次活动，每次，记者都有到现场参与。比如，6月3日上午，这里迎来以"美好若比邻 初夏'粽'动员"为主题的第一届邻居节。这是一场在小区党支部牵头组织下开展的居民共建共享共乐活动，围绕悦客厅、悦邻里、悦学堂、悦童趣等多个篇章展开。现场既开展了文明劝导、反诈宣讲，又开设了老照片展览区、好邻居合影墙，还给孩子们安排了手绘风筝、图书换礼活动。活动期间内容丰富，简约而不简单，得到了广大居民好评。该活动内容在第二天的《义乌商报》头版以主打新闻照片报道的形式呈现。

上个月，在词林社区走网格时碰到之前采访过的居民周芳，她正和一位大姐在热聊。原来，这位大姐姓楼，一个月前发现家里卫生间的天花板漏水了，一度到了"撑伞上厕所"的程度。由于一些原因,她和楼上住户关系不是很融洽,根本进不了对方的门,更别说查看漏水原因了。周芳听闻此事后,主动上门当起"和事佬",经过十多天的多方协调,终于使之得到有效解决。

虽然她们说得轻描淡写,但作为一名记者,本人觉得此事"有料可挖"。在现场了解情况后,马上到社区和街道就此事采访相关人员。

经多方了解获悉,周芳是词林社区的一名居务联络员,也是一名监察信息员。而像周芳这样的联络员,在词林社区有 20 名。词林社区下辖诗词曲赋等多个老旧小区,没有物业,基础设施薄弱。如何让小区居民的诉求有地方说、有办法解决?如何监督社区有没有在干事、有没有干成事?稠城街道以词林社区为试点,通过组建一支居务联络员队伍、设立一批营商环境监测点等举措,探索建设老旧小区清廉社区之路。

"从居民中来,到居民中去,这支队伍充分发挥了辖区党群志愿者骨干力量在社区服务监督中的积极作用。"据介绍,居务联络员负有民情联络员、廉情信息收集员、工作作风监督员、矛盾纠纷调解员、工作成效评议员"五大员"工作职责,是监察联络站的有益补充。

经过实地走访、多方采访后,成稿后的文章很快在新媒体和纸媒推出,并在 6 月 29 日的《浙江日报》上以《居务联络员 监督社区事》为题刊发。

一探究竟！重大主题报道我们这样做！

长兴传媒集团总编辑　王晓伟

开展重大主题报道，既是传达党的声音、形成舆论强势、凝聚社会共识、推动实际工作的重要途径，也是主流媒体提升权威性、思想性和影响力的重要途径。做好主题报道，需要新闻工作者认真研究和遵循新闻传播规律，充分发扬创新精神，用心用情用力，将宏大主题转化为真正吸引人的新闻议题和打动人的新闻作品。那么在同场竞争中，如何才能出奇制胜，让重大主题报道获得良好的传播效果？本文以长兴传媒集团近年来的重大主题报道实践为案例进行分析探讨。

一、重大主题报道离不开精心策划

对于意义重大、影响深远、新闻价值含量高的题材，通过指向性的策划使新闻报道聚集到主题上，能增强新闻价值，实现其新闻独特性，加深读者对新闻事件的深刻印象，甚至能够比新闻事件本身更吸引人，从而收到意想不到的效果。

要紧扣时代主题，找到本地最佳落点。重大主题报道需要紧扣时代脉搏，吃透中央精神，嚼烂核心内容，既要聚焦国家大事，又要关注民生冷暖，发挥正确引导舆论的作用，因此在重大选题之下找到巧妙的本地报道落点，是做好重大主题报道的关键。2021年对长兴而言也是极不平凡的一年，庆祝建党一百周年、新冠肺炎疫情防控阻击战胜利、共同富裕高质量发展示范区、长治会、党代会、制造业腾笼换鸟凤凰涅槃、科技创新取得重大进展等题材众多。在庆祝建党一百周年主题报道中，长兴传媒集团结合本地红色资源，深入挖掘1921—2021年这一百年间长兴的30个红色代表人物和典型事件，策划推出系列微纪录片《人间正道》，充分展现建党百年的长兴足迹。该系列后被"学习强国"全国平台和浙江平台选用，获得全国"学习强国"平台双月赛专题类一等奖，并被省委组织部作为党员电教片优秀作品上送中组部。

要丰富融合形态，形式和内容要比翼齐飞。重大主题报道要应用媒体融合的艺术，表现形式上要不拘一格，移动直播、现场报道、记者连线、嘉宾访谈、录音报道、文字消息、图片新闻、新闻评论、短视频、短音频、H5、漫画、沙画、VR、航拍等手段要丰富多元，通过精细化的编排让多种类型的新闻素材相辅相成、相得益彰。长兴传媒集团在这方面积极探索，不断创新，通过全媒体多元化创造新活力。如在 2020 年《两会报道》中，在推出全媒体栏目《奋战进行时》的同时，创新视角，推出《梦佳跑两会》《代表委员 Vlog》等多个特色子栏目，开设《两会评说》专栏，除了现场直播，还依托两微一端一网开设"两会"融媒专题，集纳式呈现"两会"信息，制作"一图读懂政府工作报告"、推出 H5《数读 2020 任务清单》、海报《每日一图，精彩"鲜"知》、短视频《两会金句》、抖音《主播说两会》等，充分利用视频、动画、数据等元素，实现"两会"信息的视频化、移动化、数据化传播，让新闻报道变得生动可读。2021 年是习近平南太湖调研讲话 15 周年，浙江高质量发展建设共同富裕示范区进入第一程，长兴传媒集团策划推出的《你好，南太湖》网络文化宣传季大型活动，运用了融媒体直播、互动游戏、动漫专题、纪录片、影像大赛、慢直播等多类报道手法，移动端总观看量达到 1000 多万。

要把握好"时"与"度"，充分体现传播效应和社会效应。新媒体传播时代，新闻报道对"时"与"度"的要求越来越高。时效性是重大主题报道最基本的特征之一，尤其在现场新闻报道时，要把新闻现场的魅力最大化地突显出来，速度与质量兼备的作品总是能脱颖而出。2022 年 1 月 10 日上午，长兴传媒集团得知新疆阿拉尔市首趟货运列车目的地是长兴这个消息后，立即和阿拉尔市电视台取得了联系，就想要呈现的新闻样态进行了沟通，请他们代为拍摄货列发车画面，同时联系本趟货物的长兴购买方，第一时间取得背景资料，提前编辑内容，在下午 2:15 收到发车视频后立即在新媒体平台完成了首发，既抢了传播时效又保证了新闻内容的丰富性。此外也要注意新闻报道的尺度，切忌为了抢占新闻报道时效或一味追究传播效应而忽略了对新闻尺度的把控，引发负面影响。2021 年 10 月 31 日长兴全城大面积停水引发社会舆论，长兴传媒集团抓住这一热点事件，连推 7 条新闻，当日新闻日活达 15W＋，客户端总日活达 26W＋，总评论量 857，为当月最高，总点赞量为 104，为当月最高；并且在报道过程中通过现场视频、采访供水公司、评论互动等方式来说明停水原因，用"哪里有餐馆正常营业""乐观应变"等新话题进行引导，让用户的不满情绪有了出口，发挥出了媒体正确引导舆论的作用。"时"和"度"把握得恰如其分，使"效"的结果充分体现。

207

二、重大主题报道应关注三个"制胜点"

首先是以角度取胜,于同类题材中选择独特的视角进行报道,出奇制胜。比如基层治理是近年来新闻工作的主线之一,许多报道聚焦于"基层治理之战"中涌现出来的模范个人、英雄群体或感人事迹,而长兴传媒集团推出的《我们的村社干部》《你的样子》则是深刻有力地揭示基层治理背后蕴含的基层干部作风优势和基层政治制度优势;纪录片《老兵无悔》在热门题材中寻找与众不同的角度,于极度反差间铺陈开闪耀老兵光芒、注脚共产党人至死不渝的精神密码。再比如,在建党百年同题竞赛中,我们转换角度,从树立青少年爱国主义理念出发,用儿童化的语言来编写与主题相关的红色故事,策划制作百集融媒广播课本剧《星火燎原》,并出版同名实体书籍送入校园,该作品获浙江省广电少儿节目奖一等奖、学习平台浙江县融优秀作品,并上送国家广电总局获列优秀少儿栏目扶持项目。2022年3月15日,一部疫情防控纪实短视频《人间》在县内外掀起几何式传播,阅读量迅速突破20W+,《人间》系列视频均以"小人物"诠释"大主题",突出主体的画面剪辑以及同期声与背景乐的有机配合,定格了身边人平凡而又不凡的瞬间,作品获浙江省委网信办、市委主要领导点赞转发,省委组织部、省纪委官方视频号将《人间》列入了传播目录。

其次是以策划见长,逻辑清晰,编排有序,制作精良。内练一口气,外练筋骨皮。"内""外"功之间靠的就是编排的逻辑。清晰的逻辑把不同内容、不同形式的新闻内容加以排列组合,构思精巧,主次分明,结构严谨,节奏明快,深刻体现了策划人员的丰富经验和创新思维。2022年2月20日,长兴传媒集团推出《何以长兴》县长专访短视频,两小时阅读量突破10万,总点赞量过千,"采访编辑圈"公众号以《真用心,时政报道的典范!》转载推介,周边多家媒体进行"何以"式模仿,在县级媒体的时政新闻领域里画下浓墨重彩的一笔。该视频的火爆出圈,正是源于让人耳目一新的策划,主持人从舞台边侧出像串场,访谈现场县长与工作人员的亲切互动,均采用纪实真人秀手法拍摄,成全了整个访谈亲和亲民的基调;不拘泥于问答,不固定于专访,贴近生活的对话、性情流露的讲述、场景转换的代入感,成功唤起了情感共鸣。后期包装也起到升华格调的作用,先导片用虚实相间的镜头语言,配以县长在政府工作报告中的金句,通过快节奏剪辑、转场特效和分屏快切,把访谈录制过程中的多个场景展现出来;海报设计充分运用摄影的写实表现能力渲染质感,加上县书法家协会主席手写的海报标题、县长手写的"长兴最大的任务就是抓发展"这个推广语,突出主题。

再者是以技术领先,实现媒体内容与融媒技术的无缝对接。新媒体发展态势迅速,传统媒体受众转向新媒体,重大主题的宣传报道阵地也在不断地扩容,除了保证内容的深度,还必须借鉴新媒体传播运作的思路,结合新的技术和载体实现广泛传播。互联网、物联网、人工智能、云计算、大数据等不再是一项项抽象的技术,而是在媒体融合过程中必须用到的手段。每年4月26日长兴解放日这一天,长兴传媒集团都会开展大型革命主义融媒体直播《红旗美如画》,直播内容、技术及形式持续不断创新,比如第二季在新媒体端开设多个主题版块,通过"10路视频直播＋广播音频＋广播融媒演播室",以大时段移动直播形态呈现,当天新媒体观看量达23.37万;第三季推出10小时融媒体大直播,融合现场直播、短片回顾、大型活动,并通过丰富多样的新媒体产品和线上活动获互动留言1160多条次,该作品获浙江省重大主题报道新媒体优秀作品一等奖。《以奋斗之名》收官活动采用"户外＋演播厅＋云端"的互通联动模式,构建了多元、多维的访谈场景。《了不起的招商员》以"演播室演说融合1＋N对话"形式,融入综艺元素,创新访谈节目形态,搭建了主次错落的多元思想广场,取得良好传播效果。

三、重大主题报道可以广泛寻求合力

常态开展头脑风暴,形成内部优质资源的合力。常态化开展创作骨干的小型头脑风暴会议,提前明确主题,充分准备,在不受任何限制的氛围中进行讨论,积极思考,打破常规,畅所欲言,通过自由联想和碰撞讨论,产生新观念,激发新设想,为创造性地策划制作优质重大主题报道提供了更多可能性。

集结优势挖掘亮点,形成乡镇部门协作的合力。县级媒体是最接近基层人民群众的媒体,乡镇部门则掌握着镇村基层和行业领域的最新情况及各类数据,两者深层次的协作能深化优质资源共享,激发更多灵感,实现共赢。在重点乡镇部门要择机成立微融媒体中心,变"被动接招"为"主动出招",形成"媒体＋基层部门"的创作合力。

发挥区域联动策略,形成县域媒体联盟的合力。充分借助县域媒体联盟组织或是区域范围内兄弟单位的传播力量,同步策划开展重大主题报道,变"单兵作战"为"整体联动",实现新闻宣传的集聚效应。如2020年长兴传媒集团策划举办《你好,长三角》"县级融媒体中心助力长三角一体化国家战略网络文化宣传季"活动,共有上海、江苏、浙江、安徽一市三省的110家县级融媒体中心积极参与,壮大了传播声势。

主动提炼选题亮点,形成上下媒体联动的合力。充分发挥外宣通联作用,时刻关注上级媒体素材征集，积极爆料主动推送；调整优化协同机制，外宣指令一键传达一体落实，实现与上级主流媒体的密集传递和有效互动，努力放大基层声音。如长兴传媒集团深入采访长兴户籍民警沈云如为 33 户无户口人员办理户口的事迹，获得上级主流媒体的广泛关注，成功推动了这一全国文明优秀案例的选树。

无论是"群雄逐鹿"的新媒体时代，还是"各尝喜悲"的传统媒体岁月，重大主题报道始终稳坐"钓鱼台"，不可或缺，也无可替代。以新媒体传播思路进行重大主题策划创新，让印象中刻板生硬的主题报道实现生动可读、润物无声，在同题竞赛、同台竞技中，县市级媒体的重大主题报道同样能做得权威而亲民，为弘扬主旋律注入新活力。

学雷锋 新做法：
谈全媒体时代视域下雷锋精神
的传承创新研究

洞头区融媒体中心　王静霞　庄海文　陈经宝

弘扬雷锋精神,是深入贯彻落实习近平新时代中国特色社会主义思想、推动社会主义核心价值观建设的重要抓手。随着信息化时代的发展,媒体对于民众的影响越来越大,所以媒体人更应高举雷锋精神旗帜,构建起传承和弘扬雷锋精神的全媒体平台,推广正能量信息,推动社会发展进步。近年来,洞头区融媒体中心通过雷锋式的大型公益活动的推广,不断地衍生和建立自己的媒体公益活动品牌,不仅使得雷锋精神更加深入人心,还提升了中心的整体形象和社会影响力。从 2011 年开始,在浙江广播电视集团举办的"万朵鲜花送雷锋"活动中,连续多年获得全省 80 家市县级广电台送鲜花人数第一名的佳绩。

一、"万朵鲜花送雷锋",引导社会真善美

在媒体竞争日益激烈的背景下,作为县级媒体,如何在众多竞争者中脱颖而出,吸引受众关注度以及同行的注意力,不仅在于媒体自有硬件和产品,更在于它的内在品质,而公益活动便是其打造影响力和提升品牌形象的重要利器之一。依托党媒公信力与社会责任感这一内核,洞头融媒体中心借浙江之声每年"3·5"期间举办的"万朵鲜花送雷锋"大型公益活动之势,掀起洞头全社会学雷锋的热潮,从而让公益的理念覆盖更广泛的人群,引导更多社会力量参与公益事业,有效提升了媒体的知名度和美誉度。

提前策划,联动合作,每年的"雷锋日",洞头区融媒体中心便会联合中共洞头区委宣传部、区精神文明建设指导中心、区慈善总会和微动力志愿者服务队等单位,从全区筛选出近百名道德模范、爱心志愿者、行业标兵、慈善爱心人士和见义勇为人士作为送花对象,并邀请区四套班子和行业主管部门领导,为这些代表人物送上鲜花、绶带和蛋糕。同时,再派出多路送鲜花小分队,分赴

洞头区8个街道(乡镇),给各街道(乡镇)选出的雷锋式带头人送上雷锋生日的特殊礼物。每到一个地方,都会吸引社会各界人士的关注,面对面把政府和社会的关爱送达这些长年扎根海岛、默默奉献爱心的人群。

自此项活动开展以来,洞头区融媒体中心做了大量深层次的探索,通过雷锋式的各类大型公益活动的推广,给海岛洞头营造了良好的社会风气。同时,挖掘出了600多位各类雷锋式人物,他们中有甘守偏远小岛,安于三尺讲台,用智慧书写教育的人民教师;有连续奋战在抗疫一线,守护人民生命健康的"白衣战士";有秉持热心,坚持公益事业一辈子的白发老人;有投入大量资金配备专业设备,自发成立救援队伍,坚定不移地投身救援事业的"平民英雄";也有照顾瘫痪丈夫二十余载不离不弃的妻子等"海岛雷锋"。普通却又不平凡的他们,都闪烁着为人民服务的光芒。

二、把感恩"雷锋"常态化,提升全媒体报道力度

"如果你是一滴水,你是否滋润了一寸土地? 如果你是一线阳光,你是否照亮了一分黑暗? 如果你是一颗粮食,你是否哺育了有用的生命? 如果你是一颗最小的螺丝钉,你是否永远坚守着你生活的岗位……"这段来自《雷锋日记》的雷锋名言汇聚了雷锋精神最珍贵、最重要的内核。每年三月,各式各样的学雷锋活动席卷全国,然而这股风潮似乎也只有在这一时间段特别热烈,难以形成广泛而深远的影响。因此,洞头区融媒体中心打破"万朵鲜花送雷锋"活动的时间界限,将此进行常态化处理、全年度连续跟踪报道。特别是在当前"疫情防控常态化"的形势下,我们的雷锋精神也更需要常态化!

首先,在洞头区融媒体中心的牵头下,洞头区文明办、团区委、区民政局、区慈善总会,全媒体记者和企业、微动力志愿者服务队等爱心人士组成一支稳定的"鲜花送雷锋"小分队。其次,通过组建微信群,邀请各街道(乡镇)宣传委员以及各地洞头商会主要负责人入群,进行常态化通联,让他们不管是扎根海岛,还是远游他乡,都能更好地关注掌握社会中的好人好事。然后完善建立送花制度,按照月份、季度节庆等进行阶段性活动。再是推行市场化机制,保障运行。为了让这项活动能够持续地开展下去,主管部门、媒体、企业和志愿者服务队四方联合承办,由部门单位、企业全程赞助鲜花、绶带和蛋糕,进一步保证该活动资金来源,确保公益活动常态运转。最后,由全媒体记者进行全程跟踪式报道。

除此之外,洞头区融媒体中心通过前期策划、事中报道、事后再深入等阶段,让公益理念在社会各界人士的心中深化。特别是事后深入报道这一阶段,

报纸、电视、广播、新媒体等各媒介各出"妙招"，贴近接收过鲜花的"海岛活雷锋"，通过人物专访、音乐短视频以及邀请嘉宾进演播室现场面对面访谈等形式，深入挖掘人物的典型事迹和感人细节。

如 2019 年的"雷锋日"，洞头区融媒体中心更是把演播厅搬至户外，举行了"万朵鲜花送雷锋"暨大型访谈节目，并邀请洞头海霞电力女子服务队、中国好人"兰小草"王珏小舅子侯海国、全国自强模范暨助残先进个人林加帅、浙江好人陈素芳、浙江优秀志愿者暨"最美洞头人"特殊双重身份的李玉红等热衷于公益爱心事业的个人和团体参与，分享他们的典型事迹并进行表彰，从而表达对他们的敬意，更是将互助、互爱的正能量向社会传递，让更多的人学习雷锋精神，践行雷锋精神。为有效扩大访谈节目宣传力度，除了进行常规新闻报道之外，活动还进行了现场直播和全程录制，两个半小时的直播吸引了众多人观看，让雷锋精神永驻心间。

见贤思齐，凡人善举最能感召大众。这一常态化道德活动激励了越来越多的人参与，洞头也涌现出越来越多的好人典型，一大批曾经接受过帮助的对象，也实现了从"社会助我"到"反哺社会"的巨大转变，形成正能量的循环。据统计，洞头目前已成立海霞妈妈志愿者服务队、微动力志愿者服务队、关爱帮扶志愿队、快乐公益联合会等注册登记的志愿服务类社会组织 27 支，全区注册志愿者 2.3 万多人，占洞头总人口约 20% 以上。

三、在实践中延展公益活动，汇聚起更多善念善行

一直以来，洞头区融媒体中心以"万朵鲜花送雷锋"活动为切入口，积极推动雷锋精神在海岛洞头落地生根、渐成风尚，以举行更多更丰富的公益活动，彰显媒体责任担当。目前，仅以"万朵鲜花送雷锋"这一主体活动为例，其旗下就延伸出了公益春晚以及走进道德模范、走进运管、走进劳模、走进慈善人士、走进环卫工、走进景区管理员、走进巾帼妇女、走进抗洪英雄、走进金融系统、走进企业、走进军营、走进抗疫一线等 12 个"鲜花送雷锋"专场活动。

其中，值得一提的是走进军营专场。在洞头区"八一拥军晚会上"，伴随着感人的曲声，9 位少先队员缓缓走到舞台中央，其中 2 位推着八一生日蛋糕，另外 7 名则为现场 7 名先进官兵戴上红领巾，150 位小朋友带着精心自制的花束献给了场下的子弟兵，感谢子弟兵保家卫国。活动的举办，激发了现场子弟兵热爱第二家乡的热情，体现了军民鱼水深情。原时任海防一连指导员陈思涛当场表示，这是他当兵这么多年来最感动的一天。

此外，洞头区融媒体中心每年还会联合公益组织举办多场"爱心卡车暖百

岛"的活动,积极到基层村社送文化、送科技、送清凉,爱心卡车将社会各界的爱心和关怀真正传递到困难群众手中。同时,考虑到送钱给物,只能解一时之困,满足一时之需,增强"造血"功能才能真正改善生活。为此,洞头区融媒体中心与农商银行合作,为当地困难户私人定制了爱心信用卡,该卡可为困难户提供低利率的小额贷款,随时可为困难户提供帮助。

在活动宣传上,整合传统媒体与新媒体传播方式,并积极采用新媒体传播手段,图、文、声并茂,以最大化形式在各个媒介平台里展现出独特的风格。

四、用洞头精神诠释雷锋精神,润物无声,常传常新

雷锋精神没有随时代的变迁而消失,反而影响了一代又一代的人。雷锋精神是个体行为上升到一定境界后形成的精神财富,不仅不会过时,而且还会随着时代发展被注入新的内涵。在洞头,勤劳智慧的渔家儿女们用洞头精神生动诠释了雷锋精神,让雷锋精神在洞头的蓝土地上生根开花。

洞头精神是指励志奉献的"海霞精神"、众志成城的"五岛连桥精神"和大善大爱的"兰小草精神"。正是在三大精神的传承和感召下,洞头人民热心公益,形成了友爱互助的社会氛围。而洞头区融媒体中心除了依托万朵鲜花送雷锋这一活动,更是针对三大精神,用宣传工作队伍的"脚力、眼力、脑力、笔力"策划采制了一大批讴歌洞头爱心人士、讴歌洞头精神的特色文艺作品,有效提升了洞头精神品牌的知名度和影响力。

例如,广播剧《我是海霞》讲述了洞头先锋女子民兵连的女民兵们在连长、指导员的带领下,不仅经历了艰苦的战术训练,也体尝到坚毅的士兵精神,在各种摸爬滚打、欢笑泪水里,她们逐渐成长为优秀的新一代"海霞"。

该剧的创作从前期立项到采访采风、创作完成历时数月。主创人员多次到洞头先锋女子民兵连驻地采访,和女子连官兵座谈,了解她们的生活和训练情况。并且多次到洞头先锋女子民兵连纪念馆、海霞村等地走访。通过采风,了解了连队的历史,对女子连的传承和现状以及"海霞精神"有了更加深刻的认识。在创作中,以真实事件和人物故事为依托,通过艺术的手段,塑造了连长任莹莹、新兵汪小涵、陈红霞等一批鲜活的人物形象,她们身上有历代"海霞"精神的浓缩,也有新时代青年的特质。创作完成后,通过举行一场开播仪式以及新闻报道,随后通联各级媒体,先后在中央人民广播电台《长篇联播频道》、中国之声《记录中国》、温州新闻综合频率《书香漫步》《广播剧场》等节目播出,引起了全国听众和网民广泛关注,也进一步打出了"海霞"金名片。

如今,借全媒体大力深入宣传之势,雷锋精神已经化作春风细雨,渗透进

渔村角落、渔船码头、渔家心田，浸润在海岛人民日常生活的点点滴滴之中，而"万朵鲜花送雷锋"不仅成为洞头区融媒体中心的公益活动品牌，也成为洞头的闪闪发光的公益金名片！

基于 IP 的泛文化产业发展与融媒体中心产业经营拓展

浙江传媒学院　李彩虹

数字文化产业成为我国文化产业发展的新增长点。当前,以 IP 为核心的文创产业正从内容融合向产业生态融合迈进,新业态、新模式不断涌现,行业发展焕发新活力,呈现新技术引领、生态化运营、产业化发展的新动向。我国网络文学、网络影视、网络动漫、网络音乐、网络游戏等传统泛娱乐业态迎来精细化发展;网络直播、短视频等新业态方兴未艾,"玩法"更加多样。泛娱乐内部各业态之间深度融通,泛娱乐产业与实体经济加速融合。

泛娱乐核心产业产值占数字经济的比重将会超过 1/5,成为我国数字经济的重要支柱和新经济发展的重要引擎。中国泛娱乐产业已由单体竞争转向了生态性竞争,产业生态日趋成熟,进入"下半场",生态化运营特征显著,泛娱乐产业的"玩法"更加丰富多元,"百花齐放"是 2017 年泛娱乐行业发展过程中的最大亮点。具体表现为:一是行业平台新业态不断涌现。二是泛娱乐产业细分领域"玩法"多元。三是行业融合发展迸发新业态。随着泛娱乐新兴平台的崛起,一批"草根 IP""网络红人 IP"也逐步走向主流,草根网红 IP 明星化。

专家指出,未来,数字文化产业生态化运营将会继续深入,除此之外,还将向着"IP+产业"全面融合、新技术广泛应用等方向纵深推进。

一、构建基于 IPR1 泛数字文化产业平台

一方面是从"IP 为王"到"IP+产业"的全面融合。在信息消费与实体消费同步升级的大潮中,IP 将进一步成为产业融合的"酵母",与农业、制造业、服务业进一步结合,形成"IP+产业"的新模式。未来,"IP+产业"将成为产业品牌升级、文化升级的新风口。从文创领域延伸到制造业领域,IP 的内涵将大为扩展,不仅涵盖文化形象、版权著作权等方面的内容,也将涵盖商标品牌、技术应用、商业模式、产业生态等企业长期积累的创新成果,成为企业软实力的代表。

　　另一方面是新技术应用从初步试水到全面开花。2013 年，Netflix 在美剧《纸牌屋》制作中运用大数据总结用户收视习惯，并根据用户喜好精准制作的方式在业内还是"头一份"。而近两年来，通过"鱼脑系统"给剧集、综艺的演员搭配方案提供数据参考，通过"子弹时间"技术呈现三维场景转化效果，都已被阿里旗下的优酷等平台广泛应用。新兴的区块链技术也正在改变着数字版权的交易和收益分配模式、用户付费机制等基本产业规则，形成融合版权方、制作者、用户等的全产业链价值共享平台。

　　生态化运营的龙头企业将以制作方、投资方、运营方三种或以上的多重形态、角色深度介入 IP 经营的"全产业运作"，努力打造作家品牌和超级 IP，形成一条"文—艺—娱"一体化的全媒体经营产业链。

　　这种泛文化产业平台的搭建，使得各产业门类不再孤立存在，而是全面跨界连接、融通共生。因此，未来的泛娱乐产业会形成综合型的文娱集团，以集团式作战的方式将产业上下游全链路打通，升级成新兴的大文娱产业生态，生态中的各方都将收获更多回报，不断创新产业业态、更新商业模式，推动我国泛娱乐产业实现进一步的高质量发展。这对县级融媒体中心搭建多元布局的经营体系带来启示。

二、县级融媒体中心产业经营的深度拓展

　　没有较强的传媒经营能力，就不可能支撑媒体融合发展。目前县级融媒体中心产业经营面临着诸多困难，可以考虑分为以下几个步骤。

　　第一，实施全媒体广告战略，发挥好 IP 的作用，每一个媒体平台都可以独立或整合成为全媒体广告经营平台；

　　第二，利用 IP 的影响力，把传统的"向客户卖广告"转型为"替客户卖产品"，直接为客户创造销售额；

　　第三，以 IP 为龙头，进行多元化的产业布局，如长兴传媒集团在会展业已实现较大规模盈利的前提下，再次整合一家大型家居城，全新打造的长兴会展中心于 2014 年 12 月正式开业。同时，又与国内一家知名电商公司合作，探索"媒体＋电商"的新型服务平台，重点打造服务长兴百姓衣食住行游的电商服务平台"长兴帮"。此外，在成功拓展 5000 个公安视频监控、62 座高速公路广告牌及户外 LED 大屏、公共自行车棚广告等基础上，积极开展跨区域合作，分别与省城一家报纸和一家杂志开展了深度合作，在杭州设立了采编运营中心；同时，与外省的 2 个兄弟台达成了共同运营广播频率的合作协议。

三、用可视化的内容呈现改善阅读感受，打造形成有影响力的 IP

新闻不仅有信息价值，更有美学意义上的审美价值。如何让新闻内容以最美丽的姿态呈现在受众眼前？新闻传播的实践已经证明，长篇的文字内容容易消解受众的阅读欲望，除文艺副刊等内容外，其他新闻（尤其是在新媒体平台上）传播时，应该尽可能地进行包装处理。

在长兴传媒集团拥有一支比较优秀的包装制作团队，在面对县党代会、"两会"等重大主题报道时，以制图、宣传片等更加直观可视的形式报道会议内容和精神，尤其是在处理数据新闻时，优先使用制图，以提高数据新闻的可读性。同时，使用 HTML5、CSS3 等能够快速掌握且无使用成本的计算机处理手段，让图、文、视频、音频、数据图表实现动态化呈现，提高传播效果。

但是，现有的编辑理念和技术手段仍然不能满足受众对可视化新闻内容的需求，如何让可视化操作常态化、便捷化，不仅需要采编流程的更新，更需要研发出具有很高通用性的新闻内容可视化处理软件，以提高效率、节省成本。

四、在体制机制改革上尝试以产品经理制激活 IP 内容生产团队

新闻是一款产品，而不仅仅是一件作品。作品和产品最大的区别在于：后者更强调标准化、使用价值和经济变现。这与上面所谈到的即时性、服务性、互动性、可视性一脉相承，和作品相对应的生产者可以叫作者，但和产品相对应的开发、生产、推广者则应该是产品经理。

产品经理制意味着，内容的策划、生产者不仅要考虑其传播效果，甚至要在不违背"采编和经营分离"的原则下考虑内容传播的经济效益。什么是好的新闻内容？按照上文所谈到的，无非是在用户最需要的第一时间为其提供最便捷的信息服务。如果新闻内容本身符合好产品的标准，它一定可以直接或者间接变现，而这个变现一定要体现在对产品经理的绩效考核中。

融媒体时代的区县播音员主持人
怎样适应行业需求

播音员是媒体的代言人,在新时代不仅要适应新媒体融合的基本发展方向,还要增加对媒体的宣传,坚持正确导向。近几年信息技术的飞速发展,促进了新闻媒体行业的更新与发展,传统媒体与新媒体也随着时代变化不断融合,优势互补。为适应传统媒体转型的重要环节,区县级播音员应该尽快适应发展速度,加强自身的定位定向,发挥在传统媒体与新媒体之间的连接作用,共同促进传统媒体优化转型。

一、融媒体时代与县级播音主持特点

1.1　融媒体时代特点

新时代,互联网技术将新闻媒体带入无盲点、全方位的传统与新型融合发展时代。网络大数据化与互联网云计算技术的成熟与推动,不仅将广播、报纸、电视等媒体客户端全部融合在一起,也通过融合将媒体的表现形式通过信息平台有了更为多元化的展现。在互联网技术的作用下,媒体信息传播速度与信息传播量都发生了质的变化,传播形式不再受限,转变成固定＋移动这种更为灵活的形式。也正是因为互联网的发达,让受众可以更快速更便捷地接收到各类信息。在快节奏的时代下,这种碎片化的信息传递更加吸引人,而融媒体也就应运而生。在媒体内容上,根据音频、文字、视频以及图片的不同概念也不再拘于简单的编辑,转向了更多融合构思的结合手段,譬如当下最流行的抖音、快手,就是将不同概念的内容融合进短短一两分钟之内传达给受众。这种展示与传播形式正以全新快速的特点凸显在媒体融合的整个进程中,对人民群众的覆盖也越来越广泛。在新型融媒体时代发展趋势下,媒介形态交互融合,机遇与挑战并存,也为新闻媒体行业开拓了更广阔的发展空间。

1.2　县级播音主持特点

融媒体时代，不同形式的媒体相互融合，受众主动性提高，人们获取信息渠道的门槛变低，对媒体选择性更为宽泛。因此县级电视台的播音主持应紧随时代要求，首先要继续做好党的喉舌，坚持正确宣传导向，推动融媒体在不断更新发展中坚持发展的基本方针，为媒体传播方向定型定位。同时，也要根据受众的反馈不断推陈出新，涉猎更加广泛，让自己的能力更加全面，而不是只会一味地播，需要真正地采编播一体，从而进一步提升融媒体时代中传统媒体对人民群众的影响力。笔者从 2017 年开始，通过在各大省级媒体的实习中积累了大量的工作经验，并从 2020 年正式参加工作至今，正式就职来到了区县级媒体。因此，本人认为在区县级媒体中，主持人往往需要承担起更多的责任。首先播音主持人需要具备扎实的基础功底，因为在区县，尤其是南方区县，受众的耳朵并不特别敏感，因此自己会产生一种麻痹思想，觉得自己播得已经很好了，因为没有人向播音员提出质疑和问题。但是实际上，在南方区县长期工作之后，如果不注意业务能力的自我提升，那么其实是会存在能力的下滑。因此，对于播音业务的基本功不能丢，同时要提高自己的艺术审美力，将之运用于工作中，来反向带动受众艺术审美的提升。在工作实践中不仅要充分体现团队合作精神，也要合理地将个人风格融入与展现。结合当下短视频的时代热潮，要注重短视频平台对区县级媒体的宣传推广，不断提升自身的专业素养和综合能力，在工作中强化主持风格特色，吸引受众增加关注，并且要时刻注意宣传导向，正能量的宣传是核心，高审美标准的视频是我们的追求，不能为了流量就什么都不管，要拒绝视频低俗化。我们要促进融媒体的发展，提升融媒体权威性，进而间接促进社会向健康和谐的发展方向进步。

二、融媒体时代背景下县级播音主持人发展现状

2.1　专业能力不强，社会影响程度较弱

在我国新媒体中，县级媒体相对一线城市媒体综合能力较弱。融媒体时代发展中群众获取信息渠道多元化已成为当下的发展主流，面对融媒体信息，群众更倾向于"私人化"定制内容。融媒体的竞争发展使得区县级媒体地位面临诸多挑战，在实际工作中相对于上级媒体，目前部分县级媒体播音主持人面对编制限制只能沿用传统的播报工作形式，无法满足群众的需求。工作环境也受到了一定的局限，只能在演播室内完成现有宣传及播报任务，面对面接触群众的实践机会较少，因此无法深入基层细致了解民众喜好和需求，也不能根

据民众的建议与反馈对媒体定位进行分析,以深化演播风格。而且可报道的题材类别较为稀缺,节目和新闻同质化程度较高。且区县主持人驾驭节目能力相对较低,只能沿用传统单一的节目引导受众获取权威信息,通常只有传统的新闻节目,其余类别则无法驾驭,工作多年的区县主持人如果设立一档新节目,做着做着就会发现慢慢地又做成了新闻节目,因为语言风格被固定化、格式化,没有办法跳脱出来,而归根结底还是业务能力的不足,致使受众群体不稳定,致使区县级新媒体宣传效果甚微,影响力被不断削弱。笔者认为这种情况下,需要大力起用新人,因为新人刚从学校出来,在校内接触的类别足够多,个人风格不会那这么固定,业务能力也较强,或可给区县融媒体带来一些新鲜气息和变化。

2.2 专业素养较低,跨界影响较大

区县级融媒体在当下时代发展下与新媒体融合程度不高,因此综合实力也比较差。结合地区限制,与省市级媒体相比受众范围窄,宣传效果不够理想。播音主持人行业流动性比较强,因此在区县级媒体行业中播音主持人的专业素质普遍偏低,招聘优秀播音主持人难度较大,最终导致节目录播质量随之变差,节目关注度普遍下滑,这极大地影响了区县级媒体的整体发展与综合提升。近几年来,随着互联网技术进步,自媒体行业不断发展壮大,一些"网红"即使没有受到过专业的学习与训练也能通过自身的"流量"与"热度"转型跻身于播音主持行业,其实还拉低了行业标准和门槛。他们不仅没受到空间限制,而且相比专业的主播受众面更为广泛,县级融媒体播音主持人深受这种情况影响,主持事业一直处于不温不火的窘境当中。

三、融媒体时代下区县级别播音主持人应对策略

3.1 提高专业能力,增强专业素养

播音主持人在区县级别的广播电视台发展过程中起到了重要的推动作用,一个专业能力以及专业素养优秀的播音主持人能够树立区县媒体在受众心中的良好形象。因此现阶段面对融媒体时代区县级别媒体行业所面临的难题,提高播音主持人的职业素养与专业技能是必然趋势。在融媒体时代,播音主持人不仅要加强专业技能的学习培训,提高自身专业技能,还要秉承传统、不忘初心,深入基层与人民群众开展面对面互动等实践活动,以增强人民群众对区县级新闻媒体的了解,拓展节目的受众面,推动正确的舆论导向。除此之外,播音主持人还要具备良好的思想道德素质、扎实的专业基本功、具备丰富

的阅读文章词汇累积以及良好的语言表达能力。在工作中积极参与节目主题的选定、节目内容的策划、节目方案的制定等环节,熟悉整个节目流程,充分掌握受众心理,创新节目的表现形式与具体内容。通过不断累积的经验提升自我素养和播音主持专业能力,以便保证在节目录制时能够临危不惧,保持语言逻辑清晰,最大限度地发挥出自身的主持风格,多角度展现节目内容与节目特色,更贴合融媒体时代的特点,提高节目的收视率。

3.2 塑造节目全新风格,增强节目质量

为了迎合全新的融媒体发展时代,播音主持人需要研究大数据信息,利用当前时代所流行的热点事件来创新节目,满足群众的喜好。不仅如此,播音主持人还需要紧跟时代潮流,在融媒体的时代背景下充分利用网络信息平台,通过多元化的渠道进行网络热点的互动性传播。要增强融媒体与传统媒体的有效连接性,提高民众接收时事新闻的效率,不断改善节目的不足,在节目中通过有效的互动增强全民联动性,营造生动的节目氛围,从而提升节目热度,增强节目宣传效果。当然传统新闻节目依然尽可能保持原状不改动,所以要尽可能开设一些新的节目类型来丰富节目内容。此外,结合当下融媒体的传播形式与特征,加入一些科技手段。例如在某个直播节目中,采用与观众大屏实时互动的环节为节目增加了一定的特色,主持人可以通过这块实时互动的大屏来掌握观众的数量与观众的活跃程度,并且还能够通过互动屏幕对当下观众关心的热点问题做出相应的解答,采用虚实结合的播报方式与观众始终保持密切的联系。这就需要区县融媒体对技术层面加强投入,以硬件提升促进软件的升级。很多时候,我具备一些想法但是因为技术原因限制而无法实现,所以技术硬件的不足会使得主持人的功力无法完全施展。在节目类别上要推陈出新,或最起码要增加类别,譬如电视节目中可以增加访谈节目、讲史类文化节目、美文鉴赏类节目、科普类社教节目,而电台方面,可以设置一些音乐节目、体育节目、有声小说播读、曲艺节目等不同类型节目来丰富节目形式。通过这样的传播途径来进行有针对性的传播工作,在不断完善节目质量的过程中打造最大程度的受众量。与此同时,主播可以在个人社交平台开设自己的社交账号与受众进行节目下的互动,提升主持人的粉丝活跃程度,从而保持节目在行业中的竞争优势,增加节目的收视率或收听流量。

传统主流媒体陷入生存发展危局,众多省市级媒体都毫无疑问存在着一定程度上的盈利困扰。区县级别的媒体单位困扰更甚,因人才资源短缺,不具备省市级别的宣传效果与录制水平,所面临的形势也更加严峻。在融媒体时

代下，面对短视频以及直播带货等社交媒体的席卷浪潮，怎样革新发展是当前首先需要研究的话题。作为区县级播音主持人，在现阶段应当如何正确顺应时代要求创新求存值得深入探讨。

发挥新媒体矩阵优势
做好疫情防控精准宣传
——论县级融媒体的应急传播

邹平市融媒体中心　张立波　孙　莅　鹿晓娟

一、全民战"疫"，"移动"先行

这几天，邹平市疾控中心关于紧急寻找密接、次密接及风险人群的公告几乎占领了邹平市民的"朋友圈"，通过"邹平融媒"App大家可以第一时间了解全市疫情防控的官方权威信息。

疫情就是命令，防控就是责任。面对来势汹汹的疫情，邹平市融媒体中心新媒体部积极应对，发挥优势，主动作为，采编人员坚守岗位，及时传递党和政府权威透明的防控疫情信息，紧贴基层百姓的特点和需求，用喜闻乐见的形式推出各类丰富多样的宣传：原创歌曲《打疫苗》《守》《重逢》《大爱天使》；微视频《抗击疫情诗歌展播》、京韵大鼓《春暖花开永安宁》；快板《核酸检测注意点》；【海报】《邹平有话对您说、加油！邹平》《携手同心抗击疫情》《众志成城战疫情！》；H5《你出不来的门，是多少抗疫一线人员回不去的"家"》《疫情防控从我做起》；《你摘下口罩的样子真美》《以最高礼遇向每一位抗疫英雄致敬》等抖音短视频等形式，从增强意识、日常防护、科学认识、亲情陪伴等多个角度加强科普宣传，在增强群众自我防护意识和保护能力方面发挥积极作用，得到社会各界好评。截至2月9日，邹平融媒关于疫情防控共发布稿件692条，总阅读量326.8万，其中，原创177条，转发上级疫情防控通知268条。

二、发挥矩阵优势，助力疫情防控

在坚持移动优先策略的同时，邹平市融媒体中心还综合运用广播、电视、报纸等终端，形成传播矩阵，开足马力，全力播出刊发疫情防控工作有关信息。

《邹平新闻》全部采编力量集中宣传报道市委、市政府安排部署疫情防控工作的思路、措施,深入挖掘全市各镇街、各部门、各企事业单位的具体办法和举措,充分展现党员干部冲锋在一线,群众积极响应踊跃参与的感人场景。开设"坚决打赢疫情防控遭遇战阻击战"专栏,播放《邹平党员干部闻令而动 冲锋在前》《邹平:雨夜坚守 让党旗在疫情防控一线高高飘扬》《邹平:政企携手齐心抗疫 我们在一起》《邹平:开展全员核酸检测 切断病毒传播链条》等公告、倡议书 10 余篇。其中《战"疫"中的邹平力量》,"速"说邹平战"疫"、闻"疫"而动、向"疫"而行,在这场疫情防控遭遇战阻击战中,我市党员先锋、白衣天使、疾控人员、公安交警、网格员、志愿者,每一名邹平人都在努力地为阻击疫情助力,传递着勇敢担当、坚强向上的邹平力量。

开设《邹"说"平"论"》播出《有一种责任叫邹平担当》《邹平的大白,不懂夜的黑》《短暂的隔离只为长久的陪伴——致邹平市隔离人员的一封信》《出行政策公开》《科学按需佩戴口罩》《防控新病毒 开会讲规范》等电视公益宣传片共计播出 2000 余批次,为全市形成群防群治、人人参与的良好社会氛围贡献了力量。

应急广播在战"疫"宣传中充分发挥舆论引导功能。

"新冠肺炎不可怕,可防可控莫惊慌,出门就把口罩戴"……每天早上 6 点58 分,邹平市应急广播就会在全市上空响起。自新冠肺炎疫情发生后,邹平市应急广播第一时间启动,覆盖全市 9 个乡镇 350 个村,8 个城市广场,700 多个播出终端同时播出。为加强新型冠状病毒感染的肺炎疫情防控的宣传,有效阻止疫情向农村蔓延,邹平市应急广播大密度,多版块,用群众喜闻乐见顺口溜、快板等多种形式宣传疫情防控知识,让科学防疫的声音传到千家万户。

同时,邹平广播电视台 FM91.1 广播频率《小鹿热线》《大家帮大家》《百姓健康》《健康时间》等栏目,疫情防控期间积极宣传报道防疫科普知识、各镇街抗击疫情的典型人物和暖心故事、解封后复工复产等内容。复工复产后,积极利用栏目宣传最新政策、民生关注热点,例如:徐玉红的抗"疫"情怀;坚定信心精准施策,抓好疫情防控和经济社会发展;暖心赞! 黄山街道中杨堤村疫情防控检查站值班人员帮助走失老人回家;防疫科普:3 岁以下婴幼儿不宜佩戴口罩,疫情防控期间如何保护孩子等内容。其间共计每日播放《滨州疫情防控通告》《各地疫情防控政策措施查询》《防控疫情不放松》《疫情防控人人有责》等防疫通告政策 1344 余次,《个人防护要做好》等防疫公益自宣类广告 3304 余次,发挥出传递信息、遏制谣言、提振信心、维护稳定的重要作用。

《今日邹平》突出重点稿件,配发相关评论,进行战役性报道,共刊发疫情防控稿件 152 篇,制作推出疫情防控公益广告 27 条。

三、视角温暖，传递爱、温暖、希望和力量，彰显大爱无疆

疫情当前，处处皆是战场；党旗所指，事事可证初心。面对疫情，我市党员干部闻令而动，冲锋在前，用实际行动践行初心使命，用无私奉献诠释入党誓言。

"我们是共产党员，我们一起上！"夫妻俩一起奔赴抗疫一线……

"雨夜坚守，为万家灯火。虽然大雨瓢泼，但我市公安交警、交通等部门依然奋战在疫情防控第一线，在高速路出入口，'点对点'对入邹车辆进行检查，保障身后万家灯火……"

"这是100箱矿泉水、100件方便面和5箱共2500只KN95口罩，我们要捐献给黄山街道防疫一线人员……"邹平圆鸿物流有限公司负责人说。

就是这一个个的普通人，他们放弃"小家"，奔走在抗疫一线，用生命守护大家。

每个街口、每条小巷、每个关键岗位，都有他们忙碌的身影。在这场属于全民的战役中，无数个普通人站了出来，他们用实干担当，传递着这座城市的温度。我们的记者深入一线，重点挖掘医护人员、各级党组织、党员干部、爱心企业和热心人士讲奉献、顾大局、担当作为、真情奉献的感人事迹，起到了良好的宣传效果和示范效应，汇聚起社会正能量，坚定了广大群众战胜疫情的信心和决心，在全市凝聚起众志成城抗击疫情的强大力量。

融媒环境下如何做好"热点"报道
——以"台州救鲸"融媒报道为例

台州市广播电视台　高建平

在 2021 年度的浙江新闻奖、浙江省广播电视新闻奖评奖中,"台州救鲸"相关题材的作品,有四件获得一等奖。其中台州市广播电视台报送的作品《拯救瓜头鲸》获得浙江新闻奖、浙江省广电新闻奖系列(连续)报道一等奖,作品《直播|"鲸"险营救——一场人与自然的生命接力》获得浙江省广播电视新媒体奖一等奖。和浙江卫视合作的新媒体直播《紧急营救! 12 头瓜头鲸搁浅浙江头门港海域 直击多部门全力救援》获得浙江新闻奖新媒体作品一等奖,以《从"全民救援"看"台州温度"》为代表作的《台州"屏"论》被推荐参加中国新闻奖新媒体专栏评选。

2021 年 7 月 6 日,浙江台州临海市头门港的滩涂上,12 头瓜头鲸集体搁浅,当地热心群众、民间救援队和相关部门展开紧急救援。有人徒手为瓜头鲸挖出水坑;有人从家里拿来竹竿和遮阳布,为瓜头鲸支起"遮阳伞";有人用湿毛巾给瓜头鲸保湿;还有人不断舀水为瓜头鲸降温。渔民、村民、渔政人员、消防队员、社会救援队、海洋馆工作人员,500 多人齐心救援,只为让瓜头鲸重归大海。最终,9 头瓜头鲸被救起,6 头回归大海。"十多条鲸鱼搁浅滩涂情况危急",这个突发事件一开始就引起社会的高度关注,迅速升温成为"热点"事件,随着主流媒体的介入报道,更是成为全网热点,被称为"台州救鲸"事件。

从当天上午开始,台州台通过新媒体直播、图文、短视频、连续报道、新闻专题、新闻评论等形式,围绕"台州救鲸"这一热点事件,长时间多媒体多角度多形态报道,给受众讲述了一个个精彩暖心的中国故事,彰显了人与自然和谐共生的生态理念,展示了"可信可爱可敬"的中国形象。

及早介入抢占先机 避免信息不对称带来舆论误解

"鲸豚搁浅"是一种偶发的自然现象，它的发生原因多种多样，由多种因素共同影响造成，主要有自身疾病、地形影响、捕食误入、噪声污染、物种竞争等等。而鲸豚搁浅后，各个国家、地区对待类似事件的态度和行为也各不相同，有救助的，有围观的，甚至还有借机捕杀的，由此造成的生态后果和社会影响也差别很大。遇到此类事件，如果不能尽早了解现场情况，并第一时间发声，进行客观报道，很容易引发外界猜测和议论，甚至形成负面舆论，给当地甚至我们国家带来不良影响。

"台州救鲸"事件中，台州台在获得有鲸豚在头门港海域搁浅消息后，第一时间派出了多组记者前往现场，并开通了新媒体直播，让受众第一时间了解具体的搁浅情况、自发的救援行动、当地采取的措施以及人们对待搁浅"鲸豚"的友善态度。台州台的新闻客户端"无限台州"在 7 月 6 日上午 10 点发出了第一条消息《头门港海域有鲸豚搁浅了，快救救它！》，第一时间发出了动员令，让大家关注到了这一突发事件。此后，"无限台州"马上开出了直播《"鲸"险营救——一场人与自然的生命接力》，第一时间派出 4 路记者，赶赴现场开展多点长时段直播，对鲸豚搁浅的具体情况、村民自发参与营救、救援队伍陆续到位等内容进行全方位报道。从实际报道效果来看，因为介入较早，报道真实客观，"台州救鲸"从一开始就呈现出了正向的舆论状态，不但几乎没有负面的舆论评价，还在全社会形成了"人与自然和谐共生""人与自然是一家""救助野生动物就是救助人类自身"等良好的舆论导向。

"台州救鲸"事件中，台州台以第一手真实素材回应民众关切，使一条社会热点新闻成为一个暖心流量事件。当然，这和"台州救鲸"新闻事件本身是一个正能量事件有关，也和媒体第一时间介入，客观真实传播密不可分。

有不少社会热点是由于信息不对称产生了隔阂、误解和不信任，对这些热点的引导，关键是有针对性地解决信息沟通问题。因此，对于社会热点事件，作为主流媒体必须第一时间采访报道，第一时间发出声音，真实客观、及时准确报道新闻事件，这既是主流媒体应该担起的责任，也是服务好受众，满足社会需求应有的作为。主流媒体遇到突发事件要立足拼抢，要提高报道的及时性、准确性、连续性。早讲事实，积极快速反应，第一时间发声，根据事件处置进展实时发布信息，抢占舆论制高点。

持续关注不断更新 满足受众对未知信息的心理期待

7月6日上午接到消息后,台州台先后派出7组记者赶到现场进行报道。从上午10点左右一直到傍晚,冒着30多摄氏度的高温,记者奔走在滩涂,拍摄了"烈日救鲸"的动人场面。9头瓜头鲸被救上来之后,多组记者又开展持续20多天的跟踪报道,真实记录瓜头鲸获救治、放归大海,直至最后一头伤重死亡的整个过程。报道过程中,记者不但跟进救援进展,还深入挖掘当地干部群众奋力救援的感人故事,先后播发10篇消息,展现了这场起于自然、发于理念、终于美好的救援行动全过程,呈现了人与自然和谐共生的生动景象。正是由于这样翔实的记录、完整的呈现,台州台创作的连续报道《拯救瓜头鲸》获得了2021年度浙江新闻奖、浙江广播电视新闻奖一等奖。

尽管最后一头瓜头鲸经过20多天的治疗,未能回归大海,但媒体仍旧如实进行了报道,在报道事实的同时,也回顾了整个事件的过程,给受众一个完整的结果,满足了受众的心理期待,让大家在有始有终的报道中,回味暖心的瞬间,并思考人与自然的进一步共生共融。

社会热点事件往往影响大,持续时间也比较久,从受众心理来说,他们对最终结果往往也有较大的期待,因此,对于主流媒体来说,通过连续报道为受众带来新鲜的信息,满足受众对新闻故事未知结局的心理需求,有助于将"台州救鲸"这类正能量事件延续热度,从而在更大范围、更久时间扩大影响,让传播更有影响力。

深入挖掘树立典型 努力放大热点事件正面效应

在通过电视消息、连续报道,新媒体直播、短视频报道"台州救鲸"事件的同时,台州台《台州深观察》栏目还对救援过程中涌现出的感人事迹进行了深入全面的挖掘,播出了近20分钟的新闻专题《"鲸"险大营救》,立足现场,挖掘出了救援中的多个暖心故事。救援时被划破了手的村民,在水中连续托了瓜头鲸四个小时的消防救援人员等,一个个鲜活的人,一个个感动人的事例,引发了受众的强烈共鸣。

瓜头鲸搁浅的当天上午,大家顶着35摄氏度的高温与暴晒,长时间接力救援。在救援群体中,附近的村民尤其让人动容。有的搬来竹竿为瓜头鲸搭起遮阳棚,有的拿来毛巾棉被为瓜头鲸降温保湿。整个救援过程,从群众意外发现、及时上报,到应急部门迅疾出动、合力营救,再到海洋生物专家到场指导营救,再到转移后海洋馆工作人员整夜陪伴监测,充分体现出台州人的大爱,彰显了人与自然和谐共生的理念。值得一提的是,《"鲸"险大营救》挖掘出了当地村民自发救援瓜头鲸的一个个暖心故事,成功塑造出了"可信可爱可敬"的村民群像。临海市上盘镇旧城村村民徐周芽,原本是来头门港北洋坝滩涂捡螺蛳的,看到有"大鱼"搁浅后,义无反顾地加入了救援队伍,把"大鱼"转移到临时搭起的"凉棚",不停地舀水为"大鱼"降温。舀水过程中,徐周芽的手机被浸湿损坏,她也不在乎,一心只想救活这些搁浅的"大鱼"。联合村村民林善兰,6个多小时不停地为"大鱼"浇水降温,中午饭都没有顾得上吃,记者采访她时,林善兰表示:"我中午饭没吃不要紧,只要它们能活起来,它们能回到大海里面游来游去,我们就高兴了,值得了!"炙热的爱心,淳朴的话语,让人动容。

《"鲸"险大营救》详细报道村民的感人事迹后,两天后,临海市桃渚镇人民政府对积极参与救援瓜头鲸的村民们进行了慰问。节目播出的次月,"临海市上盘镇救援瓜头鲸村民"群体被评为2021年8月"见义勇为类浙江好人"。2021年年底,台州市将该群体典型推荐参加2021年度"最美浙江人·浙江骄傲"人物评选活动。

在社会热点事件报道中,在报道好新闻事件本身的前提下,对暖心故事、典型人物的深入挖掘,可以给予人向上向善的力量,是社会热点事件报道努力放大正面效应、降低负面影响的重要举措,有助于营造良好的舆论氛围,更好地发挥主流媒体"团结人民、鼓舞士气"的作用。

上下联动主动发声 引导受众做出正确判断与正面评价

对于"台州救鲸"事件,台州台除了在电视《台州新闻》《台州深观察》《阿福讲白搭》《山海经》,广播《台州晨报》《整点新闻》进行全面深入的报道外,还在新媒体"无限台州"上通过直播、短视频、H5、海报等方式,进行了融合报道,取得了很好的传播效果。7月6日当天,台州台推出了《微视频丨"鲸"险大营救》《微视频丨"鲸"心动魄》,海报《水里泥里,"鲸"心护你》等新媒体作品。另外,除了通过"无限台州"直播服务本地受众外,还会同"中国蓝新闻"、临海市新闻传媒中心开启联合直播,由"中国蓝新闻"统筹协调前方多路记者接力直播报道救援进展。直播同步分发至央视新闻、人民日报、澎湃新闻、北京日报、四川观察等全国 50 余家媒体,短短 3 小时内,全网累计观看达 3000 万次。

为了抢占舆论阵地,台州台发挥充分主流媒体"热点引导"功能,当天在"无限台州"及时推出《台州"屏"论 | 从"全民救援"看"台州温度"》引导受众深入思考、正向思考,评论介绍了瓜头鲸搁浅众人救援的基本情况,并阐述了事件意义:"一座城市的温情和善意,就体现在千万个见义而趋、见善而行的善举中,对生命的敬畏和呵护,更是衡量社会文明程度的一面镜子。台州是一座有着深厚人文精神土壤的城市,正直、勇敢、善良、互助、友爱已成为台州人的内在气质。今天,这样一群可爱可敬的救鲸人无疑是'善'的最好注解,擦亮了我们城市的底色,彰显了台州的温度。这种见贤思齐、崇德向善的强大精神力量,必将托举起台州这座'全国文明城市'更加蓬勃向上的文明高度。"

此后,7 月 7 日晚,央视《主播说联播》也点赞台州成功救起 9 头瓜头鲸一事,并阐明其重大意义:"大家拼尽全力的样子,可敬又可爱。从团宠一路逛吃的亚洲象,到积极营救搁浅的瓜头鲸,我们用行动践行的是人与自然生命共同体的理念,展现的也是可信可爱可敬的中国形象。"

据统计,7 月 6 日以来,网络上救援搁浅瓜头鲸相关报道信息有近 2 万条,其中微博超 1.27 万条,话题累计阅读量超 3 亿,省内外微信公众号发布的推文总阅读量近 1700 万、点赞数超 1.86 万,网民评价正面为主。主流媒体的评论,通过对热点事件的正向引导,引发网民共鸣、共情、共振,赋予大流量以正能量,将社会热点转化为传递核心价值观的主流舆论。

主流媒体丰富多样的全媒融合报道,有助于充分发挥新媒体跨地域传播的优势,为不同地域、不同职业、不同层次的受众提供多样的可选择的新闻信息,也有助于受众多角度多方位理解"热点"的性质和意义,正确看待"热点"事件对社会的影响,进而做出正确的判断和评价,形成共识,凝心聚力,推动社会进步。

结　语

在互联网时代,人人都有"麦克风",社会热点事件往往容易引发网络热议,这种短时间内形成的社会集中关注行为,既可以形成一发不可收的负面"舆情",也能掀起山呼海啸般的正能量传播声势,而其关键,在于主流媒体如何报道,怎样引导,有没有作为。面对社会热点,作为主流媒体,需要综合运用各类传播平台和新技术手段,进行有效有力的报道,更要勇于发声、善于引导舆论。唯有如此,主流媒体才能不负时代,不负人民,在新的媒体格局下,更好地承担起自己的职责和使命。

浅谈青年电影节展中新媒体作品的发展趋势
——以"浙艺金鹄电影节暨原创影像大赛"为例

浙江艺术职业学院　徐旭恒

改革开放以来,中国电影电视行业发展蒸蒸日上,涌现出了一大批优秀的视听内容创作者。现如今,那些看着第六代导演作品长大的 90 后、00 后青年影像创作者们,在经历过新电影思潮、互联网兴起、融合媒体大发展后,正在用他们的智慧和眼界构建具备这代人特征的新时期视听媒体内容语言体系。

浙艺金鹄电影节暨原创影像大赛致力于培育影像新生力量,引导健康、向善、向美影视文化的创造与传播,让更多怀揣电影梦想的青年人,站上原创影像舞台,与时代对话,与影视同行。大赛由中国艺术职业教育学会主办、浙江艺术职业学院承办。自 2018 年创办以来,浙艺金鹄电影节不断提高知名度和影响力,2021 年收到 251 所高校的 1129 件作品,品牌影响力逐步显现。作为青年影像创作者们的盛会,浙艺金鹄电影节聚集了当代青年影像创作者们的呕心力作。围绕这些极富时代特征的微电影、短视频、动画、微纪录片等作品,本文试图从这些鲜活的新媒体视听作品中,探究其发展趋势。

一、青年创作者对边缘环境的青睐

中国电影经历了农村题材大繁荣时期,第五代导演的作品几乎清一色是农村题材,这些电影在国际上获得巨大成功的同时也在很长一个时期内受到大众的认可。20 世纪 90 年代开始,中国大地上城市化盛行,大量农村人口涌入城市,影像创作者开始大量拍摄以城市为背景的现实题材作品,培养出了观众的城市审美喜好。近年来,在浙艺金鹄电影节众多参赛作品中,农村题材的作品数量不减反增,在第四届大赛中更是占据了半数以上,形成这种现象的原因是多样的。

首先,在过去的 20 年间,伴随着摇摆效应,当城市题材的作品占比达到峰值之后,青年创作者再次将目光投向了广阔的农村大地。"从历史来看,中国

232

的现代化是区别于西方世界的现代体验,是一种民族独立、国家富强、社会自由的特色现代体验,新农村题材电影传递出来的正是这样一种中国式的现代体验。在新时代的发展中,新农村题材电影将继续在主流文化价值传承上肩负着重要的使命,如何在新阶段创新深化新农村电影的形式与意义,也将成为中国电影创作者们继续探索与实践的新方向。"①在中国大力发展乡村经济的大背景下,以脱贫攻坚、返乡创业、乡村振兴等为主题的新时期农村题材新颖,人物的性格不拘泥于传统农民形象,环境也不仅限于黄土地,更多了一份绿水青山的诗意,这类型作品摆脱了传统农村题材电影给人留下的清苦、落后、愚昧的刻板印象。

其次,在一些社会经济发展较好的地区,城市和农村的界限已经不那么清晰,一些农村人的生活质量不亚于城市人。以微电影、短视频为代表的新媒体创作过程中,伴随着边界的模糊,创作题材也不再是创作过程中的界限,已经有很多作品会横跨城市与农村。

青年创作者的农村题材电影常离不开童年这一主题,在农村向城市迁移的过程中,作者的身份变化赋予了其对农村的故土情结想象,这种想象的空间与观众的期待是相符的。"时代语境的变化趋势带动着电影中乡土想象的不断改变。尽管启蒙视角下的现实乡村揭露了乡土社会的种种弊端,但并未从正面回答理想中的乡村应该是何种状态。"②城市化浪潮中孕育出了一种新的艺术表达空间载体,即"市郊"和"城中村"为代表的边缘地带,与之对应的人群即进城务工一族和农民工群体。

由云南艺术学院出品的《三和一梦》描述的便是发生在深圳城中村里的三和青年的故事,所谓"三和青年",他们游戏人间,与世沉浮,对生活充满了丧气,放弃了对命运的抵抗,做一天临工,玩三天,用一千块的生活费过一个月。这部作品的真实感特别强,所有画面和人物设计都很好地展现了边缘地带边缘人物的特征。一群从农村来的年轻人,他们生活在城市中,却无法真正融入城市生活,在一个本不属于自己的空间中寻找自我认同,彩票、网吧、集体宿舍、人力资源市场种种标志性的元素构建了这个边缘化的时空,故事的发展并不顺利,最终以悲剧结尾。作者巧妙地运用了这种灰色地带的特殊属性,在影

① 肖艳华.从"出走"到"归来"——中国农村电影中的现代化影像书写[J].电影新作,2021(5):131-138.

② 胡爱弟.1990年代以来中国电影的乡村想象[D].杭州:浙江传媒学院,2021.DOL:10.27852/d.cnki.gzjcm.2021.000052.

片中还伴有梦境等一系列虚幻画面,虚虚实实,恰好符合了这类人群的定位。在这种缺乏归属感的环境中,人物无法掌握自己的命运,面对现实他不得不妥协。从主流观影需求的角度出发,这种边缘化不像农村山区那种遥不可及,也不像城市中精致主义至上般脱离事实,它更像是一种保持安全距离的观察,给予观众一种新观影体验和想象空间。

同时,当代青年影像创作者对于农村的青睐也体现在节约成本的现实考虑中,特别是学生创作者,学生影视剧组在搭建过程中"缺胳膊少腿"的现象是普遍存在的,这也是青年影人在创作过程中无法逃避的一个问题。北京电影学院出品的学生毕业作品《青鸟》是一部典型的农村题材女权主义作品,此片是作者只身一人回到家乡后,简单培训了几个亲戚组建的临时剧组,四位演员都是作者的亲朋好友,道具都是村庄里找来的旧家具。如此一来,这个作品最大程度上节约了成本。然而,影片在表达上没有受制于成本,反而很好地表达了作者的初衷,受到了电影节评委和观众的一致好评。可见,农村与城市的题材的选择将从一元变成两元和交叉并存,即两者界限的模糊和影片叙事上的选择自由。

二、青年创作者对小人物身份的认同

青年一代最熟悉的电影莫过于周星驰系列电影,电影中诙谐、反讽的内容形式结合小人物青春、励志、奋斗等主题很大程度上影响了这代人独特的观影喜好,中国的观众也第一次真正意义上开始接受具备后现代主义特征的电影。伴随视听内容网络化、扁平化的发展趋势,青年创作者比以往任何时候都更愿意描绘小人物的故事。"他们创作微电影的初衷一方面是展现自己对生活的感悟,完成自我的个性表达,另一方面是追求娱乐化的生活,在感知影像创作的原始冲动中炫耀技术技巧,在颠覆传统模式中寻求自我价值重构。"①

中央戏剧学院出品的《回门宴》讲述了刑满释放的小人物韩贝贝回到家乡后,家人和社会对他产生了种种偏见,受到屈辱的他不得不选择离开的故事。这部作品具有强烈的时代气息,具有强烈的后现代特征,片中人物形象性格鲜明,是影片艺术性的主要体现。从剧作上讲,影片没有明确交代"前因和后果"。"前因"是主角为什么原因入狱,"后果"是主角最后是否再次走上了违法道路,这两个问题在影片中没有做出正面解答。作者希望影片能聚焦在人物

---

① 徐文华.山东青年微电影大赛研究[D].济南:山东师范大学,2019.

内心认知变化上,恰如一个典型的情绪共鸣,期待通过一个特定的叙事来博取观众的感性认同,毕竟在微电影有限的篇幅中,表达的精确性显得尤为重要。区别于传统的讽刺,影片本身对反面现象采取包容的处理倾向,主角遇到来自各方的歧视,作者没有侧重角色的直接反应,这种空缺进一步突出了角色的无辜和无奈。浙艺金鹄电影节中出现了许多像《回门宴》这样令人耳目一新的作品类型,除了这种架空式的叙事方式外,还有"软科幻电影""伪诗意电影""伪纪录片"等各类后现代主义类型上的创新,而这些影片无一例外地采用小人物作为主要角色来展开叙事。

相较于微电影的精致表达,在短视频作品中,作者对话语权的争夺显得更加激烈,一种惯用的策略是采用草根性小人物来博取观众的认同,这类视频通常会聚焦到一个特定事件的体验中来,以弱势群体的视角表达观点。旁观者式的表达已经无法和参与者式的内容相提并论了,现在人们对意见领袖的要求不仅限于意见本身,同时也对作者所处的位置提出了要求。鉴于此,一些作者主动出击,置身于事件之中,敢为人先,以便获得更多"流量"。

三、青年创作者对主旋律内容创作热情的升温

梳理分析过去四届浙艺金鹄电影节的参赛作品,主旋律内容作品从第一届的占比 35％到第四届的占比 42％,数量正呈现逐年上升的趋势。这与新中国成立 70 周年、建党百年、迎接党的二十大等近年来多个重大历史节点相映衬。全国上下对社会主义核心价值观、精神文明建设、党史教育的重视都达到了一个新的高度。同时,大学生是青年影像创作群体的主要代表,在校园中,思政教育、课程思政的推进与深化助推了青年创作者对主旋律内容艺术创作的热情升温。在社会上,从主流媒体延伸出来的主旋律短视频创作热潮也催生了一大批具有巨大传播价值的优秀新媒体作品。

有学者在评价主旋律作品时提出:"导演必须分析此类作品在取材立意、结构设计、叙事技巧等方面的共性特征,勇于尝试'微小'叙事,将平凡的人物角色、层层递进的情节脉络以及主题鲜明的故事内核精炼浓缩到一个完整的文本当中,才能在有限的片长里展现十足的戏剧魅力,满足广泛受众群体的现实文化需求。"[①]由成都理工大学出品的《冬日觉撒的暖阳》描述了扶贫干部日

---

① 黄泽林.扶贫题材微电影叙事艺术研究[D].石家庄:河北大学,2021.Dol:10.27103/d.cnki.ghebu.2021.000464.

常工作内容,用纪实影像向我们展示了扶贫工作中的各种困难。面对各种挑战,主角黄文峰不忘初心,打破语言和文化壁垒帮助贫困地区乡民普及法规和政策,在艰难的扶贫道路上,他用自己的热情和智慧,为改变贫困地区居民的生活不懈努力着。影片在纪实的基础上,最后以点概面,用一连串的数字和政策方针升华了影片主题。2020年是我国脱贫攻坚的决胜之年,作者的创意源自他的一个想法:在我国最贫困地区之一的大凉山深处,扶贫工作是什么样子的呢? 人们的生活又是什么样子的? 我想去看一看。于是抱着这个想法,主动去联系了扶贫办公室,了解到黄文峰老师正是在凉山布拖县开展扶贫工作,一通电话之后,隔天就赶赴凉山开始了拍摄。作者的创作历程正是源自校园中主旋律文化的广泛宣传。

"过去主旋律作品大多采用官方宣传视角,正统的宏观叙事手法表现主流意识形态,主题宏大,内容严肃,立意高远,带有浓重的政治宣教色彩。短视频不仅是一种新媒体形式、新传播形态,也代表一种新的表达方式和叙事视角。主旋律短视频摆脱了传统的宏大叙事,聚焦了人和个体,扎根群众讲好中国故事,在普通人的日常生活中寻找正能量,发掘火热生活中不经意发生的小事中蕴含的中国精神,百姓叙事视角和语态更接地气、更朴实动人,使主旋律创作具有题材的丰富性和视野的当代感。"[①]青年创作者从来都不缺乏创意,他们用饱满的创作热情歌颂了时代精神。作为社会主义文艺事业的接班人,在党的教育和关怀中成长起来,如今,青年影像创作者已经手握新时期的"笔杆子",跃跃欲试,用自己的专业特长为社会主义建设事业奉献力量。正是在中国共产党的领导下,社会的发展和技术的革新给予了青年人实现理想抱负的机会。可以预见,在接下来的一个时期内,青年创作者一定能够创作出更多有价值的爆款主旋律视频。

四、结语

在历年浙艺金鹄电影节获奖作品中,出现了区别于传统媒体的新型视听语言特征,即脱离传统电视、电影的话语体系,结合作者的创意,灵活运用新型影视技术打造的视听内容,这类作品更受观众和评委的青睐。显然,新媒体的制作成本和传播效力是不对称的,青年创作者敏锐地发现并利用了这种"超级

---

① 陈媛媛,黄安云.主流媒体主旋律短视频创作价值与生产机制[J].湖北经济学院学报(人文社会科学版).2022,19(4):117-120.

媒体"的颠覆性特征,前文中总结的新媒体发展趋势正好印证了这一点。

（本文系浙江艺术职业学院 2020 年青年教师科研团队培育项目研究成果,由浙江省省属高校基本科研业务经费资助,项目编号:QNTD2020006）

县级融媒体中心建设的经验
与创新发展路径探索

浙江传媒学院　胡云霞

随着新兴信息技术的迅猛发展和新媒体的快速崛起，媒体融合已成为媒体发展的新态势。在技术和需求的驱动下，媒体融合是推动媒体事业发展的最好选择。2018年8月，习近平总书记明确指出，"要扎实抓好县级融媒体中心建设，更好引导群众、服务群众"[①]。同年11月4日，习近平总书记强调，"要调整优化布局，推进融合发展，不断提高县级融媒体传播力、引导力、影响力"[②]。县级融媒体中心建设作为打通媒体融合"最后一公里"，是引导群众、服务群众的重要途径，各地县级融媒体中心建设应当深刻领会、贯彻落实习近平总书记的要求，按照党中央的工作部署，利用自身更加贴近基层、更加贴近群众的优势，力争把县级融媒体中心打造成县域基层思想文化宣传的阵地、政务服务的阵地、社区信息枢纽，主动精准服务群众、引导群众。

一、县级融媒体中心建设的成功经验

媒体融合已经上升为国家战略，国家的方针政策和重大部署加快推进了全国县级融媒体中心建设步伐，经过多年的实践探索，县级融媒体中心建设已在各地全面铺开，进入了全面落实的新阶段，并取得了显著的成效。在县级融媒体中心建设进程中涌现出许多成功的案例，堪称县域融媒体建设的典范，为各地县域融媒体的建设提供了可资借鉴的经验。

（一）邳州市"银杏融媒"品牌

邳州融媒体中心为了彰显本土特色，以银杏为融媒标识，打响"银杏融媒"

　习近平总书记出席全国宣传思想工作会议并发表重要讲话[EB/OL].（2018-08-22）. http://www. gov. cn/xinwen/2018-08/22/content-5315723. htm.

② 　推动媒体融合向纵深发展 巩固全党全国人民共同思想基础[EB/OL].（2019-01-26）. http://politics. people. com. cn/n1/2019/0126/c1024-30591056. htm.

品牌,深化机制体制改革,探索"中央厨房"运行机制,形成一体化采编的生产方式,整合报、台、网、微、端等优势资源,利用短视频等新媒体平台的影响力和传播力,打造载体多样、覆盖广泛的移动传播矩阵,促进渠道平台的深度融合。推出了"邳州银杏甲天下"App。该平台深耕本土资源,重视民生服务,突出移动新媒体特点,赢得了广大用户的喜爱,成为邳州最具影响力的移动平台。通过"融媒＋政务＋服务＋产业"的运行方式,实现经营创收持续增长。

（二）"一中心八平台"的项城模式

项城融媒体中心融合《项城眺望》、《项城视市》、市电台、电视台等新闻资源,建成项城网、"项城云"App、"印象项城"微信公众号等新媒体,实现了"一中心八平台"多元传播矩阵,推动媒体融合向纵深发展。中心着力打造"新闻＋"模式,建设多渠道综合信息服务平台,把服务拓展到政务民生的方方面面,为群众搭建指尖上的"服务窗口"。多元化的经营模式,为项城融媒体的发展提供了强大的动力,实现了经济效益的逆势上扬。项城融媒注重人才队伍的培养,聘请 30 多位专家组成智囊团,为中心的发展出谋划策,定期来中心把脉问诊,解决发展问题。

（三）浙江长兴传媒集团

长兴传媒集团是国内首家整合广电、报社资源的县域传媒集团,随着全媒体时代的到来,立足服务群众的路线,积极探索,不断创新,持续推进数字化转型,逐步实现集团向全面深化媒体融合的方向发展,在全国融媒体中心建设进程中争当排头兵。长兴传媒集团实施移动优先的策略,精心研发融眼智慧系统,推出媒体融合创新应用客户端,打造综合服务平台,通过"掌心长兴"客户端,将城市资讯和政务公共服务的功能有效地连接在一起,打造便民生活圈,打开基层治理新局面。该集团注重新媒体人才培养,组建学习型组织,制订"万物生长"人才培训计划,采用请进来走出去、小组专题学、轮训等方式来提高媒体队伍的综合素质。

二、县级融媒体中心建设的创新发展路径

（一）推进人才引进和培养,打造多元化人才队伍

一支高质量专业化的全媒体人才队伍是县级融媒体中心持续发展的重要保障。在推进媒体融合的进程中,全媒体人才短缺是制约县级融媒体建设和发展的关键因素之一。组建一支政治素质过硬、业务技术精湛、创新创意能力

强的全媒体人才队伍，是推动县级融媒体发展的迫切需求。县级融媒体中心根据当前的实际情况和自身发展需要，制订科学合理的人才引进计划。融媒体人才不仅要具有前沿的传媒理念而且要具有较强的新闻采编、文案写作、视频剪辑、活动策划、网络热点实时追踪、图片处理、社群运营等综合能力。在引进人才的同时加强自身队伍内部建设，逐步推进和完善人才和激励机制，搭建事业平台，最大限度激发员工的潜能，充分发挥个人优势，着力提升优化现有人才队伍的整体水平。

（二）凸显以人民为中心，筑牢基层舆论阵地

县级融媒体中心建设进程中要树立正确的导向，确保中心自身的融合和发展方向与党的方针政策一致，弘扬本县政治、经济、社会、文化亮点，传播社会正能量，力争成为党的基层舆论阵地的主渠道，始终坚持以融合创新的思维办融媒体，以一体化为目标，实现内容生产、节目传输、技术创新、经营平台上的全面融合。人民群众是媒体融合的中坚力量，秉承着以人民为中心原则，提高为民意识，走好全媒体时代的群众路线，注重群众的体验，关注当地群众的实际需求，为群众提供多样化的服务，打造出真正植根于民、服务于民、使人民信赖拥戴的县级融媒体。中心在推进融媒体发展进程中，坚持把"引导群众、服务群众"作为首要任务，适应新媒体发展大势，从群众视角出发，构建媒体矩阵，注重媒体与受众的交互连接，吸引群众积极参与内容生产和传播，打造服务群众的平台。

（三）创新经营方式，增进服务效能

考虑县级融媒体的发展需求，结合地域特点，搭建服务平台，灵活部署各个业务模块，探索一条适合自身发展独具特色的模式，实现运营方式与经营创收上的创新升级，增进服务效能，取得社会效益和经济效益双赢。例如：云南省昭通市镇雄县融媒体中心积极探索媒体融合之路，大胆尝试"媒体＋政务＋服务"的运行模式，努力探寻可持续发展的经营模式，将所有平台功能、数据信息统一并入"微镇雄"客户端，构建集多元化服务于一体的综合服务平台，增强为群众服务的能力，把新闻宣传、媒体监督、政务便民服务有机结合，以精细化群众工作为着力点，多元化深入参与基层社会治理，走出一条县级媒体融合发展之路。

（四）强化内容建设，铸造精品力作

对新闻媒体来说，内容创新、形式创新、手段创新都重要，但内容创新是根

本的。内容为王,打造精品力作,是媒体的核心竞争力,唯有凭借高质量内容优势才能在媒体竞争中赢得一席之地。加强内容建设是县级融媒体中心建设的立身之本,中心应坚守正确的舆论导向,树立精品意识,为群众提供专业、深度、多元的内容,创作高品质的新闻精品。县级融媒体要持续增强优质内容提供能力,重在强调地域特色,关注基层百姓的实际需求,深入基层,贴近群众,紧贴生活,立足本土文化特点,挖掘地方特色内容,用群众喜闻乐见的方式,选取群众关注的热点,创建群众热爱的具有区域特色的内容节目,让融媒体成为群众的贴心人、解忧人、服务生。

浅析乡村振兴与县级融媒体
职能圈层的耦合路径

浙江传媒学院　张韫俭

2022 年的开年之际,中共中央、国务院发布的"中央一号文件"聚焦基层,为全面推进乡村振兴工作谋篇布局,文件指出要"做好'三农'工作,扎实有序做好乡村发展、乡村建设、乡村治理重点工作",而作为媒体融合整体布局庞大支系的县级融媒体中心与乡村有着最直接联系,县级融媒体中心建设不仅是打通媒体融合的"最后一公里",也是面向乡村的前沿阵地,对促进乡村发展繁荣具有重要作用。从乡村振兴的视角出发探讨县级融媒体中心建设,有助于推动县级融媒体与乡土文化的衔接,加速县级融媒体的本土化进程,实现县级融媒体与乡村振兴战略的高效融合、同频共振。

1 县级融媒体的职能圈层划分

自 2018 年 1 月中宣部在工作会议上指出要在全国范围内推动县级融媒体中心建设到如今,县级融媒体从单一的融合新闻媒体机构逐步走向具有信息传播功能、商业营收功能、政务服务功能和智慧城市功能的多功能融合体,并呈现出纵深发展、跨界融合、双向形塑的新趋势。总体来看当下县级融媒体的职能可划分为三个圈层:以信息内容生产为核心的媒体圈层,以市场经营管理为核心的商业圈层,以社会服务治理为核心的综合服务圈层。

1.1 媒体圈层:信息内容生产为核心

随着县级融媒体不断向纵深发展,以智能化、平台化和服务化为典型特征的县级融媒体中心逐渐建设成熟,但县级融媒体的首要属性和核心功能仍然是新闻信息的生产和传播,以媒介为抓手进行内容生产,是县级融媒体当下的最基础任务,由此构成了县级融媒体的媒体圈层。

县级融媒体的媒体圈层已普遍建设成为以党性主导的智慧信息枢纽。在内容生产的形式上,县级融媒体通过积极建设"中央厨房"采编系统,从而实现内容策划、素材采集汇聚、稿件生产管理、信息多渠道分发等全业务流程的实施和管控,进而统筹县域各媒体平台、政府宣传部门的宣传干部资源和县域原有的新闻生产系统,并实现互联互通,建设跨平台多渠道分发、轻量级的新媒体内容生产平台。在内容本身传播与生产上,县级融媒体积极发挥其在本土的舆论引导作用,把握信息舆论工作的"时、度、效"原则,用高度地缘性、亲缘性和真实可感的内容采写,宣传党的执政方略和国家的大政方针。

1.2　商业圈层:市场经营管理为核心

县级融媒体融合不仅仅是为了求生存,也要谋发展。在媒体融合的潮流下,重塑商业模式,在做大做强主业的同时拓展经济和营收能力,从而更好地反哺主业,一定程度上是县级融媒体中心建设的持久发展所必须具备的能力。以市场经营管理为核心进行商业业务的扩展与建设也是当下县级融媒体重要的职责与功能。

为建设商业圈层,县级融媒体树立了市场意识、产品意识、品牌意识,根据受众需要走出了多样化的市场化盈利的商业道路,在营销活动、文化产业、服务商合作、广告投放等盈利方式上不断创新,形成了丰富多元的商业经营模式。现阶段县级融媒体中心的商业圈层建设正在积极地面向市场去探索多元经营活动和盈利模式,打造新型媒体融合产业生态链,来提升县级融媒体中心的自我造血能力。

1.3　综合服务圈层:社会服务治理为核心

中宣部和国家广播电视总局于 2019 年 1 月 15 日联合发布的《县级融媒体中心建设规范》明确指出县级融媒体应具有"媒体服务、党建服务、政务服务、公共服务、增值服务"等五项功能。在数字融媒的今天,县级融媒体中心正逐渐以开放政务公开平台和丰富公众参与渠道的方式提高治理能力,从单纯的新闻宣传不断向公共服务领域拓展,打造县域政务服务平台与公民参与治理的对话的综合服务平台。

县级融媒体在综合服务圈层建设主要表现在社会服务治理端口的开放和打造上。县级融媒体中心利用新技术收集基层一手数据,建设数据集成平台,将便民活动、政务服务、生活服务、教育培训等模块纳入社会服务治理的平台,形成便利人民、统筹资源、节省成本、办事高效的综合服务体系,由此将基层群众与政府公共服务紧密连接在一起,让县级融媒体中心真正"用"起来。

2 乡村振兴与县级融媒体职能圈层的耦合路径

据第 49 次《中国互联网络发展状况统计报告》显示,截至 2021 年 12 月,我国网民规模达 10.32 亿,互联网普及率达 73.0%,其中,农村网民规模已达 2.84 亿,农村地区互联网普及率为 57.6%,城乡数字鸿沟显著缩小,互联网已经成为推进乡村振兴的重要手段。而县级融媒体中心在舆论宣传、信息交互、电商助农、线上服务等方面都具备很大的优势。因此,根据县级融媒体的职能圈层,结合中国各地乡村的实际情况,探索乡村振兴与县级融媒体职能圈层之间的耦合路径是必然之路。

2.1 媒体圈层:媒体协同布局,双向发挥信息能效

县级融媒体中心的媒体圈层在乡村振兴的耦合上主要体现在内外两侧的信息传播上。一方面,目前乡村地区在信息接入的基础设施配套方面相对较为落后,同时受到教育、文化等个人媒介素养的影响,乡村居民往往不能够及时准确地了解与乡村发展息息相关的国家方针政策;另一方面,乡村地区受到人才、交通、信息传播等方面的限制,乡村内部的文化、旅游、产业资源不能被村外地区所知晓,往往只能自产自销,也无法实现规模化经营与效益。

面对这种双向信息交流区隔难题,县级融媒体中心可以发挥其媒体圈层的作用,利用媒体协同布局,对内,积极利用地缘性的本土优势,将国家的方针政策转化为乡村人民通俗易懂的信息表现形式;对外,利用自身的结构化、专业化的媒体人才资源,广泛宣传乡村各项资源,助力乡村"出圈"。例如,三穗县级融媒体中心以全媒体宣传为矩阵,把有三穗特色又有高质量的农业产品、生态旅游等多元化体验宣传推介出去,擦亮老品牌,塑强新品牌。三穗鸭、猴头菇、古法造纸等专题宣传除在三穗融媒体平台进行传播外,还产生了"高端吸附效应",在中央电视台及省级电视台进行了播出,其中在央视农业农村频道播出的《种好林下猴头菇》《让鸭子多产蛋》两部近 100 分钟的纪录片,叫响了三穗农旅特色品牌,提高了产业"含金量"。而清新区融媒体中心则是成立了专项助力服务乡村振兴的"清新 TV 助农工作室",打造了《乡村小舍建在田间地头》《乡村新闻官》等节目,积极推进助农政策解读、新闻惠农、乡村建设进度等工作,成功有效地推动了乡村振兴。可见,县级融媒体中心通过媒体圈层进行宣传推介,不仅提升了乡村地区农旅特色产业的"含金量",也构建起了乡村与国家方针政策的桥梁,打通了信息沟通的"最后一公里"。

2.2 商业圈层:统筹"媒体+"资源,助力乡村产业造血

2021年11月,国家广播电视总局发布《广播电视和网络视听全行业开展智慧广电服务乡村振兴专项行动》,文件中明确指出,在乡村振兴中要充分发挥广电消费帮扶的作用,积极推广"公益广告、节目+消费帮扶""短视频、直播+消费帮扶"等模式。乡村振兴中,产业振兴是物质保障,而县级融媒体中心的商业圈层恰好能够对接乡村振兴中产业振兴的需求。

当下县级融媒体中心能够利用其商业圈层所积攒的各项人力、物力、财力资源,可以将信息技术、数字经济带到基层,通过搭建农产品交易平台、发展专向直播带货、建设区域电商等方式,承担起"数字乡村经济"的建设者、倡导者和推动者的角色,推动乡村数字经济蓬勃发展。2021年1月,上杭县级融媒体中心利用其商业圈层的合作资源,通过联动福建省广播电视局、中广联合会微视频短片委员会主办,与龙岩市文化和旅游局、福建直播生态园、今日头条创作空间等公司合作,以古田乡村振兴学院作为支持单位,邀请了全省116位达人主播进行直播带货,以"全品类""公益性"的活动定位,助福建特色产品走向大江南北,为乡村振兴赋能。不同于直播电商的形式,莒南县融媒体中心则构建了区域电商平台助力农村产业发展,莒南融媒在2020年10月,上线了山东全省首款融媒体电商平台"开元欢乐购",整合供应链、物流、人才、流量、区域品牌等资源,打造"生鲜农产品大卖场"。通过与合作商家、生态果蔬种植基地联合打造田园休闲旅游综合体,先后开展了庆国庆采摘游、马拉松、健步走等10余场活动,组织志愿者主动参与活动引导、咨询等志愿服务,满足了消费者追溯产品原产地的需求,通过一系列活动,增加了农户收入,带动了周边餐饮业的发展。

县级融媒体发挥自身权威性和影响力,通过电商平台搞活区域经济、挖掘内生动力,梳理本地特色产品,积极打造区域品牌,拓展了乡村既有产品的网络销售,实现了特色产品向特色产业的转变,有力地带动了产业发展和农民增收。

2.3 综合服务圈层:数创民生平台,赋能乡村治理智能化

乡村振兴的含义,不仅包含了农村经济发展、乡村文明建设、乡村生态维护等要点,而且还强调了乡村治理与乡村人民生活服务需求的解决。2022年年初中央一号文件指出应当运用数字技术赋能乡村公共服务,推动"互联网+政务服务"向乡村延伸覆盖。良好的乡村社会治理需要党委政府、乡村群众和社会的共同参与,县级融媒体中心作为带有综合服务性质的基层平台,发挥综

合服务的功能,协同乡村治理与服务不仅是乡村振兴的应有之义,也是县级融媒体作为"最后一公里"所承载的重要使命。

新一轮科技革命和产业变革方兴未艾,5G、人工智能、大数据、AR/VR/MR 等技术驱动媒体融合发展持续向纵深推进,数字化、移动化、智能化趋势愈发凸显,县级融媒体中心不断迎来新的转型机遇。已有部分县级融媒体以融合转型升级为契机,利用本土优势,针对农村地区增加舆情跟踪、大数据处理、人工智能、智慧乡村等业务,拓展农业农村大数据应用场景,主动融入智慧乡村、数字乡村的建设进程与整体框架中。邛州融媒体中心以"政企云"为抓手,通过开掘政务市场,推出"政企云"服务项目,一方面开通"政企号"整合全县政务信息资源,另一方面对接智慧城市、智慧乡村,打造手机政务服务平台,其政务服务覆盖了全村全市的 490 多个村,让村支书拿着手机杆就可以报道村上的情况,不仅把服务延伸到了基层,而且利用客户端汇集了各类的公共服务资源,并开设助农平台,将最基础的问题也在基层解决。

除了乡村治理,当下县级融媒体的综合服务圈层还依托智能数字体系,在农村党建和村务管理智慧化、乡村应急管理智慧化、农村疫情防控、数字惠民服务空间、中小学智慧教育、农村远程医疗服务网络、农村就业创业信息服务等方面做出了卓有成效的建设,实现了农村治理、农村便民服务的便捷化与智能化。

建设性新闻理念下县级融媒体中心
"社会治理"功能的实现路径
——以介休融媒体中心为例

浙江传媒学院　张邦鑫

在 2018 年全国宣传思想工作会议上，习近平总书记提出要"扎实抓好县级融媒体中心建设"。2019 年 1 月 15 日，受中宣部委托、国家广播电视总局组织编制并审查的《县级融媒体中心省级技术平台规范要求》《县级融媒体中心建设规范》发布实施，县级融媒体建设工作全面展开。

在"国家治理体系和治理能力现代化"的时代背景下，县级融媒体中心"引导群众、服务群众"有了更深层次的含义，将县级融媒体中心简单定位为媒体机构有了一定的局限性。"郡县治，天下安"，县是我国基层治理最重要的单元，一方面连接城市，一方面紧贴农村，是城乡、工农之间的纽带，是最接近基层、最接近群众、最接地气的地方。与中央级和省市级媒体相比，县级媒体与县域受众有着天然的亲近性。因此，不论是从理论层面来看还是从实践层面而言，参与社会治理成为县级融媒体中心建设的题中应有之义。

一、县级融媒体参与社会治理的动因分析

（一）理论内涵，社会主义媒体的应有之义

从马克思主义新闻观的角度而言，新闻的建设性一直被马克思主义者们所强调。马克思在《〈新莱茵报〉审判案》一文中讲到报纸的使命时再次强调：报纸是社会的捍卫者，是针对当权者的孜孜不倦的揭露者，是无处不在的耳目，是热情维护自己自由的人民精神的千呼万应的喉舌。列宁在阐述社会主义报刊的性质和功能时说"报刊应该成为社会主义建设的工具"[①]。毛泽东提出新闻工作者必须有为人民服务的热忱，要求新闻工作者常常到工厂和农村

[①] 列宁全集：第 4 卷[M].北京：人民出版社，1959：288-289.

去,呼吸那里的新鲜空气,和工人农民打成一片,反映他们生龙活虎的生活。邓小平在强调新闻舆论的巨大影响时强调,报刊要对安定团结的必要性进行更多思想理论上的解释,要使我们党的报刊成为全国安定团结的思想上的中心。江泽民提出了著名的"福祸论",说明了新闻舆论工作对于社会治理的极端重要性。胡锦涛提出新闻工作应当坚持"三贴近"方针,要求包括新闻工作者在内的广大精神文化工作者深入实际、深入生活、深入群众,为人民奉献无愧于时代的精神文化产品。使广大群众通过经济发展和社会进步的巨大变化来认识路线方针政策的正确性,进一步增强对我们国家未来发展的信心。习近平指出党的新闻舆论工作是"党的一项重要工作,是治国理政、定国安邦的大事",它"事关旗帜和道路,事关贯彻落实党的理论和路线方针政策,事关顺利推进党和国家各项事业,事关全党全国各族人民凝聚力和向心力,事关党和国家前途命运"。①

时代不断发展变化,传播技术日新月异,马克思主义也处于不断的发展和完善之中,但能动反映经济社会发展变化、积极参与社会治理、做党和人民的耳目喉舌依然是马克思主义新闻观指导下的社会主义媒体应该具有的功能和内涵。

(二)政策定位:治国理政新平台

2018年8月,习近平总书记在全国宣传思想工作会议上提出了要建设县级融媒体,并提出了更好引导群众、服务群众的要求。党的十九届五中全会审议通过的《中共中央关于制定国民经济和社会发展第十四个五年规划和二〇三五年远景目标的建议》提出,推进媒体深度融合,实施全媒体传播工程,做强新型主流媒体,建强用好县级融媒体中心。随着实践的深入和理论的深化,国家对于县级融媒体的定位不再是县域媒体资源的整合,县级融媒体中心的任务和功能也不仅仅是传播信息。

2019年1月15日,中宣部和广电总局以公文形式发布了《县级融媒体中心建设规范》和《县级融媒体中心省级技术平台规范要求》,这两个文件为县级融媒体中心的建设提供了指导,由文件提供的县级融媒体中心总体架构图(图1)可以看出,县级融媒体中心在整合县域媒介资源的基础上通过专用链路链接至省级平台,除了采集和汇聚、内容生产和融合发布的媒体功能外,县级融媒体中心还发挥着综合服务功能,这项功能涵盖了政务、党建、民生、文化、教

① 习近平主持召开党的新闻舆论工作座谈会[EB/OL].(2016-02-19).http:www.xinhuanet.con/politics/xjpzymtdy/mobile/index.htm.

育和增值服务,这些服务功能的提出,意味着从顶层设计开始,县级融媒体中心的定位就不再局限于媒体,尤其是增值服务的提出,更是为县级融媒体中心的未来发展提出了无限可能,随着建设进度的逐渐深入,县级融媒体中心或将成为"城市服务商",打造主要面向政府的商业模式。

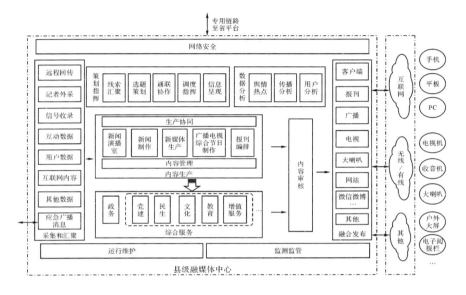

图 1 县级融媒体中心总体架构

(三)技术赋权,社交媒体"争夺"话语权

随着信息技术的发展,尤其是移动互联网的发展,越来越多的社交媒体开始向乡村下沉,"技术赋权"开始走向基层社会,在此背景下,基层群众借助互联网技术和社交媒体平台建构一个互动博弈的公共对话空间,学者胡卫卫、辛璟怡和于水将其定义为"乡村公共能量场"。这一能量场的形成促进了民众参与感和参与能力的提升,打破了基层政府的"话语独白"和草根阶层的"政治冷漠",社会治理真正来到了"共治""共享"的阶段,但也意味着官方媒体失去了对于舆论和信息的垄断地位。抖音、微信等社交媒体的崛起,进一步提升了基层民众的话语权,传统的县级融媒体不得不与社交媒体竞争,但是由于媒体生产模式、审核制度等因素的限制,在与社交媒体的竞争中天然处于劣势。

技术赋权和移动互联网的崛起使基层的传播体系出现了去中心化的现象,每一位移动互联网的用户都成了传播过程的中心,并且对其他人有了影响力,甚至在不断影响和塑造主流媒体的关注焦点。县级主流媒体在竞争中常常处于被动状态。这些现象都对县级融媒体中心引导群众功能的发挥提出了挑战，但也倒逼县级融媒体中心不得不做出改变，通过其他方式赢得在受众中间的话语权和影响力，并最终实现"引导群众"的功能。

（四）数字鸿沟，主流媒体须承担社会责任

技术进步带来的影响是双向的。在互联网技术赋权的乡村治理实践中，由于网络信息发布的便利性和零成本等特点，使村庄内任何的农民个体都可以借助网络公共平台进行话语表达，这就带来传播信息的冗杂和无用的困扰。如果不对这一现象进行及时干预，易引发"劣币驱逐良币"现象。互联网技术的发展和社交平台的崛起在提升基层民众的话语权和政治参与感的同时也势必会带来媒介数字鸿沟问题。对于一些年龄偏大、文化水平偏低的互联网用户，技术赋权不仅不会带来"公共空间"的扩大，甚至会冲击主流话语权，造成主流意识形态的混乱。

县级融媒体中心要通过对民众进行媒介素养教育等方式，提升县域民众的媒介素养，提升民众使用互联网的能力，为自己服务群众和引导群众减轻障碍，同时守卫好主流舆论阵地，为更好参与社会治理打下基础。

基于上述内容，笔者将以介休市融媒体中心为研究案例做出分析，从而提出建设性新闻理念下县级融媒体中心社会治理功能的实现路径。

二、案例分析

介休融媒体中心成立于 2018 年 12 月 24 日，中心将介休市广播电视台和介休报社的机构及人员进行融合，深度整合了广播、电视、报纸、新媒体等优势资源，确定了"两台一报""两微一端"的宣传阵地，形成了"一室四中心"的运营模式。

目前介休市融媒体中心已经完成了县域媒介资源整合，对运行模式、机构设置、绩效考核等体制机制进行了创新并开始尝试发挥县级融媒体中心的服务功能和社会治理功能。通过对介休市融媒体中心发布的内容的分析和实地参与式观察并结合对工作人员的访谈，笔者总结出了其在发挥社会治理功能上的主要方式。

（一）权威发布，塑造官方媒体话语权

在新技术的推动下，信息传播渠道越来越广泛，信息传播方式越来越多样，出现了万物皆媒，人人都有麦克风的局面，官方媒体同样陷入了流量争夺战，但受限于官媒媒体的生产流程和生产机制，县域官方媒体在竞争中天然处于劣势。因此官方媒体想要获得影响力和话语权,想要在与社交媒体的竞争中胜出就必须拿出"人无我有"的东西。与社交媒体相比,官方媒体得到了县域官方的支持,能够在第一时间拿到县委县政府的权威信息,官方政府需要借助媒体渠道发布消息,媒体需要政府提供的权威消息来提升自身的竞争力和话语权。

2021年1月,晋中市榆次区出现了新冠肺炎确诊病例,加之春节临近返乡人员数量增多,介休当地的疫情防控举措成为当时最受关注的信息,介休融媒及时回应社会关切,其中《【疫情防控】我市召开新冠肺炎疫情防控工作紧急会议》《【疫情防控】介休市新冠肺炎疫情防控工作领导小组办公室发布紧急通知》和《【转扩】2021年春节期间六类来(返)介人员如何有序流动?介休最新规定来了》三篇文章阅读量超过了1万,最高达到了2.9万。介休市融媒体中心还借助抖音、视频号等新媒体平台,及时发布疫苗接种信息,通过《主播说新闻》等方式解读防疫政策,推动了疫情防控的有效开展。这些举措不仅传递了官方信息,还推动了新媒体矩阵粉丝量和阅读量的大幅上升,提升了官方媒体的话语权和影响力。

(二)引导群众,形成参与和共识

在马克思主义新闻观的理论建设和我国的新闻实践中,都格外强调新闻媒介对舆论和受众的引导作用,媒体是"党和人民的喉舌",在县级融媒体中心建设之初,习近平总书记就赋予了其"引导群众、服务群众"的重任。因此,县级融媒体中心在做好媒体本职工作的同时,注重对县域受众的引导,形成社会共识,促进社会稳定。

长期以来,媒介事件通常被理解为人为制造的"伪事件",或者所有经过大众媒介传播的事件。但正如学者刘祖斌所指出的:这种认识和评价,在很大程度上阻碍了人们对媒介事件的深入研究以及对媒介事件社会功能的发现和利用。正确利用媒介事件能够为受众设置议程,引导受众进行思考、见证甚至是亲身参与到实践中。介休市融媒体中心抓住关键时间节点,在新生入学、援鄂护士返介、中国农民丰收节和新图书馆搬迁等事件中提前策划,通过新媒体直播、短视频探馆等方式引导受众积极参与其中。对援鄂护士的专访和专题报道让受众了解了她们在武汉的生活和疫情防控的不易,不仅获得了大量的阅读和转发,还凝聚了受众的共识,推动了疫情防控工作,对于维护基层社会的稳定发挥着重要作用。除了把握关键时间节点,融媒体中心还通过对县域内标志性建筑、典型人物的报道引导受众参与到话题讨论中。2021年4月22日,《介休融媒》公众号推送了有关北坛公园的推文,推文中的视频展现了春天的公园景色,老照片则全部征集自普通市民。老照片和视频内容的今昔对比不仅引发了受众对于家乡的赞美和对童年的回忆,还吸引了很多在外介休人的关注。

与普通的新闻事件相比,媒介事件更加崇尚秩序和秩序的恢复,一定的筹划,赋予事件以意义,可以唤起人们对规范和权威的忠诚。介休市融媒体中心对媒介事件的合理策划和有效利用发挥了县级融媒体中心"引导群众"的作用,也契合了建设性新闻理念下的 PERMA 元素。

(三)服务群众,提升"两个效益"

马克思主义新闻观是发展着的理论,在新的时代背景下,我们所处的传播情境、面对的传播受众发生了很大的变化,这些都要求马克思主义新闻观给予理论阐释与具体的实践指导。栾轶玫在"两个喉舌"理论基础上提出了"两个服务"的观点。"两个服务"理念包含了信息服务和公共服务两个方面的内容。信息服务既包括传统的新闻信息和舆论引导,也包含着其他一切县域受众应知未知的内容;公共服务则将媒体置于社会治理的语境下进行考量,强调媒体的平台和窗口功能。

介休市融媒体中心积极践行"两个服务"理念,借助自身渠道优势和内容生产能力,解决困扰县域受众的难题。受新冠肺炎疫情的影响,社会生产在很长一段时间内几乎陷入了停滞状态,县域农产品的销售渠道受到影响,介休市融媒体中心利用自己的渠道优势和内容生产能力,在中国农民丰收节期间进行线上直播带货,帮助农民销售土特产品。介休市融媒体中心还在关键时间节点推出单支或系列短视频,引导受众了解县防控措施、认识洪灾过后全面消杀的必要性等。这些短视频时间短小,内容单一,传播力强,一支短视频能够回答受众的一个或多个疑惑,系列短视频则可以形成持续效应,引发受众对同类事物的持续关注。综上所述,介休市融媒体中心提供的一系列社会服务,既是对"两个服务"理念的践行也契合了建设性新闻中"在新闻故事中唤醒积极情绪和报道中要融入方案"的积极心理技巧。

在新的媒介环境下,人人都有麦克风,信息传播的门槛不断降低,在社交媒体的冲击下,县域主流媒体的话语权和影响力遭到解构。县域媒体面临严重的信任危机,对于普通用户而言,"两个服务"理念重新加强了县域主流媒体和受众之间的联系,受众身份开始向用户转变。服务能力的提升推动引导能力的实现,引导能力的实现需要服务能力的支撑。但服务能力和引导能力都应该成为县域媒体履行建设性新闻理念和参与社会治理的抓手。

252

三、建设性新闻理念下县级融媒体中心"社会治理"功能的实现路径

(一)政府力量支持

县级融媒体中心建设,从理念提出到初具规模再到全面覆盖,一直是一项自上而下推进的国家政策。在马克思主义新闻观的要求下和中国共产党的百年新闻实践中,特别强调新闻媒体的"两个喉舌"作用,形成了政治家办报的传统,媒体接受党委的领导。如今,县级融媒体中心社会治理能力的具备和功能的实现同样离不开党和政府的支持。

学者李文冰提出了县级融媒体中心分级进阶发展,逐步具备社会治理能力的观点。她将县级融媒体中心的发展划分为三个层次,分别是1.0版整体框架的搭建、2.0版综合服务平台的初步形成以及3.0版服务和治理功能的进一步加强。笔者认为,第三阶段政府对县级融媒体中心的支持尤为重要,在第一和第二个阶段,县级融媒体中心需要的是资金、场地等外部可见的资源支持以及对自身内部资源的整合,政府需要在政策上予以倾斜,在资金上予以支持,并赋予一定的改革权限,县级融媒体中心就可以完成自身内部的改革,实现从电视台、广播台、报纸等传统媒体到融媒体中心的转型。这也是县级融媒体中心能够在两年之内实现全覆盖的原因。在第三个发展阶段,政府对县级融媒体中心的支持将会更加深化和彻底,县级融媒体中心不仅承担媒体功能和简单的信息服务,而且涵盖了政务公开、公共危机传播等更多内容,涉及了双方信息的共享、资源的对接,政府各部门需要进一步开放自身权限,放弃自身对某些信息的"垄断地位"。在当地政府的支持下,浙江省安吉新闻集团和长兴传媒集团通过手机客户端,为用户提供了生活、政务等多种服务,长兴传媒集团更是在手机客户端中接入了1200项政务类应用,实现了从第二阶段向第三阶段的跨越。

报道中要融入方案,实现新闻的建设性需要新闻工作者拥有极高的政治站位和极强的政策把握能力,这不仅考验着新闻工作者,也需要政府层面给予县级融媒体中心更大的支持和更高的权限。

(二)服务功能优先

建设性新闻理念包含的五种积极心理技巧强调新闻工作者在新闻报道中提出方案和措施,促进新闻事件和新闻当事人朝好的方向发展,在还原事实全貌的基础上,注重新闻的推动作用和服务能力,也就意味着新闻不仅要告诉受

众"是什么"和"为什么"，更要说明"怎么样"和"如何发展"。

服务群众是习近平总书记对县级融媒体中心提出的具体要求，中宣部和广电总局发布的两个指导性文件也特别强调了县级融媒体中心的服务功能。通过对相关人员的访谈笔者发现，大多数人将媒体功能和信息功能视为县级融媒体中心改革的重点工作，在针对县级融媒体中心的相关研究中将"新闻＋"放在了首要位置。但随着县级融媒体中心建设的深入发展，尤其是"治国理政新平台"定位的进一步明确，"新闻＋"理念和模式已经不再适用于县级融媒体中心的发展，"服务＋"应该成为县级融媒体中心新的发展理念和发展模式。

正如前文所述，基层媒体受到移动互联网和社交媒体的冲击与挑战，对新闻的"垄断地位"被打破，提供新闻已经无法维持县级融媒体中心的话语权和影响力，因此，县级融媒体中心应该将资源和精力向服务能力的提升上倾斜。目前我国正在加速推进服务型政府建设，县级融媒体中心应该成为服务型政府中的一个环节，将自身的渠道优势和专业能力纳入政府服务当中。

通过不断加强自身服务能力的覆盖范围，县级融媒体中心就可以在与社交媒体的竞争中另辟蹊径，通过服务促进治理功能的发挥，通过服务提升自身传播力、影响力和引导力，并最终获得相当的公信力，从而实现引导群众的目标，以及发挥社会治理功能。

（三）坚持正面宣传为主的方针

长期以来，受到"人咬狗才是新闻"思想的影响，新闻媒体一直在捕捉反常事件，尤其是 19 世纪在美国风行的"扒粪运动"更是推动了新闻界对"揭丑报道"的推崇。但随着互联网的崛起，信息出现过载现象，大量负面消息的重复出现给读者带来的持续的心理压力，既不利于社会的良性发展，也违背了新闻记者守望社会的初心。建设性新闻提倡给读者以向上向善的力量，在新闻中唤起积极情绪，提倡引导事物朝积极的方向发展。记者的焦点从冲突和负面上转移，在履行新闻核心功能的同时，报道和生产更有成效的故事，即提供重要信息，同时吸引新闻消费者，更准确地描绘世界的故事。

县域的受众远离政策中心，一项国家政策从决定到与基层群众见面，要经过各级政府和各级媒体。根据相关调查，与中央政府相比，群众对基层政府的信任度普遍偏低，这也就意味着群众与基层政府之间更容易出现矛盾，一些小的舆情事件会引发大的社会风险和社会矛盾。促进基层群众和基层政府之间的相互沟通和相互理解，能够促进矛盾的解决，也能将社会问题解决在基层。贯彻建设性新闻理念和正面宣传为主的方针，架设群众和政府之间沟通的桥梁,正是县级融媒体中心参与社会治理的用武之地。

　　坚持正面宣传为主的方针也并不意味着新闻媒体要放弃舆论监督功能,舆论监督作为一种民主监督方式,历来受到党和国家领导人的重视,在进行舆论监督的同时要促进问题的解决,也是对建设性新闻理念和正面宣传方针的践行。县级媒体及时提出政府工作中的问题与不足,促进问题的改善同样是引导群众和服务群众功能的实现。

官员直播带货对消费者购买决策的影响因素分析

浙江传媒学院　谢静仪

一、理论基础

（一）刺激—机体—反应理论

基于认知主义于 1974 年提出的 SOR 理论，即刺激—机体—反应模型，揭示出在外部环境刺激的影响下，能够对个体的认知或情感产生作用，进而产生内在或外在行为上的反应，SOR 理论能够用来对个体的行为进行预测。本研究将 SOR 模型作为主要的理论框架。

（二）直播电商模式

直播电商是技术、媒介、平台、企业和消费者等因素协同驱动的，本研究将电商直播定义为：基于媒介技术的发展和互联网平台的搭建，以直播间内商家与消费者互动为基本形式，主播运用多种方式激发用户购买力，实现"人—货—场"三者结合的一种电子商务模式。而官员直播带货即指官员在互联网平台上运用直播技术进行的与消费者沟通并展示和销售产品的新型网络营销模式。

二、研究设计

（一）变量及模型的提出

1. 优质内容

官员直播带货专注于推销各地的农产品，品类属性更加显著，通过对农产品多媒体的信息展示，让消费者能够更直接接触到各种信息。穆恩和基姆的研究表明，高质量的线上营销内容对消费者感知商品有显著影响。因此将"优质内容"总结为预测变量。

256

2. 官员个人魅力

直播带货官员的社交账号输出内容有日常政务工作内容、农产品生产地考察等,在社交平台的形象也各不相同,带货的专业能力也有不同程度的差别,他们更像是政府工作方面的意见领袖。梦非认为个体的价值观会受到意见领袖的影响,进而会影响消费者对产品或服务的感知。因此,将"官员个人魅力"总结为预测变量。

3. 交互性

传统商务模式中,消费者与商家沟通和交易的效率较低,而在直播间内消费者与商家可以同时进行互动和交流,充分扩展了交易和沟通的边界,利用弹幕、连线等在线互动方式,拉近了官员与消费者之间的技术距离。因此,将交互性设置为预测变量。

4. 社会性

各地政府官员成为带货主播,既是政策推动、农村供给侧改革和技术发展的必然选择,也是人们"道德情绪"激发的个体亲社会行为。道德情绪使人们对受疫情影响的贫困农民产生一种"虚拟内疚",并在移情作用下"为爱下单"。因此将社会性设置为预测变量。

5. 感知信任

感知信任指消费者对主播以及在直播带货过程中对主播所推荐产品的信任程度。官员直播带货的有效运转离不开消费者的信任和支持,消费者对官员直播带货的认同是建立在一种融合了人格信任、系统信任和数字信任的混合信任基础之上的。消费者在面对同样的产品时,可能更倾向于选择官员直播间的产品。所以将感知信任作为中间变量。

6. 感知功能价值

感知功能价值是指消费者对直播间销售的产品的功能价值的体验,包括不限于产品的价格、质量等,通过主播的亲身使用体验,能够让消费者感知到更多的功能价值。基于此,将感知功能价值作为中间变量。

通过所有变量提出过程中的解释,现推出本文假设的影响关系模型如图1所示。

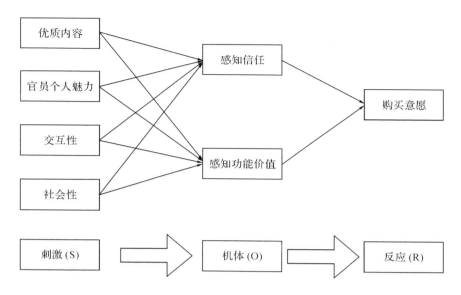

图 1　官员直播带货特征对消费者购买决策影响研究模型

（二）研究假设

通过上一节变量和模型的提出，现总结出本文所有的研究假设，如表 1 所示。

表 1　研究假设内容

	假设内容
H1	消费者在观看官员直播过程中，其感知信任正向影响其购买意愿
H2	消费者在观看官员直播过程中，其感知功能价值正向影响其购买意愿
H3	官员在直播过程中的内容优质正向影响着消费者的感知信任
H4	官员在直播过程中的内容优质正向影响着消费者的感知功能价值
H5	官员的个人魅力在直播过程中正向影响着消费者的感知信任
H6	官员的个人魅力在直播过程中正向影响着消费者的感知功能价值
H7	直播过程中的交互性正向影响着消费者的感知信任
H8	直播过程中的交互性正向影响着消费者的感知功能价值
H9	官员直播间的社会性正向影响着消费者的感知信任
H10	官员直播间的社会性正向影响着消费者的感知功能价值

（三）量表设计

1. 预测变量（见表 2）

表 2　预测变量表

变量名称	编号	问项
内容优质	A1	我认为官员直播带货可以将农产品全面地进行展示。
	A2	我认为看官员直播带货会更有效率买到合适的农产品。
	A3	我认为看直播带货可以获得更多政府信息，更全面地了解农产品。
官员个人魅力	B1	官员的个人形象会影响我是否购买其推荐的农产品。
	B2	官员的带货专业能力会影响我是否购买其推荐的农产品。
	B3	官员展现更多的个人才艺，会吸引我购买其推荐的农产品。
交互性	C1	我可以在直播过程中与官员进行互动。
	C2	我可以在直播过程中与其他消费者进行交流。
	C3	我愿意在直播过程中参与互动。
社会性	D1	我认为参与官员直播带货能够更好地实现扶贫助农。
	D2	我认为参与官员直播带货对社会是有帮助的。
	D3	我认为参与官员直播带货能够满足我的道德感。

2. 中间变量（见表 3）

表 3　中间变量表

变量名称	编号	问项
感知信任	E1	我相信官员在与我互动时是真诚的。
	E2	如果产品出现问题，我相信官员及其团队会尽力给我提出解决办法。
	E3	通过浏览直播带货视频，我会更加信任带货官员。
感知功能价值	F1	我认为官员带货直播间的农产品价格更实惠。
	F2	我认为官员带货直播间农产品的品质更有保证。
	F3	我认为官员带货直播间内推荐的产品是可靠的。

3. 结果变量（见表4）

表4　结果变量表

变量名称	编号	问项
购买意愿	G1	我愿意在观看直播的过程中考虑购买农产品。
	G2	我愿意之后继续观看该官员直播并考虑购买农产品。
	G3	我愿意推荐身边的朋友观看该官员直播或购买其推荐的农产品。

四、数据挖掘与研究发现

（一）信度检验

本文选取 α 信度系数法来测量量表是否有较好的信度情况（见表5）。

表5　预测变量信度检验表

变量名称	对应题目数	Cronbach's Alpha 值
内容优质	3	0.821
官员个人魅力	3	0.738
交互性	3	0.772
社会性	3	0.751

从表6中可以看出，预测变量中的值保持在 0.7～0.8 及 0.8 以上，说明信度较好。

表6　中间变量信度检验表

变量名称	对应题目数	Cronbach's Alpha 值
感知信任	3	0.796
感知功能价值	3	0.785

从表7中可以看出，两个中间变量的值保持在 0.7～0.8，说明信度较好。

表7　结果变量信度检验表

变量名称	对应题目数	Cronbach's Alpha 值
购买意愿	3	0.782

从表8中可以看出，结果变量的值保持在 0.7～0.8，说明信度较好。

（二）效度检验

本文运用探索性因子分析对结构效度进行考察（见表8）。

表8　KMO 和巴特利特检验

KMO 和巴特利特检验		
KMO 取样适切性量数		0.956
巴特利特球形度检验	近似卡方	3171.009
	自由度	231
	显著性	0

如表9所示，KMO 指数为 0.956，表示非常适合做因子分析，Bartlett's 球形度小于 0.001，因此官员直播带货间特征的四个维度具有较好相关性，说明官员直播带货各题适合运用因子分析做进一步探究分析。

表9　旋转后的成分矩阵 a

旋转后的成分矩阵 a			
成分			
	1	2	3
社会性 1	0.778		
感知功能价值 2	0.699		
社会性 2	0.698		
感知信任 2	0.657		
内容优质 3	0.621		
感知功能价值 3	0.613		
官员个人魅力 1	0.611		
内容优质 1	0.602		
内容优质 2	0.569		
感知信任 3	0.552		
社会性 3	0.535		
感知功能价值 1	0.532	0.52	
官员个人魅力 2	0.516	0.502	
交互性 2		0.769	

续表

交互性 1	0.76	
交互性 3	0.674	
购买意愿 1	0.608	
购买意愿 3	0.528	
购买意愿 2	0.508	
官员个人魅力 2	0.506	
感知信任 1	0.518	0.537

由表 9 可以看出,因子载荷值大部分在 0.6 以上,少部分在 0.5～0.6 之间,因此可见整体的指标与变量间的相关性较好,说明问卷的效度较好。

（四）相关性分析

本文选取的测量指标为 Person 相关系数,取值范围为－1.0～1.0。结果如表 10 所示。

表 10　官员直播带货影响因素和感知信任相关性分析

	Pearson 相关分析			
	内容优质	官员个人魅力	交互性	社会性
感知信任	0.714＊＊	0.647＊＊	0.600＊＊	0.788＊＊
	＊ $p < 0.05$　＊＊ $p < 0.01$			

将预测变量和感知功能价值之间做相关性分析,结果如表 11 所示。

表 11　官员直播带货影响因素和感知功能价值相关性分析

	Pearson 相关—标准格式			
	内容优质	官员个人魅力	交互性	社会性
感知功能价值	0.813＊＊	0.696＊＊	0.657＊＊	0.727＊＊
	＊ $p < 0.05$　＊＊ $p < 0.01$			

将感知信任与感知功能价值做相关分析,结果如表 12 所示。

表 12   感知信任和感知功能价值与购买意愿的相关分析

Pearson 相关—标准格式		
	感知信任	感知功能价值
购买意愿	0.661＊＊	0.732＊＊

＊ $p<0.05$　＊＊ $p<0.01$

（五）回归分析

1. 官员直播带货对消费者感知信任的影响分析（见表 13）

表 13   官员直播带货模式下对消费者感知信任的回归分析

模型		未标准化系数 B	标准错误	标准化系数 Beta	t	显著性
1	（常量）	−0.041	0.192		−0.214	0.831
	社会性	0.523	0.065	0.463	7.99	0
	交互性	0.168	0.055	0.155	3.048	0.003
	官员个人魅力	0.114	0.062	0.099	1.822	0.07
	内容优质	0.197	0.056	0.201	3.501	0.001

从数据可以看出，社会性、交互性、内容优质的显著性水平 Sig<0.05，而官员个人魅力的显著性水平＞0.05。即社会性、交互性、内容优质对消费者的感知信任有显著性的影响，而官员个人魅力不满足假设。即假设 H3、H7、H9 成立，而假设 H5 不成立。

2. 官员直播带货对消费者感知功能价值的影响分析（见表 14）

表 14   官员直播带货模式下对消费者感知功能价值的回归分析

模型		未标准化系数 B	标准错误	标准化系数 Beta	t	显著性
1	（常量）	0.319	0.16		1.991	0.047
	社会性	0.164	0.055	0.162	2.993	0.003
	交互性	0.141	0.046	0.146	3.074	0.002
	官员个人魅力	0.218	0.052	0.213	4.19	0
	内容优质	0.384	0.047	0.438	8.166	0

从数据可以看出，社会性、交互性、官员个人魅力、内容优质的显著性水平Sig＜0.05。即假设 H4、H6、H8、H10 都成立。

3. 消费者感知信任、感知功能价值与购买意愿的影响分析（见表15）

表15　消费者感知信任、感知功能价值与购买意愿的回归分析

模型		未标准化系数 B	标准错误	标准化系数 Beta	t	显著性
1	（常量）	0.708	0.187		3.793	0
	感知信任	0.289	0.057	0.299	5.033	0
	感知功能价值	0.53	0.064	0.489	8.231	0

从数据得出结论感知信任和感知功能价值对消费者的购买意愿都有显著性的直接影响，假设 H1、H2 成立。

五、建议

（一）维护管理政府形象，合理把控娱乐尺度

官员直播带货这一行为显著社会性的特点要求其带货官员对娱乐和严肃的尺度要有比较精准的把控。官员带货的本质目的是帮助更多的人民群众脱贫致富，且多数观看直播的受众也是因其公益性的本质而在同类产品的比较当中选择了官员直播带货的途径，所以地方官员在从事直播带货这一行为的时候需要管理好自己作为政府工作人员的社会形象，适当展现自己的才艺会吸引受众的浏览并留存有消费能力的粉丝，但是也不可过于娱乐化，避免造成舆论风险。

（二）提升带货官员专业能力，优化农产品供应产业链

消费者面对众多品类的农产品，除了出于公益性的消费心理，还需要带货官员专业能力的助推。各地部门在开展相关农产品直播带货之前，一是要对农产品进行严选，完善相关产品的供应链，优化基础设施，为农产品带货的长远发展立下基础；二是要对带货官员的带货能力进行针对性的培训和提升，提升消费者的信任以及对政府公信力的正面认知。后疫情常态防控期间，商家和企业可以适应平台的销售机制进行销售模式的调整。在较为贫困的地区，政府可以借机进行农村物联网、5G 等新基建的基础设施投资建设，促进营造良好的电商生态。

广播问政类节目融合创新路径探析

——以《作风建设 局长在线》为例

瑞安市融媒体中心　王晓妘

《作风建设 局长在线》栏目于 2007 年 5 月开播,是温州所有县市区开播最早的广播问政类栏目之一。栏目以"求真务实、为民排忧"鲜明宗旨,在政府部门中初步营造了"人人讲效能,处处抓效能、事事创效能"的良好氛围,赢得了社会各界的普遍关注和赞誉。

15 年来,"作风建设 局长在线"以广播热线节目为载体,由最初的瑞安市委宣传部、瑞安市监察局和瑞安市广播电视台联办,逐步提升为由瑞安市委、市政府牵头,瑞安市纪委、瑞安市委组织部、瑞安市委宣传部、瑞安市广播电视台、瑞安日报主办,上线单位涵盖交警大队、供电、国土、人民医院、住建、公安、教育、卫计、交通等事关社会经济发展及与百姓日常生活关系密切的职能部门。通过职能部门一把手和群众的直接对话,有效化解社会矛盾,产生了良好的社会传播效应,该广播节目被评为"温州新闻名专栏"。笔者作为节目的创办者和运营负责人,结合长期的采编实践经验和当下的融合创新形势,对如何做好广播问政类节目有了更加深刻的认识。

一、推动内容创新 紧扣时代主题

无论传播形态如何迭代融合,"内容为王"始终是新闻节目的核心所在。开播 15 年来,《作风建设 局长在线》栏目紧扣时代主题,始终坚持以"替百姓说话、为政府分忧"为宗旨,在实践中不断探索群众表达诉求的新思路、新办法、新途径,各上线单位以热线为载体,认真倾听群众呼声,为群众排忧解难。通过连线政府和群众,接听电话、解答问题,新闻媒体跟踪报道,纠风办监督检查,使群众的诉求及时得到解决。从小到一个烧烤摊油烟管理、流动摊点的占道经营如何规范,大到勾画城市更美好更宜居的宏伟蓝图,聚焦群众身边的热点难点焦点问题,切实解决群众诉求,高效处置,畅通了社情民意渠道,小小电话线连两头,架起群众和政府沟通的连心桥。

农田安全和粮食安全是这两年的热门话题，为此，节目组专门针对此类主题进行议程设置，通过多方渠道摸排了一批线索。在我们的推动下，有农民向《作风建设 局长在线》栏目组反映，随着农田地膜使用量的增加和使用范围的扩大，农田残膜污染耕地问题也变得越来越严重，成为农村"白色污染"的主要来源，希望有关部门能对地膜进行回收。这个问题引起节目组的高度重视。经过多方协调，瑞安市农业农村局、财政局、温州生态环境局瑞安分局、市场监督管理局和综合行政执法局五部门联合制定出台了《瑞安市废旧农膜回收处置实施方案》，《方案》对废旧农膜回收目标、回收方式和各部门职责分工等都做了明确，并计划从 2021 年开始实施。

又如，双减下的教育培训行业是 2021 年以来的热门话题。为此，笔者和团队成员紧扣这一主题，策划邀请瑞安市教育局局长走进直播间。局长上线时，有市民打进热线反映，社会上部分人因有利可图，不经任何审批，违规开办各种民办教育培训机构，甚至是无证开办实施学历教育的民办中、小学。这些所谓的民办学校基本属于"三无学校"，即无审批、无场地、无师资，严重干扰了我市正常的教育教学秩序，希望能采取措施规范民办教育行业，严厉打击无证办学。节目结束后，纪委高度重视，安排专人督办，由教育牵头，组织民政、消防等多个部门联合抓落实，提出整改意见，可以整改的限期整改，无法整改的一律取缔。

二、推动渠道创新 密切联系受众

对于广播问政类节目来说，广开线索收集渠道是节目运营的基础所在。在传统媒体时代，热线电话是唯一的线索收集渠道。随着新媒体技术的不断发展，在常规的热线电话的基础上，《作风建设 局长在线》开通了短信、微信、微博、新闻客户端等 6 大融合爆料平台，大大密切了与受众之间的联系。

截至目前，《作风建设 局长在线》栏目已播出 450 多期，反映各类问题 11000 多个，解决群众关心关注的热点难点问题 2000 多个，问题答复率在 98％以上。而其中的大部分问题都是通过新媒体爆料平台收集到的。如 2019 年，有一批企业家通过我们的微信和微博平台持续反映了一批事关企业发展的问题，除了文字之外还有很多小视频和图片，让我们对题材的掌握更精准。从这些材料中，我们得知有些工业项目已经供地，却迟迟没有开工建设。有些由于供地不精准、企业经营困难、市场疲软等原因，导致工业厂房闲置出租。像东山经济开发区，有不少厂房闲置，造成随意出租的现象。承租企业甚至是零税收、低税收，安全隐患严重，资源要素低配、错配现象严重，而真正有需求的工业企业却遇到用地瓶颈。收到问题后,经过实地调研,瑞安市经信局抓紧出台了《瑞安市闲置工业厂房规范化管理指导意见》,在经济开发区试行成功后,马上在全市面上推开。通过集约管理、集中整治、出租管理、承租管理、评价管理、监督管理等六大方面,凡存在闲置工业厂房出租,一律实行部门、镇街联合审查,统一登记备案,并建立瑞安市闲置工业厂房租赁平台。可以说,如果不是新媒体爆料渠道的开辟,在前端就提供了丰富的素材,可能就没有后期的一系列正向处置效应。

此外,节目现场听众同时可以通过瑞安电台微信公众平台直接向嘉宾提问或反映自己碰到的问题,节目要求嘉宾必须在节目直播时作出答复,更体现了广播直播的及时、高效。听众也可以通过微信公众平台来评价对嘉宾答复的满意度,增加了节目的互动性。嘉宾单位从最初的 10 家发展到现在的 20 多家,上线时间由原先的 30 分钟延长至 60～90 分钟,并邀请市民监督员参与直播,直接对话职能部门"一把手",有力保障了人民群众的知情权、参与权和监督权。

三、推动模式创新 突出融合元素

作为贴近群众的节目形式,良好的沟通平台和渠道,《作风建设 局长在线》节目的影响力、传播力不断扩大,伴随着融合传播模式的不断更新,我们节目直播方式也在一次次地拓展延伸。

从 2013 年起,我们联合瑞安市纪委官方微博进行同步直播,开启了融合直播的新探索,以此来增加受众关注的途径。2014 年起,节目前期又联手瑞安日报社"瑞网议事厅",通过媒体联动增加监督力度。这种以政府搭台、百姓"唱戏",电视、报社和互联网围绕广播直播共同形成舆论引导的模式,产生了独特的传播效应,社会影响力逐渐扩大。此后,我们的节目相继在视频号、抖音号、微信公众号和新闻客户端上实现了融合直播,有力地推动了传播模式的创新。

如 2022 年以来,瑞安市根据上级要求和部署,紧紧围绕"服务发展、保障民生"这一工作主线,立足"后疫情"时期经济复苏新态势,全力推进企业减负稳岗政策的落实和兑现。《作风建设 局长在线》节目组及时跟进,举行了六大平台的融合直播,瑞安市卫健、人社、税务等上线嘉宾单位通过这个窗口,宣传政策、受理投诉。卫健局针对疫情常态化管控的具体要求,跟市民做在线交流;人社局推出了"减、免、返、缓"社保费等多项惠企政策,为企业注入社保活水;税务局及时调整惠企政策申报途径,加快升级政策奖励兑现系统,助力企业复工复产。当期节目全平台收看量突破 60 万人次，体现了融合直播的传播力。

另外，我们的节目还走出直播室，成功举办了"廉政文化进社区、进农村、进企业"系列直播活动，通过开展群众性的廉政文化活动，调动广大群众关注参与廉政建设的积极性，优化人文环境。

四、结束语

乘着媒体融合发展的东风，《作风建设 局长在线》栏目从 2017 年起，以传统媒体为阵地，运用新媒体延伸工作平台、拓展传播渠道，实现了广播、电视、网络、微信全媒体融合直播，多屏互动，更好地承担起了"围绕中心、服务大局、成风化人、凝心聚力"的职责和使命。

"蓬莱定不远，正要一帆风。"展望未来，《作风建设 局长在线》"不忘初心、牢记使命"再出发，上下联动多方携手，让这座"民心桥"根植时代沃土，为推动"青春都市 幸福瑞安"建设接续发力！

数字驱动下公安新闻宣传的转型路径探析

——以宿迁市公安局智慧融媒体中心建设为例

宿迁市公安局 王柳青 宋宏娜

媒体融合不仅是一个传播命题,更是一个治理命题。以发展的眼光来看,公安机关既是执法机关又是服务机关,也是构建我国意识形态主流阵地的重要组成群体,更是党中央在治国理政实践中的主力军和先锋队。站在数字化革命驱动社会大变革的历史节点,在世界多极化、经济全球化深入发展大背景下,加快构建以互联网为主战场、主阵地、主渠道的智慧融媒体生态体系,巩固全党全国人民团结奋斗共同思想基础,是新形势下公安机关新闻宣传工作转型发展的必由之路。

江苏省宿迁市位于江苏省北部、长三角北翼,1996 年建市,是江苏最年轻的地级市,下辖三县两区,人口 592 万,面积 8524 平方公里,均列全省第六位。宿迁公安起步晚、警力少、任务重,万人警力比仅 6.3,不足省均水平的一半。新闻宣传作为公安工作重要的组成部分,如何适应新形势下公安工作高质量发展的迫切需求,找准一条符合宿迁实际、体现公安特色的创新求变、破冰突围之路,已成为宿迁公安的一项重要课题。2021 年初,宿迁市公安局在现代警务体系总体架构下,全面启动公安智慧融媒体中心建设工作,以"牢牢占据舆论引导、思想引领、文化传承、服务人民的传播制高点"为目标,坚持"互联互通、协作共享、全面融合"理念,打造市、县(区)、所(队)共建共享的智慧融媒体中心,推动全市公安新闻宣传工作高质量发展。本文通过对宿迁市公安局智慧融媒体中心的深度剖析,探寻在融媒体、数字化大背景下公安新闻宣传的转型发展路径。

一、构建"四位一体"运行体系,形成融合联动大格局

习近平总书记指出,"传统媒体和新兴媒体不是取代关系,而是迭代关系;

不是谁主谁次，而是此长彼长；不是谁强谁弱，而是优势互补"①。对公安机关而言，中心的建设必须坚持在"传统媒体"和"新兴媒体"上与公安工作紧密衔接，在"组织架构"和"机制创新"上与公安改革同频共振，在"服务群众"和"社会共治"上与现代警务主动融合的公安智慧融媒体建设发展思路，建设形成科学高效、扁平指挥的组织运行体系。

（一）组织架构："一统 N 分"融媒体运行体系

坚持融为一体、合而为一，一统，即将市局智慧融媒体中心（以下简称"中心"）建设成为全市公安机关新闻宣传的"中央厨房"，行使选题策划、任务交办、稿件创作、发布运营、质态分析、舆情引导、媒资管理、绩效考评等八大职能，设立"总编辑室"，专人值守，统筹各方资源，全力做好新闻宣传工作。N分，即县区公安机关、市局警种部门、基层所队适情建立 N 个融媒工作室或工作站，接受"总编室"统一调度，形成运转通畅、协作高效的组织网络，构建新闻选题共商、精品稿件共创、人才手段共用、媒体资源共享、传播矩阵共建、涉警舆情共管的"一体化"工作新格局。

（二）传播媒介："二元关系"新媒体矩阵体系

建成以"宿迁警方"新媒体为龙头，九个县区公安机关、交警支队、网安支队新媒体为成员的二元关系新媒体矩阵，涵盖"微信、微博、抖音、视频号、头条号"等媒介手段，40 个新媒体账号同频共振、同向发力，形成了"各终端受众关注度超百万，累计点击量破千万"的大 V 级影响力。2021 年，"宿迁警方"头条号年度阅读量破千万，抖音号年度播放量破亿，被宿迁市政府评为"全市十佳政务新媒体账号"。2022 年，在中国警察网主办的第十届公安政务新媒体伙伴大会中，"宿迁警方"微信公众号荣获公安政务新媒体年度新锐账号，快手号连续多月入选江苏政法系统快手号影响力排行榜前 3 名。

（三）警力资源："三级响应"宣传员队伍体系

加强对公安宣传员的选拔培养、联系组织，建设由 500 名民辅警组成的"三级响应"宣传员队伍体系，制定责任机制、通报机制、奖惩机制等，以优良的宣传员队伍服务公安宣传事业。第一级，由 17 名市公安局新闻中心专职宣传员组成，负责对全市公安宣传工作的组织策划、统筹协调，以及重点新闻的创作和重要舆情的处置。第二级，由 56 名各县区公安局、交警支队专职宣传员

① 习近平.习近平:加快推动媒体融合发展 构建全媒体传播格局[N].人民日报,2019-03-15(001).

和其他警种部门兼职宣传员组成，负责辖区、警种条线的宣传策划、组织工作和上级指令的响应落实。第三级，由 430 名派出所、交警队兼职宣传员组成，开展线索报送、任务响应、走访宣传等工作。

（四）社会动员："111"社会面宣防体系

加强移动互联网时代社会动员体系建设，建立一个创作联盟、一个发声矩阵、一个推送好友的"111"线上防范动员体系，全市各级公安机关共同成立防范宣传创作联盟，及时会商研究治安形势、宣防要点，共同策划创作宣传作品。目前，全市共建立"宿 sir"微信号 683 个，其中，社区单元建号 441 个，完成率 98.2％，"宿 sir"号添加好友 12 万余人，进群 1300 余个。

二、开发"八融在线"智慧平台，打造公安融媒新生态

想要占领信息传播制高点，掌握舆论主导权，就必须充分运用新技术、新应用，创新采编、创作、传播、评估、监管等方式。中心坚持有"融"乃大、聚合为强，围绕中心八大职能，开发智慧融媒体平台，完善长效运营机制，推动公安新闻宣传工作智慧化、数字化发展。

（一）融合线索强策划

依托公安大数据，研发集精准宣传、重点宣传、专题宣传为主要功能的数据模型，用足用好宣传员队伍，建立起线索基层直报、智能获取、一线采编工作机制，提升宣传工作精准性、针对性、时效性。组织全市一、二级宣传员，每月召开"诸葛亮"会议，建立线索会商工作机制，由"总编辑室"对征集的线索进行研究，策划宣传方案，及时交办落实。

（二）融合手段强推进

依托可视化大屏，全程展示任务进展情况，动态提醒责任单位接收任务、落实反馈。根据任务完成时限，设立三色预警，对落实缓慢的，进行跟踪督办。对交办的每条任务均安排 1 名专家跟进，适时给予意见指导和经验支持。

（三）融合力量强创作

重塑采编流程，建立同步上案、梯度上案工作机制。以往是宣传报道、新媒体、平面、影视等各种宣传力量同时上阵、分散作业，各写各的脚本，各爆各的亮点，仅能实现物理"相加"。重构后，依托平台，宣传报道"打头阵"，深度挖掘；平面影视"接后手"，生动阐释；新媒体"包全局"，集中呈现，让主题更突出，亮点更聚焦，实现化学"相融"。

271

（四）融合矩阵强推介

全市公安新媒体全部纳入融媒体平台集中管理，同时，联动中国警察网、江苏警方等公安自媒体，拓展人民网、新华日报、宿迁日报等传统媒体，建立覆盖台报网端屏的立体传播矩阵，实现一键发稿、同步发声。建立新媒体首发、平面媒体跟进、融媒体传播的三级发声机制，根据稿件质量，视情选定发声等级，提高媒体资源应用效率。与今日头条、字节跳动、腾讯等公司协作，探索建立定点投送机制，提升对特定群体、特定区域的宣传动员能力。

（五）融合数据强监管

利用平台大数据统计分析功能，从稿件传播、网民互动、区域排行、粉丝变化等多个维度，对稿件、自媒体阵地进行全面监测，助力改进宣传工作。此外，依托文字校对、敏感人物提示等功能，提升核稿效率，保障发布安全。

（六）融合资源强应用

对全市公安图片、影音等媒体资源进行集中存储，精细化标注，智能化调用，规范化管理。在手机端、电脑端分别研发媒资管理客户端，支持一键上传，永久保存，全网共享。在设立人物库、单位库、事件库的基础上，搭配文字、语音、图像、视频等多种搜索方式，提高调用效率。

（七）融合案例强引导

加强舆情分析，对特定舆情进行动态监测、专题监控，产出舆情处置分析报告，提升舆情处置能力。加强对舆情的报备、处置等工作，做好处置流程、引导效果的分析评估，做到标准化、规范化、清单化，形成监测、预警、处置的全流程闭环式舆论引导格局。

（八）融合激励强发展

加强全市公安新闻舆论工作运行质态分析，对新闻素材报送、自媒体建设、作品创作、舆情引导等方面进行考核，每月编发一期情况通报，每季度开展一次好记者好新闻评选，不断激发队伍活力。

三、创新"数字智能"宣传模式，拓展智慧融媒新路径

习近平总书记指出，"文化和科技融合，既催生了新的文化业态、延伸了文

化产业链,又集聚了大量创新人才,是朝阳产业,大有前途"①。2022 年 5 月,中共中央办公厅、国务院办公厅印发了《关于推进实施国家文化数字化战略的意见》,要求深入实施创新驱动发展战略,提高自主创新能力,推动内容、技术、模式、业态和场景创新。中心依托公安大数据建设,围绕宣传工作重点难点,将人工智能、云直播等信息技术应用到公安新闻宣传工作中,破解长期制约宣传工作高质量发展的瓶颈问题,开启宿迁公安智慧化、数字化宣传工作新路径。

(一)"北斗智宣"数据模型

在公安信息网开发"北斗智宣"数据模型,通过对警情、案件的智能分析研判,找准宣传工作的切入点和着力点,提升宣传工作针对性和前瞻性。2022年 4 月,通过"反诈"预警模块,中心发现近期有部分群众反映家中小孩被诈骗,民警立即有针对性地向社会公众和教育部门推送了宣传信息,仅 2 个小时微信阅读量达到 10 万十,教育部门主动向中心了解相关情况,并专门在教育系统进行了预警提醒。

(二)AI 数字主播

开发以"宿小警"为名的 AI 数字主播,通过人工智能学习,民警只需要在机器上输入相应文本内容、添加有关图片,"宿小警"就能播报相应的宣传内容,并根据语义生成相对应的面部表情、肢体语言,能够在不同场景中更好地满足公安宣防工作呈现的多样化需求,助力公安宣防作品产出质量更好、效率更高、动力更强。2022 年 7 月,中心聚焦校园安全,运用"AI 数字主播",开设《宿警安全小课堂》,围绕防溺水、交通安全、食品安全等方面制作视频 16 部,组织全市中小学校师生、家长观看,据教育部门统计,覆盖了全市 90 万个家庭。同时,录制防溺水、防养老诈骗音频,联合文旅部门在乡村大喇叭播放,有力提升了老年人安全防范意识和能力。

(三)智能采编

在智慧融媒体平台内搭设微信编辑软件、海报创作模板、影视编辑系统、稿件审核系统等策、采、编、播、发全套编辑软件,方便操作,益于把控,便于管理。引入选题参考、文字校对、文稿转视频、自动化摄影师、智能字幕等智能辅

---

① 韦衍行,郭冠华,刘颖颖. 习近平寄语文化产业发展,专家解读来了![EB/OL].(2020-09-21).htpp:gz. people. cn/GB/n2/2020/0921/c370110-34307133. html.

助工具，让内容生产更简洁，更高效。加强录音棚、演播室、编辑室等阵地建设，配优专业人才，配齐专业设备，实现场景内容随时更换，足不出户就可以实现节目录制、网络直播、内外场视频连线等功能，进行跨空间的节目制作。

四、建强"专业精深"融创团队，培育产品传播增长级

习近平总书记指出，媒体竞争关键是人才竞争，媒体优势核心是人才优势，要求新闻工作者努力成为全媒型、专家型人才。中心围绕文化数字化的新场景、新体验，以"融创"团队建设为抓手，全面深化选题策划、稿件创作，提升宣传员"脚力、眼力、脑力、笔力"，升级新闻创作水平，把公安宣传工作做出特色、做出亮点、做出影响力。

（一）采编"融创"团队

积极协调省级、市级主流媒体，组成由资深记者为成员的"宿迁公安新闻宣传'融创'团队"，围绕年度重点工作，创作推出一批高质量高水平的新闻稿件。2022 年上半年，原创的《江苏宿迁公安打造新型智慧化社会治安防控体系》《宿迁："三位一体"打击电信网络诈骗犯罪》《52 秒，神兵警犬"威廉"成功搜寻到手机》《六大工程解锁宿迁平安密码》《宿迁让群众在警务创新中共享获得感》《一个人守好一座岛》等 586 篇稿件被《新华每日电讯》《中国青年报》《法治日报》《人民公安报》等重量级媒体采用。

（二）新媒体工作团队

围绕动漫、创意等方面，市县两级建立文化工作室、创作室、制作室，整合全市公安微信、微博、抖音、头条等新媒体资源，通过优质的内容吸引流量、形成品牌，合力打造宿迁公安新媒体矩阵品牌。特别是在疫情防控期间，开通《防疫普法课堂》，策划推出新闻稿件 8 期，阅读量平均 5 万＋，累计阅读 1.2 亿次。其中，《@宿迁人，0527-96600！这个电话一定要接》《@来（返）宿人员，请使用"宿康宝"报备！》等稿件点击阅读量突破 100 万。全网首创战"疫"速写，以画笔记录战"疫"画面，在省内外掀起热潮，人民公安报社主动来联系、特约稿件。

（三）影视智囊团队

加强与社会影视创作公司的合作，整合市县两级影视创作资源，对标央视、中国警察网等高等级媒体，创作一批有深度、有创意的影视作品。推出"战'疫'影像"系列视频稿件，制作原创抗疫微视频 7 部、漫画视频 3 期。其中，

《人世间》追忆公安英烈主题 MV，被中国长安网、公安部新闻宣传局、中国警方在线等平台直接点对点主动索稿、全网宣传。精心创作的《一切为了人民》荣获第二届长三角微电影大赛最佳短视频奖。

（四）大型活动"主峰"团队

加强重大活动策划组织，打造宿迁公安独具特色的大型活动品牌。2022年以来，成功举办警营嘉年华、"我为群众办实事"走进宿迁公安、年度人物揭晓仪式等系列主题宣传活动，活动形式新颖，主题突出，内容丰富，精彩纷呈，深受社会各界、广大群众和民警辅警喜爱，15万群众预约报名参加，8万群众实地参观，1300万网友在线互动，多项指标刷新历史纪录。在6月份的"警民话平安"主题宣传活动中，"央视频""新华社现场云"等10余个主流媒体网络直播，600余万网友通过在线直播平台观看，这有力提升了人民群众防范能力水平和社会治安满意度。

基于以上有益探索，我们认为公安融媒体建设势在必行、大有可为，在推进建设过程中必须把准时代脉搏，清醒认识信息时代网络的风险性、开放性、不确定性和监管难度大的特点，积极应对意识形态工作新形势，更好地引导群众、服务群众，切实提高新闻宣传传播力、引导力、影响力、公信力，在新时代新征程中履行好公安机关新使命，发好公安声音，讲好警察故事。

服务乡村振兴让"智慧广电"在新时代获得新拓展提供新动能

广东省广电网络公司阳江分公司　梁　琪

一、广东省政府专项补贴,全省推进智慧广电服务乡村振兴

2022 年 3 月,广东省广播电视局、广东省住房和城乡建设厅、广东省乡村振兴局联合下发了《关于大力推进"智慧广电"平台建设服务乡村振兴和美丽圩镇工作的通知》,要求从 2022 年起,全省所有行政村要分步建设由广东省广播电视网络股份有限公司(简称广东广电网络公司)打造的"智慧广电平台"为乡村振兴服务,至 2025 年实现全覆盖,广东省人民政府每个村从文化补短板或者驻镇帮扶资金中补贴 49.8 万元。从 2018 年开始试点,经过四年来的不断探索和创新求变,通过"融体系、融赋能、融效益、融治享""四融一体"建设,广东省广播电视网络股份有限公司创新的以"智慧广电"服务乡村振兴工程终于结出丰硕成果。服务乡村振兴让"智慧广电"在新时代获得了新拓展,提供了新动能,成为推进国家乡村振兴战略的重要力量。

二、创出了一条独具广电特色的乡村善治之路

2018 年 1 月,《中共中央国务院关于实施乡村振兴战略的意见》发布,对实施乡村振兴战略进行了全面部署。为贯彻落实党的十九大精神,助力乡村振兴,加快提升农村现代化和治理能力现代化水平,广东广电网络公司积极主动探索依托广播电视公共服务信息化体系助力乡村振兴的新途径、新方式,极力推进智慧广电融入乡村振兴战略,以广播电视公共服务信息化、社会化、网络化、智能化构建"智慧乡村",不断满足乡村百姓对美好生活的需求。2018年上半年,在阳江市阳东区先后试点建设了三条"智慧乡村",受到了地方党委政府和乡村群众的一致好评。2018 年 8 月,中共中央政治局委员、广东省委书记李希视察了阳东"智慧乡村"项目,给予了充分的肯定。2019 年至 2020

年广东广电网络公司在阳东区 250 条村庄继续推广建设"智慧乡村"项目。广东广电网络公司在"智慧乡村"基础上也不断调整完善项目的技术体系和功能应用体系,逐步形成了统一的"智慧广电·乡村振兴公共服务平台"。2021 年4 月,广东省广播电视局将建设"智慧广电·乡村振兴公共服务平台"作为全省广电系统开展党史学习教育"我为基层办实事"工作,并由分管副省长牵头推进。2021 年 11 月,广东省广播电视局在惠州市召开了全省推进"智慧广电·乡村振兴公共服务平台"工作现场会。2022 年 3 月,广东省广播电视局、广东省住房和城乡建设厅、广东省乡村振兴局正式下发了《关于大力推进"智慧广电"平台建设服务乡村振兴和美丽圩镇工作的通知》,在全省各地全面推广应用。

"智慧广电·乡村振兴公共服务平台"以有线电视网络为基础,立足乡村家庭电视机的普及性和信息接收便捷性,以"智慧广电+公共服务+社会服务+乡村治理"为重点,创新广播电视公共服务内容和业务承载形式,构建全平台联动、专题化聚合、立体化呈现、多样化展示的强大矩阵,推动广播电视公共服务由功能型向智慧型转型升级,通过家家免费装上广电网络网关盒子,实现"家家通达党建,家家接入新时代文明实践中心,家家接通村务公共信息,家家享用公共服务智慧电视门户,家家通达平安视频监控,家家电视直播村民会议,人人观看 4K 电视,人人享用村通微信小程序,人人监督村务事务,人人享用便民服务,人人接受普法教育,人人接受技能培训",走出了一条独具广电特色的乡村善治之路,奏响了乡村振兴的广电最强音。

三、推进"四融一体","智慧广电"服务乡村振兴极尽所能无所不在

1. 技术体系大融合——无线、有线、融媒、4K、5G、网络视听、云端、物联网等融合大体系让乡村治理更加智慧

"智慧乡村"初期试点重点借助一个电视大屏,依托高速宽带、光纤化网络和 4K 网关盒子接入技术,将"4K 电视、平安视频监控、可视紧急报警、应急广播、村民议事直播室、乡村广播室、村务电视公开、便民服务、乡村党建、新时代文明实践中心、健康乡村、乡村普法、致富天地、乡村影院、乡村课堂、村通微信小程序"等 20 个功能揉为一体,组成新一代广播电视多功能、智能化、全方位、全媒体化的乡村公共服务融合体系。

随着广播电视网络传播体系整体性转型升级,广东广电网络公司紧接着把加快广播电视与互联网深度融合作为推动"智慧广电"发展的重要手段,主

动求变应变,加快体系重构、流程再造,推动广播电视"云、网、端"资源要素有效整合、融通共享、智能协同,加快大数据、云计算、5G等新一代信息通信技术在广播电视网络中的部署和应用,构建高速、泛在、智慧、安全的新型综合广播电视传播融合覆盖体系和用户服务体系,最终优化成全省统一标配的"智慧广电·乡村振兴公共服务平台"。

现在,"智慧广电·乡村振兴公共服务平台"形成了以有线、无线、互动、网络视听等多种协同承载为依托,以云计算、大数据、物联网等综合技术为支撑的融合技术体系,结合各乡村本土实际,帮助村委会搭建线上线下相结合的智慧一体化平台,让乡村管理更加智慧。同时还拓展到了气象服务、农技推广、灾害预警、综合治理、生态保护等与乡村基础设施及生产生活息息相关的应用场景和服务功能,汇流成一个涵盖农业、资源、生态、环境、社会治理等常态化和新业态相结合的创新综合数字化大系统。如视频监控打破"雪亮工程"常规,广泛应用于村场整治、灾害风险点监测、防疫、地质灾害防御、作物生长、农田保护等;应急管理体系和应急广播体系深度融合,应急广播战时应急救灾,平时公共广播,成了乡村强有力的思想文化宣传阵地;搭建"公益广告、节目+消费帮扶""短视频+带货直播+消费帮扶"等具有广电属性的农村电商模式。"智慧广电"在国家乡村振兴、数字经济总体战略中的地位作用更加凸显。

2. 赋能大融合——构建多元化乡村,满足乡村群众多层次多样化需求

"智慧广电·乡村振兴公共服务平台"积极拓展符合乡村需求的功能和应用场景,总体架构包含党建党宣、乡村治理、乡村创业、平安村居、4K乡村、便民服务、电视课堂、电视书屋、新时代文明实践中心等多个功能版块,构建多元化乡村,以满足基层党委政府和乡村群众多层次多样化需求,增强乡村自我治理、自我发展的能力。

"党建党宣"以宣传习近平新时代中国特色社会主义思想为主线,运用"智慧广电"推进党建创新,拓展宣传阵地。"乡村治理"以党务公开、村务公开、平安普法教育为基础,打造智慧议事机制,把民主议事开在家中,畅通社情民意,助力自治、法治、德治相结合的社会治理工作。"乡村创业"以技术和服务为支撑,打造"广电商城",推广名特优新农产品,促进电子商务、乡村文旅等乡村产业发展,提升广大群众的获得感、幸福感。"平安村居"建设视频监控和应急广播系统,加快推进村应急广播主动发布终端建设,提升服务于村级环境整治、村貌管理、抢险救灾、社会治安等及时处置突发事件的能力,提高乡村群众生命财产安全和社会稳定的保障水平。"4K乡村"促进村广播电视基础设施建

设和升级改造,推进 4K 电视在乡村的普及。"便民服务"为民提供日常生活生产中办事指南,推进"粤智助"政府自助服务与"智慧广电"平台互联互通,更好地满足群众不出村"就近办、身边办"。"电视课堂"开设"粤菜师傅""南粤家政""广东技工""电商课堂""中小学课堂"等电视课程,为提高群众综合素养和生产技能提供内容和技术支撑,助力各类乡村建设人才的培育。"电视书屋"通过电视把数字化图书传递到每个村民家庭,电视大屏成为公共图书馆的终端,群众足不出户就可以"听""读""看"多种图书,满足各种阅读需求。"新时代文明实践中心"融入人民群众的日常生活,成为传播党的声音、引领思想认识、传承优秀文化、培育文明新风的重要载体。

"智慧广电·服务乡村振兴平台"通过发展多样化个性化服务,创新乡村公共服务和社会治理提供方式,构建平安乡村、数字乡村、学习乡村、民主乡村、法治乡村、文明乡村等多元化多功能乡村,确保社会主义核心价值观和积极健康的乡土文化精神成为社会主义新农村的主流意识。

3. 效益大融合——政用、民用、商用紧密结合,政治效益、社会效益、经济效益有机统一

广东广电网络公司充分履行"党媒政网"的使命担当,坚持以政治建设为统领,把党的路线、方针、政策体现到智慧广电发展的全过程、各方面,弘扬主旋律,传播正能量,在开展"智慧广电"服务乡村振兴探索过程中,始终把为基层党委政府服务、为乡村百姓服务放在首位,有效地将政用、民用、商用紧密结合起来,通过服务工作同时获取企业的最大经济效益,实现政治效益、社会效益和经济效益最大统一。

"智慧广电·服务乡村振兴平台"推动了以提升科技文化素质促进村民的全面发展、以提升乡村现代化治理水平促进乡村的全面进步,实现了巩固拓展脱贫攻坚成果与乡村振兴无缝衔接,谱写了乡村现代化治理新篇章。项目建成后,既受到了广东省委主要领导的充分肯定,也受到了广大村干部和村民的高度认同。特别是在 2020 年疫情防控以来,"智慧广电"公共服务体系发挥着传递党的声音、传播信息、掌握防范知识、遏制谣言、提振信心、维护稳定等重大作用,凝心聚力,在广大农村中构筑起一道疫情防控的坚固防线。2020 年12 月,该项目被列为"广东省社会治理十大创新项目",实现了"智慧乡村"的省定贫困村——阳东区东平镇瓦北村获评为"全国乡村治理示范村"。"智慧广电·服务乡村振兴平台"建设通过广东省人民政府的专项资金补贴也将为广东广电网络公司带来可观的经济收入,开拓了政企业务新局面,同时也满足了家客用户对本地内容的需求,推动乡村 4K 超高清家庭网关业务的发展,提

升了用户黏度，实现了"以集客促家客"的双赢目标。项目质保期结束后，政府若将后期维护交给广电网络公司负责，以后每年均有一笔固定的维保费用收入。此外，广东广电网络公司加强智慧广电与智慧社会、数字经济、信息消费、新数字家庭的统筹规划、有效衔接，积极扩大"智慧广电·服务乡村振兴平台"同教育、旅游、金融、农业、环保等相关行业的业务合作，市场空间越来越广阔。

4. 治享大融合——将治理送到家，平安幸福生活人人共建共享

实施乡村全面振兴，人是最关键、最活跃、起决定作用的因素。农民是乡村振兴的主体，也是受益者，只有广大农民群众的获得感、幸福感、安全感更加充实、更有保障、更可持续，他们才会发扬当家作主的主人翁精神，参与乡村建设的积极性、主动性、创造性才能被充分调动起来，才能确保乡村振兴取得决定性进展。家庭是社会的细胞，是社会的组成单元，广东广电网络公司紧紧围绕总书记对广东提出的"在营造共建共治共享社会治理格局上走在全国前列"要求，坚持以人民为中心的发展思想，创新性落实党的群众路线，创新联系群众的方式，以家庭为单元，力求把爱家和爱乡、自治与共治、扶智和扶志统一起来，通过"智慧广电·乡村振兴公共服务平台"建设载体，创造性地将乡村社会治理精准推送到每一户村民家里，完善群众参与乡村公共事务治理的渠道，将治理融入百姓日常生活当中，将责任、学习、认知、公益、参与的理念植根于每一个家庭，通过人人家中参与学习培训、参与各种生活生产应用、参与村中事务管理、参与村中民主决策，更好地满足了广大农民群众的新期待，有效地增强了他们自我组织、自我管理、自我教育、自我约束的能力与意识，充分调动了人民群众参与村中治理的主体作用，引导他们心往一处想，劲往一处使，将激发出来的智慧和热情汇聚起推动乡村振兴战略实施的磅礴力量，真正打通了宣传群众、教育群众、服务群众的"最后一公里"，创新了乡村共建共治共享社会治理新方式。

四、服务乡村振兴，不断激发"智慧广电"新动能，引导新供给

当前，乡村治理缺乏有效的工具与手段，乡村治理的整体治理效率和能力水平也亟待提升。"智慧广电"通过运用数字技术、理念、模式实现乡村治理数字化转型，依托智慧广电网络以及云平台、物联网、大数据等数字技术，创新了乡村公共服务、公共管理、公共安全新模式，驱动了农村发展质量变革、效率变革、动力变革，打通"三农"领域的信息壁垒，以信息流带动生产流、商流、物流、资金流、人才流、技术流，重构乡村社会治理结构，推动乡村智能化、精细化、绿

色化、专业化,从而激发乡村活力,促进农业全面升级、农村全面进步、农民全面发展。

通过服务乡村振兴探索实践,"智慧广电"以深化广播电视与新一代信息技术融合创新为重点,推动广播电视从数字化网络化向智慧化发展,推动广播电视又一轮重大技术革新与转型升级,从功能业务型向创新服务型转变,开发新业态、提供新服务、激发新动能、引导新供给、拉动新消费,为数字农业、数字家庭、数字乡村、数字经济的发展提供有力支撑,让智慧广电业务在新时代获得了新拓展,提供了新动能,为实现乡村文明、治理有效和和谐幸福贡献了广电力量。

五、再迎发展新机遇,推动"智慧广电"更好更快发展

2022 年上半年,随着中共中央办公厅、国务院办公厅《关于推进实施国家文化数字化战略的意见》的印发和中国广电 5G 网络服务的正式启动,有线电视网和广电 5G 网已经从行业行为上升为国家战略,为行业未来发展注入了强大的动能。建设广电 5G 网络,是深入贯彻落实习近平总书记关于"打造智慧广电媒体,发展智慧广电网络"重要指示的重大举措,标志着广电网络初步形成"有线+5G"融合发展新格局。国家文化专网也明确提出依托现有的有线电视网络设施、广电 5G 网络和互联互通平台来形成,广播电视迎来了发展的新机遇。

乡村振兴是国之大者。乡村振兴从理念改变、基础网络建设、新业态培育等方面推动了"智慧广电"全面融入乡村的经济、社会、文化数字化发展,为基层党委政府和广大乡村群众创新提供了个性化、差异化和精准化服务。未来要综合施策,以广电 5G 和国家文化专网的建设为契机,坚持创新驱动发展战略,以深化融合创新为重点,主动推进广播电视高清化、移动化、泛在化、分众化、差异化、智慧化的发展新趋势、新需求,持续推进理念创新、科技创新、传播创新、业态创新、服务创新,加快推进广电网络向国家文化专网转型升级,广电公共服务向文化数字化转型升级,在智慧广电全面转型升级中实现公共服务全面融入乡村振兴,加快形成以创新为引领和支撑的"智慧广电"服务乡村振兴发展的生态新体系,奏响乡村振兴新华章。展望前景,广电人要充分认识"智慧广电"发展既是一场全方位的技术革新与体系重构,也是一次全新的创业征程,要敢于担当、勇于作为,推动"智慧广电"更好更快发展,使人民群众能够享受更加丰富、更加优质、更加便捷的"智慧广电"服务。

融媒背景下的县市电视生存发展路径探索

诸暨市融媒体中心　戚小军

一、县市电视台的生存状况

十几年来,我国广播电视呈现爆发式的增长,从中央到省、市、县各级机构都开办广播电视台,开设了多个播出频道。到 2021 年,全国有 2106 家县级广播电视台。全国电视台数量是惊人的。面对中央、省市大台的空间挤压,以及传媒市场的激烈竞争,县级台的生存发展正日益成为严峻的现实问题。特别是近年来,随着互联网的发展,新媒体的兴起,面临着体制、资金、技术、人才等方面的问题,县级广播电视台陷入了发展困境。[①] 作为最基层的县市级台的诸暨电视台也不例外,同样遭遇体制僵化、人才流失、设备陈旧、收入下滑的尴尬境地。面对困难和问题,作为传统媒体的电视,唯有通过改革创新,寻找适合自己实际的突破方向和发展出路。

2018 年 11 月 14 日,中央全面深化改革委员会第五次会议审议通过了《关于加强县级融媒体中心建设的意见》,指明了县级融媒体中心建设的基本思路。2019 年 1 月 15 日,中宣部和国家广电总局联合发布了《县级融媒体中心建设规范》《县级融媒体中心省级技术平台规范要求》,为县级融媒体中心及省级技术平台规范要求,规定了操作指南和建设规范。

2019 年 1 月 25 日,习近平总书记视察人民日报社时的讲话为媒体融合指明了方向。媒体融合要向纵深发展,统筹处理好传统媒体与新兴媒体的关系,传统媒体和新兴媒体成为迭代关系,实现此长彼长,优势互补。充分运用信息革命技术成果,根据本地的实际情况探索媒体融合的途径和方法。

在媒体融合的大背景下,诸暨市融媒体中心于 2019 年 7 月挂牌成立。2020 年 5 月起,诸暨市融媒体中心开始启用,同时"西施号"App 正式上线。

---

① 彭妮娜.关于县级广播电视台发展现状及今后发展的思考[J].西部广播电视,2019(006):192,194.

2020年10月重组以后的融媒体中心正式投入运行。根据县级融媒体中心的建设要求,搭建了四大宣传平台:报纸、广播、电视、新媒体。融媒体中心的所有工作人员统一调配,下设总编室(外联部)、采访部、专题部、报刊事业部、广播事业部、电视事业部、新媒体事业部等七大新闻宣传部室。由于传统媒体自身的特殊性,电视(台)事业部在机构设置中处于相对独立的地位,成为融媒体中心下属最大的部室。

二、县市电视事业发展的改革举措和实际效果

县市电视台作为最基层的媒体,虽然规模较小,但是五脏六腑俱全,与上级电视台同台竞争,面临的生存压力较大。县市电视台要想继续生存发展,只有通过改革创新,探索发展路径,才能找到立足之地。

(一)发挥媒体优势,巩固舆论阵地

电视作为传统媒体,与新兴媒体相比,还有自身的优势。虽然受众面在缩小,但是对中老年观众仍然有一定的吸引力,看电视是他们生活中重要的娱乐方式和信息渠道。因此,县市电视台要为观众提供丰富多彩、口味合适的电视节目,每天提供本土化、贴近百姓生活的新闻,以此来提高收视率。县级电视台的基本定位是地方党委、政府的宣传阵地和耳目喉舌,这是与其他竞争对手相比最大的特色和天然的优势。因此,县级电视台必须用足用好这一优势特征,围绕党委政府的中心工作搞好宣传,重点是做好时政新闻的报道。同时要争取党委、政府的高度重视,从而获得政策、资金、项目等方面的有力支持。[①]从2021年开始,诸暨电视台的播出系统进行了全面的高清改造,实现了标清和高清节目的同步播出,大大提高了收视质量。

(二)调整部门设置,理顺内部关系

诸暨电视台自成立以来,一直按照总编、新闻采编、专题、综艺、广告经营、技术保障等来设置部室。从电视事业部成为融媒体中心的一个部室以后,原来的部室不复存在,取而代之的是综合组、采编组、专栏组、大型活动组、重大项目组、技术保障组,新闻宣传实行制片人负责制,内容涵盖时政、民生、商贸、生活、综艺、访谈、专题等多个领域,强调融媒体发展意识,突出移动优先,逐步向"一次采集、多种编排、全媒传播"的新模式转变。内容生产与传播全面融入全媒体传播体系,呈现出多样化、多层次、多元化的态势。

---

① 郑宇.县级广播电视台发展研究综述[J].视听纵横,2013(5):26-29.

（三）突破体制束缚，增强机体活力

广播电视的竞争说到底是人才的竞争，县级台位处基层，待遇本身不高，在吸纳人才方面处于劣势，加上自身机制体制的问题，用工形式多样，编内编外待遇差别较大。一方面体制内编制收入高，人浮于事；另一方面体制外员工收入低，没归属感，难以充分调动人员积极性，也难以留住现有人才。在基层广电系统出现了一种奇怪现象：人员进出频繁，年年招人，年年走人，年年缺人。

薪酬制度改革以后，电视事业部除了保留部分劳务派遣工以外，打破原来的员工身份界限，根据员工的工龄、职称、学历、岗位、业绩评定薪资等级，重新确定工资绩效。每个月对工作人员的工作量和完成情况进行考核，拉开了收入差距，改变以往的以身份、职务决定收入的分配制度，充分调动起员工的工作积极性，尊重新闻一线记者编辑的劳动。

新媒体发展一定程度上是技术实力的竞争，由于体制原因，人才对县级电视台来说还是相当匮乏，人才流失影响了全媒体传播体系的建立。为了改变不利局面，诸暨市融媒体中心面向市内外公开招聘了四名技术人员、四名播音主持人，用制度来保障新聘人员的待遇水平，让新进员工能够安心工作。冲破了新媒体事业发展的瓶颈制约，重新打开了工作局面。

（四）创新栏目设置，拓展传播渠道

创新栏目设置，方便受众获取信息，拍摄制作更多更好的融媒产品，满足用户的多样化需求，这是促进传统媒体与新媒体融合的最基本要求。为提高媒体的传播效果，发挥电视的内容优势，诸暨电视台充分利用新媒体平台优势，将电视内容多渠道传播，大大提高了收视率。2021年诸暨电视台新闻综合频道在"西施眼"App上开通《看电视》直播窗口，观众既可以不打开电视机通过手机随时收看电视直播节目，也可以通过点播窗口关注感兴趣的单条新闻和专题专栏节目。《诸暨新闻》《乡村道地》《浣江纪事》《诸暨人》《荷花朵朵》《快乐面对面》《民政视点》等在"西施眼"App上都有自己的位置。更多的单条新闻经过重新编辑后在"西施眼"App上传播。

2021年诸暨市融媒体中心还与市卫生健康局合作，新开设了一档综合类访谈节目《健康公开课》，内容涉及健康领域方方面面的问题。普及健康知识，倡导健康的生活理念，节目一经播出受到市民的欢迎。2021年度，已先后播出了48期节目。《健康公开课》不仅定期在电视频道播出，而且用户可以在"西施眼"App上点播感兴趣的内容。受众还可以通过《诸暨之声》广播收听

《健康公开课》。媒体融合大大提高了节目信息的传播效果。

（五）更新管理方法，提高工作效率

在融媒背景下不能以单纯的传统观念办电视，而要以全媒体意识来经营管理。诸暨市融媒体中心在改革创新过程中，改变管理模式，优化资源配置。传统媒体记者向全媒体记者转型，管理人员也在向全媒体管理人员转变。由此来增强采编队伍的战斗力，增强媒体的影响力。微信直播是新媒体的重要传播方式，它与传统的电视直播方式相比具有设备简单、操作方便、传播速度快、传播效果好的明显优势。诸暨市融媒体中心充分利用好微信直播这一新媒体形式，一年来，微信直播团队表现得最为活跃。直播团队的成员平时分散在电视事业部的各个岗位，一旦有任务能够迅速集中形成战斗力。运营团队策划设计好直播的流程和内容。每次直播前，设置好视频的直播预告，发布预告视频，讲清楚直播的主题内容和福利，发动员工在微信朋友圈进行广泛宣传。利用好微信公众号，用直播间的渠道进行对直播间的预热，吸引粉丝关注。全年共举行了 20 余场融媒体视频直播，都取得了明显的成效。例如，2021 年 10 月 15 日、16 日，诸暨市融媒体中心"西施眼"客户端与浙江广电集团融媒体中心"中国蓝"新闻客户端合作，在新疆阿拉尔市推出融媒体直播《亚克西！新疆棉花朵朵开》，粉丝关注量达到了 60 万＋。

媒体融合要求管理方式从过去对人的管理转化为对事的管理，一切围绕工作重心落实任务。在 2021 年的庆祝中国共产党成立 100 周年活动中，诸暨市融媒体中心与中国教育电视台合作，推出了一场《诗意中国红色诸暨》的朗诵情景剧晚会。朗诵情景剧《诗意中国红色诸暨》由朗诵艺术家乔榛领衔主演，李双江、卢奇、孙维民、齐克健、董浩、温玉娟、沙景昌、臧金生、于文华、张宏等多位艺术家参演。举办这样的大型活动在诸暨还是第一次，在全省也不多见。特别是时间紧、任务重、压力大，需要做大量的准备工作。晚会融入了许多诸暨元素，市融媒体中心创作或参演了《不忘》《火热的年代》《我爱这土地》等多个节目。这台朗诵情景剧可以说是精彩绝伦、感人至深，最后取得圆满成功。晚会的教育效果好，经济效益也不错。整个活动创收达到 240 多万元，除去必要的开支，收入可观。

三、媒体深度融合任重道远

媒体融合是一项系统性工程，没有现成的经验可以照搬照抄，只有在实践中不断探索。从诸暨市媒体融合运作一年的情况看，媒体融合改革创新已经初步显示出成效。目前电视事业部职工的人心稳定,各个栏目运转正常,融媒的传播效果有了突破。特别是打破以前单一的盈利模式,业务量大幅增长,2021年,仅电视事业部业务收入与上年同期相比就增加了40%多。媒体融合虽然取得了一定成绩,但是诸多障碍依然存在,影响了融合的效率和进度,融合的深度有待于进一步加强。

（一）媒体融合的深度还远远没有达到预期目标

由于客观条件的限制,诸暨的媒体融合起步较晚,媒体融合有待于进一步深入。"西施眼"App平台的作用没有充分发挥出来,客户端局限于成为传统媒体的机械"搬运工"。融媒体生产指挥中心的作用远远没有发挥出来,不能实现统一的指挥调度,稿件没有集中采编、分散发布,大数据的运用不足,依然存在"两张皮"现象。媒体融合没有实现实质性转变,只是形式上的"合",并不是真正意义上的"融",尚未达到深度的融合。在跨界融合发展上有待于进一步破题,在多元发展上有待于进一步开拓创新,社会效益与经济效益有待于进一步提升。

（二）媒体融合在内容创新上有待于突破

网络媒体在不断地进步发展,新兴媒体的影响力不断提升,部分甚至超过了传统媒体,更多的资源和人才转向网络平台,传统媒体的内容优势不复存在。作为用户有了更多的选择自由,电视的观众在不断减少,特别是现在智能手机已经普及的情况下,媒体融合必须密切关注受众的喜好和需求的变化。在更多地关注互联网用户的主力中青年用户兴趣的同时,满足城乡不同群体的内容消费。深入挖掘用户价值。在内容选择方面,更多地转向对真实性、原生态的内容,打造特色品牌,实现内容深耕。

（三）体制机制束缚仍然存在

体制改革是媒体融合中必然要面临的环节,直接影响着媒体融合的进程。媒体改革的重点要从生产机制方面的改革向体制机制的改革转变。人才机制创新尽管在人才引进使用上发挥了一定的作用,但是只局限在薪资水平、激励机制方面,对深层次的体制问题根本没有触及。现行体制无法满足新媒体生产的人才需求,全媒体人才吸纳和培养程度严重不足。不但体制内外员工有待遇差别,而且体制外人员身份差距也较大,员工的工作积极性没有被充分调动起来。传统媒体的人才仍在持续流失,人事管理体制改革方面还有许多工作要做。

在新媒体时代,电视媒体要维系自身的发展,进一步参与市场竞争,必须探索新的经营模式,开拓新的盈利增长点,突破体制机制束缚,不断探索经营方式。

(四)新兴技术的运用还不够

新媒体时代,新技术的应用越来越广泛,这有力地推动了媒体的进步发展。央视、省级电视台、部分地市台开设了超高清频道,电视开始进入超高清时代。5G 新技术开始应用于传播领域,"4K＋5G＋AI"的应用不再陌生,这些都为媒体融合开辟了新的发展空间。媒体逐步运用 H5、VR/AR、云计算、大数据等技术,不断地在创新传播手段,新技术在媒体融合发展中将会发挥越来越大的作用,基层媒体在新技术的开发和应用方面大有文章可做。

基于新媒体大环境的广播剧发展研究

台州广播电影电视集团　陈永君

广播剧发展年代已久。在早期未有电视的时代,广播剧就已成为人们获取信息、综艺、娱乐日常生活的重要方式。随着当前新媒体时代的到来,广播剧的发展受到严重的冲击,传播速度和收听率大幅度下降。为了提升广播剧的传播影响力,需结合当前新媒体时代优势创新广播剧发展,对此,做出以下新媒体时代广播剧的发展策略。

一、当前广播剧的发展现状及存在问题

（一）发展现状

自 1924 年始,广播剧就已兴起,且广播剧就已呈增长趋势。近年来,随着互联网技术的飞速发展,广播剧的收听率、内容品质、团队数量呈猛增态势,为广播剧的发展也提供了多样的平台选择和更多可能。当前,广播剧的发展相比较传统的电视媒体已经取得显著效果。然而,广播剧的整体市场依旧不太理想,目前广播剧发展过程中存在技术人员缺乏、资金不足问题,致使广播剧长远持续发展异常困难,所以创新优化广播剧的发展现状,有利于重新整合传统媒介资源,实现多种媒体平台共享,完善健全的社会性传播体系,推动我国的文化建设快速发展。①

（二）当前存在问题

1. 主题单一缺乏特色

现阶段,随着广播剧的普及和传播,其生产数量及创作机制更加多样化,然而并未有效带动生态的改善。内容创作主题单一,仅仅以人物事件、重点事件为主,相比较其他媒体平台及内容作品,缺乏核心竞争力,没有全面了解受

---

① 郑小琳.新媒体环境下网络广播剧平台运营模式探究——以猫耳 FM 为例[J].传播与版权,2021(12):56-59.

众群体的内在需求和关注喜好,没有贴近生活,所以高质量、深受年轻观众喜爱的广播剧占比较少。[①]

2. 缺乏专业广播人才

广播剧通常是以广播剧演员通过声音来传达剧中的人物情感及特点,并配以音响效果,之后进行剪辑修饰完成。所以,广播剧的专业技能水平是广播剧录制是否成功的关键。据统计调查,广播剧缺乏专业的广播,人才是当前面临的重大问题。[②]

3. 宣传及投资力度不足

当前,众多媒体平台更加多样化,人们所选择的节目类型也随之增多,有力的广播剧宣传力度能够聚焦用户群众的关注度,然而就当前广播剧的宣传情况来看,仅仅局限于广播剧宣传的平台中,广播剧的推广渠道较少且推广力度严重不足;此外广播剧的资金投入力度不大,广播剧在内容创作期间必不可少地会消耗大量的资金成本,因为需要引进专业的广播专业人员、广播设备、剪辑宣传等。然而在当前社会中,影视荧幕类节目的拍摄获取了更多投资渠道及资金支持,广播剧获取投资渠道的资源较少,无法吸引固定的投资方对广播剧进行投资。[③]

4. 广播剧播放时段不佳

广播剧在巅峰时期是文艺界的重头戏,是我国文艺传播的核心主流。随着当前广播剧发展缓慢,其节目播放时间受到严重影响,播放时间较短,且没有黄金时间段排位,最佳的黄金时间会优先排小品、综艺娱乐等节目,这使广播剧逐渐走向边缘化。

二、广播剧的特征

广播剧早在 1924 年就已诞生,深受广大群众的喜爱,已是人们日常生活不可或缺的广播综艺娱乐节目。然而随着新媒体时代的到来,广播剧优势日益下降,因此,急需转变传统理念,与时俱进,创新广播剧发展形式,致力于满足人们对更高品质的要求,不断提升自身的传播影响力。

---

①　覃瑛.新媒体视域下广播剧的创作与传播路径研究[J].西部广播电视,2021,42(17):53-55.

②　陈欣妤.新媒体背景下广播剧中有声语言发展态势研究[J].新闻研究导刊,2021,12(11):166-168.

③　王瑞.新媒体语境下广播剧的生存与发展[J].西部广播电视,2021,42(10):72-74.

广播剧的特征主要有陪伴性、放松性、经济收益性。[①]

(一)陪伴性

广播剧是具有戏剧性的综合声音艺术,其陪伴性极强,不管是传统媒体还是新媒体时代,广播剧不受时间、地点、空间限制,能够让用户群众随时随地收听。通常人们在驾驶、休闲娱乐的同时都可以收听广播剧。广播剧普遍受到各个年龄段人们的欢迎,能够用声音表达作品内容情感,使用户能够联系生活实际,发生共鸣,可有效缓解人们的情绪压力,新媒体时代广播剧的发展更具时代意义。[②]

(二)放松性

相比较可视化性的艺术,广播剧以有声语言为主,表达艺术更具简单性和放松性,内容制作成本较低。而电视剧这类的可视化艺术呈现故事性和表演性较高,随着人们生活及审美水平的不断提升,对可视化艺术形式画面要求也随之增加,所以,作品的制作周期更长。通常此类艺术形式在内容制作方面需考虑多种因素,投资成本巨大且需要考虑演员的专业技术性要求,严格要求声音、表现、形象缺一不可。由此可见,广播剧此种有声表达形式,更加贴近人民群众的日常生活,表现形式更加简单纯粹,特别在新媒体时代背景下,普通人都可以自主拿起话筒,心怀热爱,用有声语言来传递情感艺术,都能成为广播剧的优秀创作者,所以,广播剧更具普适性。与此同时,娱乐化的广播内容,能够给人们带来轻松愉悦的感觉,已是当代年轻人热议话题,备受喜爱的先进思潮;其放松性特点备受人们喜爱,当前,随着生活工作的压力加大,人们通过收听广播剧的方式能够放松心情,缓解压力,从而以充沛的精力全身心投入工作中去,有效实现劳逸结合。[③]

(三)收益性

相比较其他艺术形式,广播剧更易成为知名小说、电影、戏剧等的衍生品存在,获得广告商青睐的概率较大。首先,广播剧的收费相比较其他媒体平台性价比占据优势,就广告商而言,在同等预算情况下,采用广播剧表达内容创作的概率更高,其广告曝光率也更强。其次,广告商可利用相关 IP 实现最大化收益。就晋江文学城数据显示,广播剧收益已超百万元,当前几家大的主流

① 王东.浅谈新媒体时代广播剧的坚守与革新[J].声屏世界,2020(15):62-63.
② 张萍.融媒体时代微广播剧发展探析[J].传播力研究,2020,4(07):22+24.
③ 马钊.新媒体背景下广播剧创作发展创新研究[J].西部广播电视,2019(22):50-51.

媒体平台均是采用单集或单部收费的方式进行创收,通常是前三集免费畅听,之后若想再听,需按收费标准续费。例如《魔道祖师》首季一共 14 集,累计播放量高达 1 亿,如此可观的收益,一定程度上依赖于原著的热度带动,与此同时,广播剧《知否,知否,应是绿肥红瘦》也是得益于赵丽颖主演的同名电视剧而获取可观收益。所以,新媒体时代,广播剧的市场创收更强,也更具优势,未来发展空间极大。并且广播剧制作简单,无需大量资金成本,独自即可完成广播剧,这为广播剧的发展打下了良好的群众基础;因为广播剧对各方面的要求不高,极易形成小说、电影电视剧的衍生品,有利于扩展广播剧的传播范围和影响力,从而实现广播剧收益最大化。①

相对于普通广播剧来说,高质量原创内容是根本,制作策划是重要组成部分,有声语言传递内容是广播剧的核心。而如何有效充分发挥核心优势,能够获取用户关注度及以他们喜爱的语言深入表达广播剧,能够成为人们日常生活和学习中离不开的有效媒体平台,是当前广播剧创作者需重点思考的问题。随着新媒体时代到来,广播剧正处于发展早期,当前收益也相当可观,但是如果盲目地追求效益而忽视作品原创质量,将会严重影响用户群众对广播剧的口碑评价,从而降低广播剧的创收。所以,广播剧需权衡利弊,顺应时代趋势,把握机遇,全面创新发展。

三、新媒体大环境对广播剧的影响

随着各类新媒体的兴起和普及,许多用户群体从传统媒体移至新媒体平台,且转移速度极快,此情况在广播剧媒体中同样存在。由于广播剧是由声音传播表达内容,作为广播艺术特有的方式,广播剧的传达需建立在电波的基础上,这无疑是新媒体传播下的新挑战。此外,广播剧在内容创作方面也存在发展难题,主要体现在内容缺乏创新,无法全面了解受众的喜好而进行内容创作,导致吸引用户关注力的难度加大。相比较传统的广播剧,新媒体广播剧的内容创作素材更倾向于重大事件及任务等,宏观主体事件占据核心地位。而在内容创作阶段,需采用旁白解说和现场音效的方式。即便是传统的广播剧有明确主题且制作精良,综合品质较高,但是在新媒体时代,需站在受众群体的位置考虑并制作广播剧的内容和呈现形式,这一定程度上影响了广播剧的收听率和传播力度,大大缩减了受众群体的规模。可想而知,新媒体时代的发

---

① 刘丽梅,王瑛琦.新媒体视阈下广播剧创新教学探索与研究[J].戏剧之家,2019(27):175+177.

展与深入,大大冲击了广播剧的市场空间,随之也逐渐改变着受众群体的收听方式和喜好兴趣。更加碎片化(快节奏的资讯内容更容易受到大众喜爱),这也是要求广播剧内容及主题贴合人们日常实际的原因,如此能够更进一步地与受众用户建立深层次的双向互动。新媒体时代的到来,对广播剧的发展既是机遇也是挑战。[①]

四、新媒体大环境的广播剧创新发展策略

就当前广播剧的发展现状及存在问题,可以看出广播剧依然有足够大的发展空间和一直喜爱的忠实群体。所以,需要顺应新媒体时代趋势,正是当前所面临的困境,只有创新优化广播剧的发展策略,才能促进广播剧稳定可持续发展。

(一)优选特色新颖主题创作广播剧

随着当前互联网技术的飞速发展,各种文学创作的信息沟通更加简洁、方便,所以,广播剧创作需不断拓展主题选材的范围,可优选借鉴网络热门的广播剧作品。例如,以热门励志小说《你的距离》改编的广播剧播出之后,深受媒体、受众群体及广大广播剧爱好者的一致好评,其播放量有了质的飞跃。由此可见,经典高质量的广播剧更具内容性,更能获得听众粉丝的喜爱。然而,结合当下人们的审美需求及收听喜好创新广播剧的内容及呈现形式极其必要,也是广播剧长久可持续发展的核心关键,所以,广播剧创作需与时俱进,不断创新,我们要以积极新颖的主题素材创作广播剧作品,围绕新潮、高质量、特色,最大范围选材,致力于创新更多的优质广播剧作品,吸引更多听众粉丝的关注和喜爱,促进广播剧的发展创新。[②]

(二)引进广播剧制作专业人才

专业的广播剧制作人才是广播剧发展的核心关键,主要包含有声演员、剪辑人员、制作人员、选题人员等。广播剧若想实现长久稳定发展,需适时引进先进的专业技能人才。首先,对于有声演员的引进,需要引进负责人做好前期筛选工作,借助网络平台广发剧本信息,对于声音素质较好的有声演员进行优

① 黄洁茹.论广播剧发展的现状、问题及对策[J].传媒论坛,2019,2(15):172.
② 邱抒芹.新媒体时代广播剧的强势逆袭——论吉安广播电视台的广播剧发展之路[J].科技传播,2018,10(2):3-4.

中选优,从而提升广播剧专业人才的要求和水平。其次,在剪辑方面也需高度重视。剪辑贯穿整个广播剧内容的始终,可以结合电视剧、电影等剪辑人员对广播剧的友情剪辑,并进行知识交流和传授,以最满意的效果完成广播剧剪辑。

（三）提高宣传力度

提升广播剧的宣传力度,也是广播剧引流的主要途径,可以提升广播剧的听众粉丝量,拓宽广播剧发展领域。当前,广播剧的宣传通常由广播剧剧组人员在广播中进行传播和渗透,或是在其他平台业余宣传,其影响范围较小,受众面窄,所以其传播效果往往不佳。广播剧如果是由小说改编创作的,可结合小说的出版商和作者在内容中进行宣传。与此同时,也可申请微博账号、抖音、快手等视频号,进行广播剧链接宣传,充分了解和掌握受众群体的心理特点,能够更加精准地吸引到广播剧受众粉丝群体。同时借助新媒体时代优势,拓宽广播剧的宣传路径,如央视新闻在抖音短视频上入驻官方账号央视频,搭建网络收听直播平台,并且能够支持回放等功能,很大程度上弥补了传统广播剧播放内容的缺失性,给予听众群体更多的选择方式,且能够获取海量的音频资源、多种类广播剧方式。随着当前自媒体、微视频的快速发展,"野味"广播剧的传播拓宽了途径。因此,在新媒体时代,需借助新媒体及短视频优势,带动广播剧快速发展,最大限度地宣传广播剧。

（四）加大广播剧的资金投入

充足的资金投入是广播剧发展的核心动力。所以,广播剧需不断拓宽投资渠道,适当获取相关部门政策、资金的支持,这不仅能够增加广播剧的传播影响力,还有利于广播剧的稳定可持续发展。例如,《军魂》《陆魂》等广播剧,曾被陕西省政府部门评为优秀作品,给予高度评价和鼓励,政府也借此宣传广播剧的优势,提升其影响力。与此同时,可以拓宽企业注资广播剧的渠道,与社会上的文化传媒公司相结合,实现投资共赢,提升广播剧的宣传度和影响力,促进广播剧的稳定可持续发展。①

五、结语

综上所述,在新媒体时代,我们需顺应时代发展趋势,把握机遇,改变广播

---

① 张晶武.对新时代下广播小说发展的思考[J].新闻传播,2017(11):109.

剧发展中所存在的问题，明确前进目标和方向，不断优化调整，深度挖掘客户需求，创作独具特色的广播剧精品，以此来提升广播剧的综合竞争力，致力于为人们提供更加多元化的广播剧节目，从而促进广播剧的长远可持续发展。

融合背景下电视时政新闻的创新路径探析

——以《文成新闻》为例

文成县融媒体中心　李友汉

时政新闻,就是地方党委、政府主要领导围绕中心工作开展的调研、会议等相关活动的报道,也是地方主流媒体日常新闻播出的重要内容。以基层电视台为例,每天 15 分钟时长的电视新闻中,时政新闻的容量往往占总内容的一半以上。但是,随着政务发布体系的建立和本地新闻客户端的构建,媒体融合的步伐倒逼着传统的电视时政新闻的传播形式要发生变革。笔者作为文成县融媒体中心《文成新闻》栏目的骨干记者,也在融合背景下从单一的电视时政新闻记者向融媒体时政新闻记者转型,在这个过程中对于电视时政新闻的创新路径有了更加深刻的认识。

一、重要时政新闻要实现"移动优先"

无论是新闻学界还是新闻业界,大家对陆定一先生所提出的"新闻是新近发生的事实的报道"的定义都十分认可。而这样的定义恰恰与当前融合背景下"移动优先"的理念不谋而合,那就是新闻要在新媒体平台上第一时间推发,重要的时政报道也不例外。

在传统媒体的传播范式下,电视时政新闻受限于播出时段,最快的时效性也仅仅体现在当天的时政活动在当天晚上的《文成新闻》栏目中播出,而很多在下午或者晚上展开的时政活动往往就要延迟到第二天晚上播出。从传统的电视时政新闻的操作惯例来讲,这样的播出安排在时效性上讲并不存在问题。但是在媒体融合的背景下,在"移动优先"的融合要求下,重要的电视时政新闻也要拥抱新媒体的"怀抱"。以文成县融媒体中心为例,近年来不断优化打造的"文成发布"微信公众号和"指点文成"新闻客户端为时政新闻的快发提供了平台,电视时政新闻首先在新媒体平台上实现"移动优先",成为我们电视时政新闻的常态。

笔者梳理了下,重要时政新闻的"移动优先"主要涉及本地重大政策出台或者重要领导活动,对于这类时政新闻报道,我们在实践中都是安排两名时政记者到现场,在和县委办公室、县政府办公室沟通取得同意的同时,一名记者在现场保证本台电视端的播出内容,一名记者则快速形成文字送审,并且在现场拍摄图片和小视频等,为"指点文成"新闻客户端的优先发布做准备。经过一年多来的锻炼和积累,目前负责《文成新闻》时政报道的5名电视时政新闻记者都已经具有重要时政新闻"移动优先"的理念,并且掌握了在新媒体端发布的基本流程。

如2021年7月30日,娃哈哈文成智能化饮料项目签约仪式在杭州举行。知名企业落户文成,这样的消息在文成本地是很受受众关注的重大时政信息,文成县主要领导和省、市相关领导悉数出席。在活动当天,县里就明确这条重要时政报道要实现在新媒体平台的快速发布。因为远在杭州举行,我们当时特意安排了三路记者,其中两路保证快发,会议结束一个多小时后,我们的内容就已经通过审核、实现快发,比电视端的播发早了6个多小时,很好地呈现了时效性,阅读转发量有"10万+"。

二、常规时政新闻要找寻"传播亮点"

按照传统媒体的操作思维,我们的电视时政新闻习惯于就事报事,尤其是时政会议新闻更是无法跳出这样的思维定式。但是在融合传播的背景下,这样的电视时政新闻报道很难让普通受众感兴趣,从而使得传播效果打折扣。因此,对于电视时政新闻记者来说,要具有核心内容的提炼意识,在常规的时政新闻中找寻"传播亮点",让我们的报道依托新媒体平台来起到吸引受众眼球的效果,让其在新媒体环境下成为"网红"。

在实践中,笔者觉得在报道重要的时政会议活动中,最适合做这样的探索创新。尤其是对于一些涉及重要民生事项和重大改革事项的会议,我们在做好常规的电视新闻报道同时,都会跳出会议本身做新媒体报道,主要是注意找寻会议中的一些容易引起受众关注的"报道亮点",将其放大于新媒体端呈现,从而让我们的报道更有传播力和影响力。

因每次的政务会议,相关部门都会准备详尽的会议材料,而按照我们采编人员的习惯,一般拿到会议材料在现场都不太看,拍摄好一定量的画面后,回去直接摘抄几段就成稿了,而这也导致了我们的会议报道太过规范从而不出彩。在实践中,笔者一般都会先看会议材料里有没有亮点内容,然后在会议过程中注意听下领导发言,如果有与会代表交流发言的话则会有意识地去录制一些现场声备用,确保不漏掉其中的"金句"或者亮点。在养成这个习惯之后,笔者多次在会议报道中逮到了"大活鱼"。在 2022 年全省稳进提质大会召开后,文成县也召开了企业家座谈会,10 位企业家与会进行了交流发言,笔者在其中就录到了一位企业家代表在吐槽商业地产项目的办证程序烦琐和时间相对比较慢。而在他之后,好几位企业家也谈到了这个话题,文成县主要领导都在当场进行了回应,笔者都录制了有效的同期声。回到单位后,在会议召开的消息报道之后,写了一条《企业吐槽办证慢 政府承诺"加速跑"》的消息,在微信公众号上播发后在一天之内达到了"10 万＋"的阅读量,形成了很好的报道效果。

又如 2021 年 6 月 19 日上午,文成县召开了全县交通安全专项整治会,笔者在现场拿到了三份材料,里面涉及文成县交通安全的一些基本情况和阶段性整治成果。其中,笔者留意到一组数据,就是文成县在上半年的交通安全数量下降率降低和交警路面执勤率大幅度增长,于是笔者没有按照常规去写《全县交通安全专项整治推进会召开》这样的常规会议报道,而是写成了《交警强化路面执勤 上半年全县交通安全事故明显降低》这样的报道,把新闻点放大,同时在"指点文成"新闻客户端上推出了图文和视频相组合的新媒体时政报道,受到了相关县领导的肯定和表扬。

三、时政新闻记者要成为"全媒记者"

在媒体融合的背景下,传统的报刊、广播、电视等传统媒体的新闻报道资源要在新媒体平台上实现融合推发,是融合的基本要求。而在这背后,我们不仅仅要关注刊播平台的融合,更要关注记者的融合。作为电视时政新闻记者,更需要在其中适应,树立起多端供稿的融合意识。

在这样的背景下,作为电视时政新闻记者不应该只是立足电视平台来定位自身,我们更要把自己定位成融媒体记者。以笔者为例,虽然从业以来就一直在电视时政新闻记者的岗位上深耕,但是在媒体融合之后,也在不断适应新变化,给文成县融媒体中心全平台提供时政新闻稿件,也在这个过程中掌握了各类媒体的稿件特点和操作流程。

在实践中,要成为"全媒记者",我们就要熟悉报纸、广播、电视、新媒体报道的不同特性和不同要求,在采访时注意收集有效的图片、视频、音响等元素,以便在后期写稿和播发时做到各有重点。作为电视时政新闻记者,笔者以前只要配备摄像机就可以完成报道任务。但是在融合背景下,除了摄像机,在日常的报道中,笔者基本上都会同步携带录音笔,并且在用摄像机拍摄组稿画面的同时做到手机拍摄不离手,以确保尽可能多地采集素材。如 2021 年 5 月 6

日,文成县委书记刘中华在督查美丽乡村创建工作中,在每一个督查点都有鲜活的现场音响,笔者在保证拍摄画面满足电视新闻播出需要的同时,用录音笔采集了音响素材,用在提供给广播的稿件中,同时用手机拍摄了一批新闻图片提供给新媒体配发,做到了报纸、广播、电视、新媒体四个稿子各有特色。

同时,对于一些特别重大的时政活动,我们就要提前进行全媒体策划,以突出其重要所在,强化宣传效果。

综上所述,作为一名电视时政新闻记者,我们在新常态下,要从传统的电视记者转型为全媒体记者,要有重要时政新闻"移动优先"的首要理念,同时还要有"眼力",学会在常规时政活动中找亮点,同时也要在会议过程中学会找亮点,同时将发现的亮点放大,从而采制出好的全媒体时政报道。

融合背景下基层采编人员转型路径探析

诸暨市融媒体中心　陈　言

媒体融合,既是媒体的改革,也是媒体采编人员所面临的一场改革。面对变革,我们所要做的就是不断提升个人的业务技能,注重内容创新和传播技术创新双轮驱动,以此来实现自身的转型升级。笔者作为基层电视台的一名采编人员,在融合改革中经历了多岗位历练,结合自身的实践,认为要从以下几方面加以提升。

一、创新方法,提高新闻舆论引导力

随着互联网时代传播方式发生的变化,党的新闻舆论工作必须创新理念、内容、体裁、形式、方法、手段、业态、体制、机制,增强针对性和实效性。只有尊重新闻传播规律,创新方法手段,这样才能切实提高党的新闻舆论传播力、引导力、影响力、公信力。

在实践中,笔者对新闻宣传的布局、策划、实施等方面进行了一定的创新实践,经常会策划一些重大主题报道及品牌活动来提升电视的社会影响力。如在共同富裕示范区打造的过程中,很多乡村工匠发挥了主力军的作用,笔者和团队成员主创策划了大型电视公益活动"诸暨乡村工匠",当时吸引了全市100多位有传统手工艺的农民朋友积极参与,经过电视展播、观众投票、现场展示,最后用颁奖晚会的形式共评出了"诸暨二十佳工匠"。整个活动得到了市相关领导及诸暨老百姓的广泛好评。又如,为了展现生态之美,笔者联合相关部门策划推出了大型新闻行动"情系浦阳江",以诸暨母亲河——浦阳江为主线,通过记者沿线深入实地采访,用第一手资料来展示全市干部群众齐心协力、不畏艰难改变水环境的精神风貌。

又如,结合诸暨文明典范城市创建工作,笔者策划推出了大型新闻行动"文明在身边",记者从交通秩序、城市环境卫生、市政设施建设服务、窗口行业文明服务等多方面进行明察暗访,报道在本台《诸暨新闻》民生版块进行了播出,深受市委宣传部领导和广大市民的一致好评。

记者是历史的见证者，也是经济社会发展的参与者，我们先后主创、策划了《穿越浦阳江》《生态诸暨行》《寻找暨阳最美风景》《三改一拆在行动》《美丽乡村诸暨行》《高温下的劳动者》《新春走基层》等主题报道及新闻行动，在独特电视语言运用下，真正把政府中心工作的宣传提升到了新的高度，同时也提高了电视的品牌知名度。

经过多年来的不断探索和实践，笔者觉得主题报道要创新必须牢牢把握三个方面的度，即政治高度、采访角度、表达尺度。

一要牢牢地把握好政治高度。县级主流媒体作为政府的喉舌，必须时刻站在服务政府工作大局的高度，要吃透、理解主题报道的背景，这样才能在实际的采编过程中不迷失方向。二是把握好采访角度。每做一篇主题报道事先一定要做好功课，找准一个好的新闻切入点，特别是一些重大主题报道，角度的选择显得尤为重要，否则报道会变得枯燥乏味，失去宣传效果。那么要做好主题报道，在前期创意策划时，一定要从"本土化、平民化"的视角着手，真正要把老百姓想看想了解的事情进行报道，毕竟政府的工作关乎民生。三是把握好表达尺度。通常主题报道比较抽象化、概念化，阐述性的内容较多，因此，在创新这种相对来说比较板正的报道时，要采取多样化的电视采编手段，表达时不哗众取宠，真正让报道内容活跃，主题突出，受群众欢迎。

二、深蹲基层，足迹留在田间地头

不亲身深入基层，蹲点基层，就不可能真正了解生活。作为一名记者，必须深入基层，与老百姓交朋友，这样才能真正发掘到"接地气"的新闻题材，才能做出带有感情色彩、乡土气息的报道。

在多年的采编实践中，笔者做过新闻，拍过专题，特别是在做专题节目期间感受到各行各业劳动者的艰辛，多年的积淀也使得自己的新闻业务水平有了大的提升。2018年3月初，笔者接到了"纪念枫桥经验55周年"大型专题片的摄制重任，这意味着我们要长期蹲点在枫桥镇，为了把这篇政治性极强的大型专题片做好做精做活，笔者和单位几个同事吃住在枫桥三个月，白天拍摄素材，晚上整理文案，以纪实的风格、平民的视角、百姓的语言再现了枫桥群众真实的工作生活状态。经过前后5个月的艰辛工作，28分钟的枫桥经验专题片《以人民为中心》大功告成，并在浙江卫视、央视和全国政法系统的多个平台播出。这次下基层的经历，让我们体会到记者下基层的重要性。

只有下基层，心里才会有百姓；只有在现场，心里才会有感动。蔡仁芳是诸暨市街亭镇的一位普通农村妇女，虽然年过六旬，但她还是坚守着祖宗传下来的传统的制酱工艺。2019 年在诸暨市申报非遗项目期间,蔡仁芳一方面请老师学电脑,另一方面筹资金改造生产厂房。为达到评审要求,她基本上每天出门跑乡镇走部门,不懂就问不会就学。为了让更多的人了解传统制酱工艺,蔡仁芳还免费提供场所供人参观,并亲自担任讲解员。功夫不负有心人,在蔡仁芳的努力下,她的传统制酱工艺顺利地被评为诸暨市非遗项目。笔者从一开始就跟踪采访这位农村妇女对传承传统制酱工艺所做的一切,不间断地拍摄 10 次,受益匪浅。专题片《蔡仁芳和她的制酱工艺》在黄河电视台向全球进行了播出。

多次"走基层"的实践让我们领悟到"走基层"并不是简单地走下去就可以了,它更是记者记录一个时代真实事件的责任。因此我以为,"走基层"要做到"三用"。一是用心。一定要真心诚意去面对被采访对象。二是用情。一定要把老百姓当成自己的朋友,与其交流,用感情去发现线索,为其所感动,这样拍摄的作品才生动。三是用实。用短、平、实的镜头语言把故事讲出来,这样的作品才能"接地气"。

三、融合创新,跟上时代发展步伐

要成为全能型的记者,离不开平时的勤学习、多钻研,10 多年来,通过学习新闻理论和长期来的一些实践,笔者对县级台对农节目、新媒体创新等方面的理解,更多了一份深层次的思考。

一是对农节目的创新。"三农"问题是农业文明向工业文明过渡的必然产物。中共十六大后,对"三农"问题的态度极其引人关注。笔者长期作为县级电视台对农节目的负责人,在不断地创新实践中,发现对农节目的公益性功能越来越明显。那电视对农节目如何来做好公益性这篇文章?我们认为,电视对农节目所传播的内容必须符合公共利益,节目的本质就是传播知识,传递信息,服务"三农"。电视对农节目是姓"农"的,具有广泛的公益性,是实实在在为老百姓服务的。在当今新媒体不断崛起、相互竞争日趋激烈的形势下,公益性电视对农节目任重而道远,还需要我们强化责任意识,注重内容创新,完善制度保障,真正把为"三农"服务的电视节目放在重中之重的地位,努力办好电视对农节目,从而进一步促进农民致富、农业发展、农村和谐,积极推动社会主义新农村建设。

二是县级台新媒体运用。眼下,随着微信、抖音、微博等新媒体的快速发展,传统媒体迎来了前所未有的挑战。那么,县级主流媒体如何运用新媒体来达到最佳传播效果呢?我认为,县级主流媒体要利用微信、App 等新媒体平台来增强节目的互动性。比如微信公众号最大的特色就是对象性与互动性，可以实现即时传播、实时互动、发表观点。就拿我们诸暨市融媒体中心"西施眼"App 为例，2022 年 1 月 28 日是诸暨茅渚埠大桥通车仪式。前期，笔者对本次活动进行了精心策划，通过全媒体报道手段，利用线上线下推出了一组系列报道，还特别运用"西施眼"App 平台进行实时报道。在具体的实施过程中，新媒体的优势凸显，大桥开通的当天上午 9 点，通过"西施眼"App 直播，仅仅 20 分钟时间，观众点击超过 10 万，观众留言达到 3 万多条。由此可见，App 也好、微信也好，作为新媒体的一个社交平台，传播作用明显，首先受众可以随时随地在平台上发布信息、交流阅读；其次让普通百姓也拥有了自主发表评论的权利；再次新媒体以其开放包容、快速传递的方式，有力地推动了传统媒体节目在社会上的影响力。

四、结束语

综上所述，对于基层媒体的采编人员来说，一定要认识到媒体融合的深刻内涵，主动拥抱变革，不断提升个人的业务能力，用好贴近基层的优势，不断创新报道手法，让更多富有融媒元素的报道来提升引导力和传播力。

融合背景下如何做好全媒体外宣的路径探析
——以瑞安市融媒体中心的实践为例

瑞安市融媒体中心　项　菲

外宣是对外宣传工作的简称,长期以来,基层广播电视台一直承担着地方广播电视新闻的对外宣传任务。自从推进媒体融合以来,传统的广播电视外宣的操作模式已经无法适应新的传播形态,所以全媒体外宣成了基层新闻采编人员新的主攻方向。

笔者十多年来一直在传统的电视外宣通联岗位上从事电视外宣工作。随着媒体融合的步伐加快,笔者的岗位也转换成全媒体通联岗位,在这个过程中对于全媒体外宣的新路径也有了深刻的认识。

一、把准主题,主攻大平台

无论是传统媒体时代还是全媒体时代,对于基层主流媒体来说,做好主题外宣是不变的任务。尤其是在媒体融合的变革中,主力军挺进主战场的新变化更是对我们做好主题宣传提出了新要求,那就是要把准主题,用扎实的报道去争取在大平台发声。

为此,瑞安市融媒体中心专门成立了全媒体外宣工作专班,其中专门安排一组记者围绕中心工作采制主题外宣报道,针对各个大平台进行精准推送,笔者也被抽调到这个专班。2022年1至6月份,专班推送的报道共有3条被央视《新闻联播》录用播出。其中,5月20日,"扎实推进共同富裕高峰论坛"在浙江杭州举行,论坛以"在高质量发展中扎实推进共同富裕"为主题展开研讨,交流经验做法,解读政策机遇,展望发展前景。瑞安正在全力打造共同富裕的"点"上样板,探索共同富裕新路径,这符合高峰论坛主题。央视《新闻联播》对内容与画面要求相当高,我们接到央视记者有关高峰论坛的画面约稿后,及时向央视记者报题对接瑞安全力打造共同富裕的工作亮点与特色,并第一时间向本台各专班传达央视约稿要求。在有针对性地与央视编辑记者反复沟通后,最终成功让马屿镇石垟湖画面在央视《新闻联播》中完美呈现,在国家级媒体平台展示了瑞安欣欣向荣的美丽乡村发展气象和乡村振兴的蓬勃活力，反映了瑞安美丽城镇建设再出新成果，助推共同富裕的新路径。

在做好约稿的同时，我们在实践中注重针对当前全国、全省的中心工作进行重点主题策划，实现在各大平台发出瑞安声音。虽然地处东南沿海，但是瑞安市的农业种植规模很大，也是浙江省"三位一体"农业产业创新体系的发源地。结合当下共同富裕示范区打造、粮食安全问题等重点要求，我们采制了《瑞安创新农作制度 万亩农田通过实现"一年三种"》的主题新闻，于 3 月 18 日在中央电视台财经频道《正点财经》栏目以单条形式播出，对外正面宣传了瑞安的中心工作与美好形象，提高了瑞安知名度与美誉度。

二、掌握节点，突出"即时"报

正如陆定一先生所言，新闻是新近发生的事实的报道。在传统媒体时代，因为传输手段的限制，很多外宣报道存在时效上的滞后性。但是在全媒体时代，外宣报道讲究的则是一个快字。这就需要我们掌握节点，能够做到对重点新闻事件的及时对外报送。

2022 年上半年，瑞安市受散发疫情影响，全市多个区域实施了疫情管控。为此，瑞安市融媒体中心在组建报道团队的同时组织了战"疫"外宣团队，所有动态新闻在后台编审后第一时间上传各大平台，基本实现了所有动态消息的"即时"报，如《瑞安动车站：快速响应 迅速筑牢瑞安疫情"防护墙"》《瑞安：国际邮件开箱核酸检测 守好物流防疫"最后防线"》《瑞安：创新形式 加大宣传非遗"三棒鼓"唱响防疫好声音》《瑞安：精密智控 对进口物品实现闭环管理》《瑞安：瑞明集团百吨食品物资驰援上海》《瑞安：爱心接力 瑞籍华侨筹集 54 吨物资驰援上海》《瑞安：全员做核酸检测 有序推动节后返岗复工》等报道均在浙江卫视权威栏目《浙江新闻联播》中呈现播出。此外，围绕疫情防控，我们很多上午采编的新闻在中央电视台和浙江卫视的午间新闻时段中播出，取得了很好的传播效应。而在疫情防控的后期，瑞安市快速实施纾困解难专项行动，帮助企业渡过难关。我们也是第一时间梳理点位，对相关报道挖掘题材上送。其中推送的报道《瑞安：金融活水助力小微企业纾困解难》在 5 月 2 日《浙江新闻联播》中头条的显著位置播出。

除了在特殊时期掌握好节点，在日常的采编实践中，我们也是针对重大活动、重要节日等节点第一时间策划、采制报道，对外发出瑞安声音。如第 24 届冬奥会 2022 年 2 月在北京启幕，冬奥会的相关元素引起大家的极大关注和兴趣，我们挖掘报道亮点，积极推送，报道《浙江瑞安：助力冬奥 残疾人旱地冰壶友谊赛举行》于 2 月 5 日被央视《新闻直播间》单条录用播出；阳春三月正是春耕备耕的好时节，我们紧盯上级媒体约稿方向，对我中心的春耕备耕报道，根据上级媒体关注的热点亮点，挖掘新闻点，进行多番修改。其中，推送的报道《浙江瑞安：春耕开犁兆丰年》2 月 22 日在央视《中国三农报道》栏目单条播出；正月十五，是瑞安市曹村八百年传承花灯展喜庆元宵的日子，我们推送的报道《瑞安：中外游客制作非遗无骨花灯 元宵佳节氛围浓》与《（正月十五闹元宵）浙江瑞安：古镇花灯引来"洋粉丝"》分别在央视《正点财经》与《中国三农报道》中以单条形式呈现。

三、注重融合，全平台发力

与之前关注传统的中央电视台、浙江卫视等传统平台不同，在媒体融合的新背景下，更多的新媒体平台成为我们外宣的主战场。这就需要我们在做好针对传统媒体的外宣报道推发的同时，注重报道的融合性，同步向各主流新媒体平台推送，做到全平台发力。

随着全媒体时代的到来，各级新媒体平台对视频的需求大幅增加，除了部分时政内容外，还特别关注流量高、鲜活有趣的短视频新闻，如非遗传承、民间正能量、四季美景等。为此，我们加强外宣的选题策划、过程衔接、指导修改、上送供稿等方面，通过资源整合、平台融合、力量聚合，做到"一稿多用、互融互通"，充分利用融合后的视频资源，助力新媒体外宣多渠道开花。

在实践中，我们通过整合广播电视采编团队和新媒体采编团队的力量，对好的视频产品进行二次加工，然后重点推发给各新媒体平台。以 2022 年一季度为例，瑞安市融媒体中心报送的报道被新华网客户端、浙江新闻客户端等主流媒体采纳的短视频新闻作品就有 30 多篇。其中，新华网客户端刊登《浙江瑞安：油菜花海惹人醉》，点击量突破 130 万；《全民行动"罩"顾自己》点击量也突破 100 万。人民日报客户端刊发的《瑞安：铁骑巡逻途中突然被拦车！接下来的一幕……太帅了！》也成为爆款。

而在浙江本地，"中国蓝"新闻客户端和"天目新闻"客户端成为我们发力的主战场，我们一边为"中国蓝"新闻客户端旗下的蓝媒视频号、蓝媒联播提供大量成品稿源，一边积极对接蓝媒直播，并争取到了直播活动的可自主选题权利，从以前的"规定动作"到现在的"自选动作"，拓宽了直播领域。《寻味浙江·年味丨品年猪 赏民俗 别样瑞安"畲族年"》《"芬芳十里，赏花踏青"：瑞安油菜花海》《不负好时光，春耕备耕忙：瑞安早稻面积超 5300 公顷》《瑞安：香飘振兴路 在乌牛早的醇香中品"茶旅"》等直播进一步提升了瑞安的知名度和美誉度。

同时,我们不断加强重点新媒体稿件的策划和推发,同步深耕"美丽浙江"抖音号、"学习强国"平台、"快点温州新闻"客户端等主流新媒体平台,在一定程度上实现了全平台推发。

四、结束语

在全媒体时代,对于基层主流媒体来说,一定要树立全媒体外宣的思维,重点主题重点策划,动态报道快速推发,全媒体融合,全平台发力,以此来讲好瑞安故事。

后　记

　　《中国市县融媒体中心建设研究报告》在广大奋斗在融媒体中心建设战线的各位领导、专家和学者的共同努力下已于2019年至2021年连续三年正式出版,该报告出版后受到了各方好评和肯定,正成为媒体融合领域重要的工作探讨和学术交流平台。浙江传媒学院融合传播研究中心决定,2022年以"喜迎二十大,奋进新征程"为主题继续编辑出版《中国市县融媒体中心建设研究报告(2022)》,由浙江传媒学院原党委副书记、副院长、享受国务院政府特殊津贴专家、中国新闻奖评委王文科教授与浙江传媒学院融合传播研究中心主任、国家广电总局"媒体融合发展专家库"专家史征教授联合担任主编。2022年3月向广大奋斗在媒体融合最基层的领导专家征集有关市县融媒体中心智慧广电、乡村振兴、基层治理、疫情防控、技术创新、模式改革等融媒体中心建设的热点难点问题以及微视频、短视频、小直播、栏目建设和播音、采编、制作等方面的探讨性文章,征稿启事发出后得到了全国各地市县融媒体中心的领导和专家的积极响应,在短短3个月时间内收到了大量的优秀论文,经过我们的审阅,将54篇论文收录在本书中。这些论文在我国融媒体中心建设与发展进程中具有重要的现实意义和历史意义,在此向奋斗在媒体融合第一线的各市县融媒体中心领导和各位专家表示深深的敬意!

　　本书也得到了浙江大学出版社的关心和本书责任编辑李海燕女士的大力支持,在此深表感谢!

　　《中国市县融媒体中心建设研究报告》是一棵小草,正在国家广电总局和各位市县融媒体中心领导、专家的呵护关怀下逐渐成长,我们愿以此为基础,打造一个服务于市县融媒体中心建设与发展的专业化平台,助力媒体融合向纵深发展,以更好地服务于我国新闻传播事业的发展。

浙江传媒学院融合传播研究中心

2022年7月7日